작은 학교,
학교의 길을 묻다

작은 학교,
학교의 길을 묻다

초판 1쇄 인쇄일 2016년 12월 23일
초판 1쇄 발행일 2016년 12월 26일

지은이   작은학교교육연대

펴낸이   김완중
펴낸곳   내일을여는책
책임편집 임지이
디자인   agentcat
관리실장 장수댁

인쇄   예림인쇄
제책   바다제책

출판등록 1993년 1월 6일(등록번호 제475-9301호)
주소   전라북도 장수군 장수읍 송학로 93-9(19호)
전화   063) 353-2289
팩스   063) 353-2290
전자우편 wan-doll@hanmail.net
블로그   blog.naver.com/dddoll
ISBN   978-89-7746-064-5 03370

ⓒ 작은학교교육연대 2016

(CIP제어번호: 2016030784)

작은 학교,
학교의 길을 묻다

| 작은학교교육연대 |

작은학교교육연대 11년의 기록

내일을여는책

프롤로그

"작은학교교육연대는 내게 로사 파크스와 같은 존재다."

3년 전 '작은학교교육연대' 대표를 맡아 앞에 섰을 때 한 말이다.

나는 좋은 교육, 좋은 학교를 희망하며 걸어왔지만 어느 순간, 무기력함을 느끼며 교사의 길을 접으려 했다. 그러던 2006년의 어느 날, 마지막 희망의 끈을 놓지 않으려고 작은학교교육연대 워크숍을 찾았다. 이곳에서 나는 수많은 로사 파크스를 만났다.

로사 파크스. 그녀는 미국의 비인권적인 흑백 인종차별이 벌어지는 버스 안에서 백인 좌석에 앉았고, 백인 남자에게 좌석을 양보하는 것을 거부하여 체포되었다. 그리고 그녀의 용기 있는 행동은 하나의 기폭제가 되어 버스 안에서의 흑백 인종차별이 위헌이라는 판결을 이끌어 내었다.

나는 작은학교교육연대 워크숍에서 미국 인권 운동의 기폭제가 된 로사 파크스가 연상되는 수많은 선생님들을 만났고, 그때의 떨림을 잊을 수가 없다. 이들은 척박한 교육 환경 속에서도 희망의 끈을 놓지 않고 서로에게 길을 물으며 자신들이 생각하는 가치를 실천하고 있었다.

작은학교교육연대 선생님들이 자주 하던 말이 있다.

"우리가 만들고 싶은 학교는 상식의 수준에 맞추어 어그러짐이 없는 학교다."

작은학교교육연대 선생님들은 학교의 교육과정을 학교 구성원들이 함께 만들고 교사의 교권이 보호되며 아이들을 중심에 둔 가운데 서로 협의해서 문제를 해결해 가는 학교, 기존의 교육에서 문제가 되는 것들을 찾아 구성원들의 합의를 통해 긍정적인 내용들로 바꾸어 가는 학교, 학교장을 비롯한 몇몇 구성원의 학교가 아닌 구성원 모두가 주체로서 삶을 살아갈 수 있는 학교를 꿈꾸었다. 그 과정에서 서로의 성장이 일어나는 학교를 꿈꾸었다.

'혼자서 꾸는 꿈은 꿈에 그치지만, 여럿이 꾸는 꿈은 현실이 된다.'

지난 10년이 넘는 세월이 헛되지 않아, 많은 지역에서 그런 꿈을 꿀 수 있는 학교들이 만들어지고 있고, 교육청에서는 그런 학교들을 지원하고 있다.

하지만 작은학교교육연대의 운동은 끝나지 않았다. 혁신학교라는 교육운동의 큰 바퀴가 굴러가고 있지만 우리는 앞으로 가야 할 길을 고민하고 준비해야 한다. 이미 작은학교교육연대의 회원학교들이 이러한 고민을 하고 있으며, 이 고민들이 구체적인 실천으로 이어지고 있다는 것을 지난 워크숍에서 볼 수 있었다.

조직의 틀이 느슨함에도 작은학교교육연대가 10년 이상의 세월을 유지해 올 수 있었던 힘은 '아이들의 참삶을 가꾸는 교육'이라는 가치를 공유하고 있었기 때문이다. 이러한 가치를 지키기 위해 서로에게 길을 묻고 자기 자신을 성찰하는 시간을 지금까지 이어 오고 있다. 그리고 이제, 이렇게 나누고 성찰해 온 고민의 흔적들을 하나로 묶어서 책으로 내고자 한다.

학교를 바탕으로 한 교육의 실천서가 넘치는 지금, 『작은 학교, 학교의 길을 묻다』는 새로운 것을 원하는 이들에게는 식상함을 줄 수도 있겠지만 자세히 들여다보면 오랜 시간 숙성된 장맛 같은 깊이를 느낄 수 있을 것이다.

'왜'라는 질문 없이 '어떻게'를 찾는 것은 공허함만을 남긴다. 이 책은 작은학교교육연대 교사들이 10년이 넘는 세월 동안 수없이 '왜'냐고 묻고, '어떻게' 해야 할까 고민하며 몸소 실천해 온 이야기들을 담고 있다. 이 책이 길을 찾고 있는 분들에게 작은 도움이 될 수 있기를 바란다.

박 상 혁

3장 작은 학교 교사들의 이야기

1장

'작은학교교육연대'
실천과 의미

1
삶을 가꾸는 '작은학교교육연대' 실천과 의미

서종초등학교 김영주

2001년, 남한산초등학교는 폐교 위기를 맞았다. 전교생이 26명밖에 남지 않았기 때문이다. 하지만 교사와 학부모, 지역분들의 노력으로 폐교 위기를 벗어났고, 2016년 현재 유치원 포함하여 180여 명의 학생들이 다니는 학교가 되었다. 이후, 남한산초등학교를 시작으로 거산초등학교, 삼우초등학교, 상주남부초등학교, 부산 금성초등학교 등이 폐교 위기를 벗어나 교육의 새로운 뜻과 길을 열게 된다.

2005년에는 이렇게 살아난 작은 학교들을 중심으로 '작은학교교육연대'가 탄생하였다. 전국에 흩어진 작은 학교들이 모여서 저마다 고민하고 실천한 이야기, 학교를 다시 살리며 힘들었던 이야기, 나 혼자만의 일이 아니라 온 나라 여러 곳에서 많은 교사들이 함께하고 있다는 격려와 위로의 이야기를 나누는 모임이 탄생한 것이다.

작은학교교육연대의 탄생은 큰 학교, 힘센 나라, 돈 많은 사람, 큰 기업 등 모두 큰 것에 주목하고 있을 때 작은 것의 의미를 다시 살펴보게 한 사건이었다. 100명 이하의 학교는 당연히 폐교되어야 한다는 논리에서 벗어나 학생 한 명 한 명, 학교 한 곳 한 곳이 얼마나 소중한지 되돌아보는 계기를 마련한 것이다.

폐교 위기의 학교는 주목을 받지 못했다. 빈 교실에는 폐자재들이 쌓이고 있었고, 곧 없어질 학교이므로 교육청의 지원도 거의 받지 못했으며, 그 마을에 살고 있던 아이들조차 다른 학교로 보낼 지경에 이르렀다. 그러면 학생들은 큰 도시, 번화한 곳, 큰 학교가 내가 지금 살고 있는 마을, 내가 지금 다니고 있는 학교보다 좋다는 편견을 가지게 된다. 내가 지금 돈 없고, 힘없어 이곳에 살고 있지만 언젠가 형편이 나아지면 우리도 떠날 것이라는 의식을 갖게 된다.

폐교 위기의 작은 학교에 발령 난 교사들 역시 다르지 않았다. 폐교 위기의 작은 학교는 복식학급에다 교사도, 학생도 몇 안 되다 보니 쉬고 싶은 교사들이 오거나, 어쩔 수 없이 발령 난 교사들이 기본 근무 연한만 채우면 나가기 바빴던 곳이다.

사정이 이러한데, 누구도 주목하지 않는 작은 학교에 스스로 간 교사들이 있다. 그들은 왜 그랬을까? 여기에서 더 나아가 왜 이런 현상이 전국으로 퍼졌을까? 그리고 이런 작은 학교들은 왜 2009년 시작된 진보 교육감들의 혁신학교 모델이 되었을까?

작은 학교 살리기 16년차, 작은학교교육연대 탄생 11년차를 맞이하여, 처음 세운 뜻을 다시 곰곰이 되돌아볼 필요가 있다고 생각한다.

1. '작은학교교육연대'에 담긴 뜻

사물이든 사람이든 그 정체성을 좌우하는 것은 이름이다. 한 사람이 제기해서 합의에 이르렀든, 이름을 지어야겠다고 크게 생각은 안 하였지만 자연스럽게 정해졌든 이름이 정해지면 그 이름을 닮아 갈 수밖에 없다.

새로운 일, 새로운 길에는 새로운 이름이 있었다. 다모임, 계절학교, 숲속학교, 블록수업 등은 작은학교교육연대 학교들이 새로운 일을 벌이며 붙인 이름들이다. 회원학교 안으로 들어가면 다른 학교에서는 쓰지 않는 그 학교만의 또 다른 이름이 있다. 새로 지은 도서관에 학생들과 학부모에게서 공모하여 정한 이름을 붙이고, 학년과 반을 숫자로 부르지 않고 뜻이 담긴 이름을 붙이기도 했다.

학생을 부를 때 이름을 몰라서, 아니면 효율적 관리를 위해서 이름 대신 번호를 부르거나 별명으로 부른 경험들이 있을 것이다. 중고등학교 다닐 때, 날짜가 내 번호와 같은 5로 끝나면 아침에 학교 갈 때부터 불안했다. 여러 선생님들이 날짜 끝과 학생들의 번호 끝을 맞추어 발표자를 정했기 때문이다. 15일이면 어김없이 5번, 15번, 25번, 35번, 45번으로 가다가 5번대가 끝나면 선생님의 성향에 따라 6번, 16번으로 가기도 하고, 4번, 14번으로 이어지기도 했다. 선생님이 학생들 이름을 모를 때는 야, 골통, 안경, 키 큰 애, 까만 학생, 머리 짧은 학생, 뒤에서 두 번째 따위로 불렀다. 따뜻하고 다정하게 불리기는 꿈도 꾸지 못했다. 걸려서 혼나지 않으면 다행인 시절이었다. 눈치로 잘 넘겨서 그저 혼나지 않고 무사히 끝나길 바랐다. 작은학교교육연대 회원학교 중에는 선생님들이 첫날을 시작할 때 꽃 한 송이를 나누어 주며 교문에서 학생들을 맞이하는 일도 있었고, 현관 앞에 나가서 따뜻하게 인사를 하기도 했다. 아침 산책을 하며 정답게 이야기를 주고받기도 했고, 따뜻한 녹차를 한 잔씩 마시며 하루 수업을 시작하기도 했다. 산책을 하고 차를 마시며 인사를 나눌 때 숫자를 부를 일은 없다. 이름 부르기를 넘어서 어제 있었던 일, 아침 표정, 오늘 배울 일 따위를 가지고 이야기를 나눌 수 있게 된다. 학생과 학생, 교사와 학생이 서로의 이름을 제대로 아는 것은 새로운 관계의 시작을 뜻한다. 조현초등학교는 기초학습을 디딤돌 학습이란 말로 바꾸어 부른다. 이미 그 학교만의 새로운 무엇이 생긴 것이다. 이를 통해 실제로 하는 활동, 과정, 결과, 교사들의 참여도가 다를 수밖에 없다. 이런 의미에서 '작은학교교육연대'라는 이름은 어떤 뜻을 담고 있을까?

1-1. 작다

'작은 학교'의 '작다'는 규모만을 이야기하지 않는다. 하지만 어느새 우리들 생각에는 6학급 시골학교라는 고정관념이 들어서게 되었다. 왜 그럴까? 처음 시작할 때, 폐교 위기의 학교들이다 보니 6학급 이하가 되었고, 위치는 주로 소외된 읍면 단위의 시골이 대부분이었기 때문이다. 작고 시골에 위치한 학교이지만, 작은 학교는 도시의 콘크리트 바닥과 네모 모양의 딱딱한 아파트 건물에서는 찾을 수 없는 자연의 부드러움과 사람들의 정겨움에서 출발하였다.

어릴 적 나는 서울에서 자랐지만 방학 때는 친할아버지 댁과 외할머니 댁에 가서 방학을 보내곤 했다. 서울 마장동 시외버스터미널에서 버스를 타고 서너 시간 비포장도로를 덜컹거리고 가면 강원도 홍천에 닿았다. 홍천에서 다시 버스를 갈아타고 산을 굽이굽이 돌아서 두 시간 넘게 가야 내촌에 도착했다. 15일쯤 지내다 다시 두 시간 정도 버스를 타고 장평 외할머니 댁으로 가서 지냈다. 그때 사촌형제들과 놀던 개울, 장평초등학교 운동장, 돌아오던 뒷산 길, 마을 어르신들의 정겨운 이야기와 환대가 몸속에 그대로 남아 있다.

어느 방학 때였다. 홍천터미널에 내려 보니, 그날이 마침 장날이었다. 정말 사람들이 많았다. 내촌으로 가는 마지막 차를 타고 가는데, 정류장이 아니어도 탈 사람이 있으면 버스가 섰다. 닭을 싣고 자전거를 싣느라 시간이 걸려도 버스 안에 있는 어느 누구도 싫은 소리 한마디 하지 않았다. 이 차를 놓치면 저 사람은 집에 갈 수 없다는 것을 누구나 알고 있기 때문이었고, 나도 그럴 수 있다거나 그런 적이 있다는 경험을 공유하고 있기 때문이었다. 서울에서는 조금만 늦으면 버스가 휑 달아나 버리기 일쑤였다.

서울 변두리에 살았던 나는 관악산 끄트머리 뒷산, 칼바위, 산꼭대기 연못, 절, 폭포의 모습을 기억한다. 또, 아까시나무 꽃을 따 먹은 일, 학교 끝나고 공 차러 돌아다닌 일, 공터에서 다방구와 오징어를 하며 놀았던 일, 골목길을 요리조리 빠져다니며 잡기 놀이를 한 일, 가족과 동네 사람들이 나와서 골목길 눈을 치운 일, 비탈진 곳에서 사람들이 미끄러질까 봐 너 나 할 것 없이 집 연탄을 부수어서 뿌려 놓은 일 따위가 모두 몸속에 남아 있다.

사람들이 많이 모인다고 좋은 것도 아니고 적게 있다고 나쁜 것도 아니다. 모인 사람들이 정을 나누며 서로 아끼고 살아가는 삶터가 바로 작은 곳이다. 큰 학교라고 서로 정을 나누며 살 수 없는 것도 아니고, 꼭 작은 학교라고 모든 사람이 정겹게 살아가는 것도 아니다. '작은 곳'이란 규모의 문제가 아니라 사람들 사이의 가까운 정도를 말한다. 가까움은 함께 사는 사람들이 서로의 작은 일, 작은 것에 주목할 때 살아난다.

우리 동네 어떤 집에 다섯째가 태어났을 때, 동네 사람들은 이 어려운 세상에 다섯을 어떻게 키우냐며 걱정도 하고, 그래도 정말 대단하다고 칭찬도 했다. 이렇게 작은 동네에서는 다른 집의 작은 사건들에도 관심을 기울인다. 학교도 마찬가지다. 학생 전체에 맞추기보다 한 학생 한 학생의 가정환경과 개성, 발달과 성장 등을 보려고 한다. 돈을 쓸 때도 학생들의 바람, 움직이는 동선, 관계, 교육 따위를 고려하여 우선순위를 정한다. 학생회, 학부모회, 교사회 등을 만들어 저마다 이야기를 하고 합의된 내용을 실천하고자 한다. 우리 학교뿐 아니라 주변의 마을과 마을 사람들의 삶을 배우고자 한다. 텃밭 농사, 집짓기, 우리 마을의 역사, 마을과 함께하는 운동회, 학생들이 섞여서 배우는 무학년제 따위를 실현하고자 한다. 전체에 사람을 끼워 넣기보다 한 사람 한 사람을 소중하게 생각한다. 자연에 가까운 만큼 사람들이 자연스럽게 성장하길 바란다. 뭉뚱그려지고 추상화된 개념이 곧 큰 것이다. 작다는 것은 사람들의 구체적인 이야기와 어리고 공부 못한다고 소외받는 학생을 보통 학생과 똑같이 봐주는 눈, 학교 주변에 핀 들꽃 한 송이를 아끼는 마음, 온 우주의 목숨들은 서로 연결되어 있으며 서로 행복할 때 함께 행복할 수 있다는 믿음 따위를 뜻한다.

가끔 이런 이야기가 들리곤 한다. "우리 학교는 이제 다모임도 하고, 숲속학교도 하고, 계절학교도 한다. 교사회, 학부모회, 학생회가 잘 돌아가니 할 일이 거의 끝났다. 하지만 좋다는 프로그램은 다 도입했는데 왜 자발성은 자꾸 떨어질까?" "혁신학교를 기껏 만들었더니 교사가 떠나고 교장이 바뀌니까 모두 도루묵이었다." "그 학교는 작은 학교니까 그렇게 하지 우리같이 큰 학교는 불가능한 일이야. 작은학교교육연대는 6학급 교사들만 모이는 곳이니까 큰 학교 모임을 따로 만들어야 된다."

이러한 이야기들은 대부분 '작다'라는 말을 규모로만 보기 때문이다. '작다'는 사람 사이의 관계이고, 정이며, 자연이며, 마을이며, 우주 목숨들을 보는 눈이다. 너무 거창한 것 같지만 적어도 규모만으로 판단하는 눈에서 벗어나야 처음에 어설프게나마 세웠던 '작은'의 뜻을 살릴 수 있다고 생각한다. 학교마다 교사들이 모여 우리 학교가 작은 학교로 가려면 어떻게 해야 하는지 묻고 나누고 끊임없이 실천하고 다시 이야기 나누는 것이 필요하다. 이 과정이 곧 '작다'를 살리는 길이다.

1-2. 학교

작은학교교육연대는 학교를 가꾸고 살리는 길에 발 벗고 나선 교사들의 모임이다. 그동안 학교를 개선하기 위한 노력은 여러 곳에서 있었다. 노조를 만들어 참교육실천을 하려는 분들도 있었고, 교과모임을 만들어 교과를 개선하려는 노력을 한 분들도 있었으며, 주제나 학습방법을 중심으로 모임을 만들어 교육에 영향을 주고자 한 분들도 있었다. 작은학교교육연대 회원학교 교사들은 학교 그 자체가 사라지는 위기를 학교 단위 차원에서 개선 노력을 한다. 이 안에서는 주제를 공부한 사람, 교과를 연구한 사람, 교육과정을 연구한 사람, 특정한 기능을 갖춘 사람 들이 모두 모여 학교를 개선하기 위해 노력한다. 그 전에는 이런 분들이 주로 학급 단위나 개인 단위에서 실천을 하였다. 학교 안에서는 개인이었고 학교 밖으로 나가서 마음에 맞는 분들과 연구를 하고 이야기를 나누었다. 학교 밖에서는 즐겁게 연구한 것이 학교 안으로 오면 자기 교실 안에만 갇혀 혼자만의 실천으로 끝나곤 했던 것이다.

외국의 어떤 사례나 교육 철학을 가져와서 우리나라 학교에 도입하는 경우도 많았다. 아무리 좋은 사례나 철학이라도 우리 풍토와 우리 경험에서 나오지 않은 것은 결국 현장의 교사들을 소외시키는 결과를 가져왔다. 외국의 유명한 이론이나 실천 경험은 오히려 우리 교사들을 더욱 주눅 들게 하였고, 이를 먼저 습득한 소수의 사람들에게 또 다른 특권만을 주게 되었다. 현장 교사들의 자발적 노력으로 퍼지지 못했기 때문에 한 차례 유행으로 끝날 수밖에 없었다.

유행은 또 다른 유행을 불렀고 또 다른 소외를 불렀다.

　학교 밖에서 들어온 것이 교사들을 어렵게 하였지만, 학교 안의 상황도 교사들을 어렵게 하긴 마찬가지였다. 국가중심교육과정을 수행하는 하부 단위로서 학교는 교사에게 자율성을 주거나 교육적인 논의를 지원하기보다 상부교육청 단위에서 내려보낸 것을 그대로 수행하도록 독려하고 감시하고 평가하는 역할을 하였다. 교육과정을 구성할 때 국가, 도교육청, 지역교육청, 학교장의 경영관이 나오고 나서야 학교 교육과정 논의에 들어간다. 학교 교육과정조차도 교무부장이나 연구부장의 주도하에 만들어지며 나머지 교사들은 이에 맞도록 숫자나 부분적인 내용을 채워 넣는 정도이다.

　나는 동학년 단위나 학교 안에서 모임을 만들어 운영해 본 경험이 있다. 하지만 바쁜 일정과 밀리는 공문 때문에 학교 안에서 자발적으로 교사 모임을 만들어 교육 이야기를 해 나가기란 쉽지 않았고, 결국 친목모임으로 변질되거나 점차 쪼그라들어 사라지게 되었다. 내가 사는 학교 안에서 동료 선생님들과 연구하고 실천하고 이야기할 때 우리들은 소외되지 않고 제대로 교육을 할 수 있다. 하지만 이마저도 교장 교감과 부장 교사와 동료 교사들의 부정과 쓴 소리 속에서 꺾이곤 했다.

　이와 반대로 만약 교장 교감이 교사들의 교육 이야기를 듣고, 용기를 북돋아 주고, 모임이 잘 되도록 지원해 주고, 동료 교사들과 다음 주 가르칠 내용이나 내년 교육과정에 대해 함께 논의하는 방향으로 분위기로 이끈다면 어떻게 될까? 효율성에 근거를 둔 양적 결과에 의해 평가되지 않고 함께 가는 과정이 교육이 되는 학교, 학생들을 존중하고 배려하는 학교, 교육과정을 함께 논의하여 만들고 실천하고 수정하는 학교, 이곳에서 일하는 것만으로도 행복하고 뿌듯한 학교는 없을까? 이런 학교에 눈을 두고 실천한 곳이 바로 작은학교교육연대 학교들이다.

작은학교교육연대 학교에서는 기존의 학교에 있을 때는 상상도 못할 일들이 이루어졌다. 퇴근 이후에 남아서 교사 전체가 모여 회의를 하였다. 개인이 남아서 혼자 일하는 경우는 보았지만 교사들 전체가 남아서 학교 교육을 위해 꾸준히 실천한 사례는 처음이다. 수많은 공문을 처리해야 하는데도 적어도 수업 시간에는 공문처리를 하지 말자는 원칙을 정해서 늦게까지 근무한 교사들이 있었다. 누가 시키지 않아도 학생들에게 필요한 것이 있으면 함께 논의를 하여 교육과정으로 구성하여 실현하였다. 국가교육과정에서 '만들어지는 교육과정'을 강조했지만 이것은 말로 되는 것이 아니라 학교 단위의 교사들이 함께 노력할 수 있는 분위기와 지원체계가 만들어질 때 가능한 것이다. 게다가 이것은 하루아침에 이루어지는 것이 아니다. 적어도 5년 이상 실천을 해야 자연스럽게 얻어지는 것이다. 회원학교들이 적게는 5년차, 많게는 16년차를 맞이하는 것을 보아도 알 수 있다. 외국의 안정된 교육과정이나 학교를 보면 이 학교들은 대부분 30년 정도의 교육과정 실천 경험을 공유하고 있다. 우린 이제 한두 걸음 온 것이다.

교사들의 가장 작은 실천 동아리가 학교이며 배움터다. 6학급 정도면 교사 전체가 모여 이야기를 하면 된다. 10학급을 넘어가면 학교 안의 학교를 생각할 필요가 있다. 큰 규모 학교는 동학년 단위로, 중규모는 학년군 단위로 움직여도 된다. '작다'와 '학교'를 포함한 개념으로 보면 규모를 벗어나 배움의 작은 동아리를 배움터이며 학교라고 보아야 한다. 큰 규모의 학교들은 작은 학교 규모로 쪼개서 운영할 생각을 할 수 있고, 예산권, 교육과정 구성권 등을 넘겨줄 수 있다. 실천이 쌓이면 제도적으로 학교 안의 작은 학교를 운영할 수도 있을 것이다.

학교 단위의 개혁이나 실천에 대한 주목은 결국 혁신학교 정책으로 이어졌다. 혁신학교 정책의 의미 또한 여러 가지로 볼 수 있겠지만 학교 단위의 전문적 학습공동체 운영, 민주적 학교 운영, 창의적 교육과정 운영, 학생중심 현장중심 학교 등의 학교 문화 개선과 혁신에 주목한 데 큰 의미가 있다. 적어도 도교육청, 지역교육청들이 단위 학교를 지원하는 틀로 바뀌게 된 것이다. 현장 교사들은 학교에서 교육 이야기, 학생 이야기, 교육과정 이야기를 할 조건을 갖게 된 것이다. 앞으로 이 속에서 나오는 실천들을 잘 돌아볼 필요가 있으며, 작은학교교육연대의 실천과 혁신학교 정책의 실천들의 의미를 새롭게 엮어서 볼 필요도 있다.

1-3. 교육

교사가 교사인 까닭은 교육을 하기 때문이다. 학교의 목적은 교육을 하는 것이다. 교육과정도, 예산도, 행정조직도 교육을 위해서 존재할 때 그 의미가 살아난다. 예산을 위해 교육이 수단이 되거나 관료조직을 위해 교육이란 기준이 뒤로 밀려서는 안 된다. 작은학교교육연대의 '교육'은 무엇을 의미하는 것이었는지 다시 되새길 시점이 되었다.

학교에서 아이들을 가르치며 "정말 이것이 교육일까?" "이렇게 밖에 할 수 없을까?" 고민하는 교사들이 많다. 더 나은 교육을 위해, 교육을 교육답게 하기 위해 선배 교사들은 끊임없는 실천을 해 왔다. 때로는 제도에 막혀서, 때로는 관료주의에 막혀서, 때로는 관행에 막혀서, 때로는 비민주적인 학교 문화에 막혀서 실망하고 물러서곤 했다. 교육을 중심에 두고, 학생들을 중심에 두고 학교에서 교육을 제대로 해 보자는 실천들이 모인 곳이 바로 작은학교교육연대이다.

큰 학교에서 근무할 때 1, 2학년 아이들은 하루 서너 번의 프로그램에 참여하기 위해 하루 종일 땡볕에서 기다리고 또 기다린다. 놀이터로 교사 몰래 도망가서 모래놀이에 빠지기도 하고, 수돗가로 도망가서 물싸움을 하며 버티기도 한다. 교사들은 아이들이 없어지면 사고라도 날까 봐 겁이 난다. 그러니 안전을 위해 노심초사하며 아이들을 잡아야 한다. 없는 아이를 찾다 위협을 해서 앉혀 놓아야 하며, 온갖 재롱을 떨어 아이들의 마음을 붙잡아 두어야 한다. 운동회를 평가할 때 "학생들을 위한 교육이라면 오히려 이렇게 집단으로 보여 주는 것보다 학년별로 학생들이 하고 싶은 놀이나 체육활동으로 짜서 운영하는 것이 어떨까요?" "학부모에게 굳이 보여 주지 않아도 학년군별로 학생회에서 운영하면 어떨까요?" "학년 교육과정에 맞도록 학년 교사들이 논의하여 결정하면 어떨까요?" 등의 발언을 하고 싶거나 실제로 하지만, 결국 논의는 효율성이나 관행에 막혀 버리고, 다시 똑같은 운동회를 반복하게 된다. 그게 지난 40~50년간의 일이다.

그런 일이 어찌 운동회만 있겠는가? 공개수업, 입학식, 졸업식, 예능발표회, 소풍이나 체험학습 등도 마찬가지다. 온갖 학교에서 이루어지는 활동 전체가 그냥 했던 대로 되는 것이 아니라 적어도 교사들의 논의 속에서 다듬어지고 기획되고 실천되어야 한다. 학교 단위가 아니더라도 한 교사가 발령 나서 새로운 곳에서 새로운 시도를 한 가지만 하더라도 주변 동료 교사들은 그 교사를 격려하고, 교사의 시도를 교육적 논의 속으로 끌어들이기보다 "혼자 자꾸 튀지 마라", "학년 보조에 맞춰라", "그러다가 혼자 다친다"라고 말한다. 그러한 것들이 교사를 위축시키고 교육 논의 밖으로 작은 실천들을 몰아낸다. 그렇게 5년이 지나면 학생들을 효율적으로 잘 다루는 능력은 나아지지만 교육 이야기를 하는 능력, 교육을 개선하는 능력은 줄어들게 된다.

작은학교교육연대 교사들은 학교에 모인 교사들이 무엇보다 교육에 대해 논의하는 구조와 문화를 만들고자 하였다. 그리하여 주중 교사회의에서는 학생 이야기, 수업 이야기, 자기 이야기 등을 하게 되었으며, 방학 중에는 자발적으로 모여 이런 이야기를 바탕으로 한 학기 교육과정을 성찰하여 더욱 교육다운 교육을 하고자 노력하였다. 한 해 두 해 이렇게 쌓인 교육과정으로 인해 학교는 교육을 최우선 목적으로 두고 운영되게 되었고, 교육과정 시간 구성, 공간 배치, 예산 집행, 프로그램, 자치회 운영 등이 새로워지게 되었다.

교육은 가르치고 배우는 문제이다. 잘 가르치려면 잘 배울 수 있어야 한다고 생각하였다. 그래서 배움에 초점을 두고 목적을 세우거나 배움 공동체를 이루고자 하였다. 학력, 공부, 가르침이란 말보다 배움과 보살핌이란 말들을 더 많이 썼다. 학생들의 배움이 제대로 일어나려면 학교에서 교사는 무엇을 해야 하는가를 고민하였다. 배움이 잘 일어나도록 하기 위해서 회의를 했고, 학생 다모임을 열었고, 배움이 일어나는 수업 이야기를 하였으며, 하루, 일주일, 일년, 6년 단위의 교육과정 계열성과 계속성을 확보하고자 하였다. 학생들의 배움이 제대로 일어났는지 알기 위해 꾸준히 하는 활동들을 기획하여 도입하였다. 성장지원형 통지표 및 평가, 독서수첩, 글쓰기 공책, 문집 발간, 숲속학교, 계절학교, 문화예술학교, 수업연구회 운영, 방학 중 교육과정 워크숍 등을 저마다 학교 단위에서 실천하였다.

결과가 어떠하든 작은학교교육연대 교사들은 교육을 목적으로 하여 실천했으며, 그동안 소외되었던 교육 이야기를 전면에 내세웠다. 이것이 남다른 점이다. 학교에서 교육 이야기가 뒷전으로 처지고 관행, 관료제도, 효율성 논리, 시장 논리, 관리 관점들이 앞으로 나서는 것을 막은 것이다. 이 때문에 작은 학교를 처음 만들 때는 갈등이 생기고 어려움이 발생한다. 우리 자신들조차 교육을 제대로 받았거나 교육 이야기를 해 본 적이 별로 없기 때문이다. 때로는 이런 기준들이 부딪혀 우리끼리 힘들어 하기도 하였으며, 이야기 과정을 기다리지 못하고 힘으로 해결하고자 하다가 사람들에게 상처를 주기도 하였다. 다만 우리는 이런 이야기들을 숨기지 않고 작은학교교육연대 연수에 참여하여 적어도 한 학기에 한 번은 이런 교육 이야기를 풀어냈다. 그래서 이러한 힘든 경험들이 나만의 것이 아니라 교육을 제대로 하려면 우리 모두가 겪고 이겨내야만 하는 것임을 알게 되었다. 교육에도 공짜는 없었다. 빠른 길은 따로 없었다. 교육을 제대로 하려는 뜻을 세운 뒤, 겪은 이야기를 나누고 다시 격려하며 교육의 길로 가는 과정을 되풀이해야 한다.

초기에는 우리 스스로 맷집이 약했다. 작은 일만 터져도 힘이 빠졌고 상처를 받았다. 어찌 보면 저마다 다른 생각을 가진 사람들이 모여서 교육을 하는 것인데 너무 쉽게, 빨리 갈 수 있다고 생각하였다. 갈등은 당연한 것일지도 모른다. 중요한 것은 이를 잘 풀어서 더 나은 에너지와 경험으로 승화시키느냐 서로 싸우고 마느냐의 문제이다. 이런 경험들이 10년을 넘어서면서 동료 교사들과 이야기 나누는 법, 갈등 푸는 법을 배우고, 갈등을 일으키는 학생들과 이야기를 나누고 그들을 기다려 주며, 우리 학교만이 아니라 옆 학교 교사들과 연대하면서 나름의 맷집이 생겼다.

교육은 그냥 이루어지지 않는다. 교사들의 엄청난 공력과 고민과 실천이 전제된다. 더구나 우리는 공립학교에 있다. 사교육도 아니고, 일대일로 교육하는 홈스테이도 아니다. 둘 이상의 교사나 학생들이 모인 곳에서 교육을 한다. 그래서 더더욱 교사들 사이의 교육 이야기를 서로 존중하고 해결하는 과정이 중요하다. 교사들 사이의 교육 경험과 협력 수준이 결국 그 학교의 교육력일지도 모른다. 교육이 무엇인지 질문하고 함께 답하며 풀어 가는 것이 교육으로 가는 지름길이다. 우리는 그 길로 왔고 그 길로 가고자 한다.

1-4. 연대

왜 혼자 해도 될 것을 굳이 학교가 모여서 이야기를 나누었을까 궁금하다. 학교 안에서 실천하기도 바쁜데, 가까운 곳에 있는 학교도 아닌 먼 곳의 학교들과 연대를 했을까 궁금하다. 초기 회원학교들이 비슷한 조건에 처하게 되었고 먼저 실천한 학교를 방문하여 교사들의 이야기를 들었다. 그런 다음 각자의 학교로 돌아가서 이 이야기를 바탕으로 자기가 근무하는 학교를 살리고자 하였다. 실제로 폐교 위기에 처한 학교들이 살아났다. 5년의 실천을 하고 나서 개별적인 방문을 뛰어넘어 정기적으로 만나 서로 경험을 공유하며 격려하는 모임을 만들게 된 것이다. 나 혼자가 아니라 저 먼 곳에서도 실천하는 교사들이 있다는 것만 알고 있어도 큰 위로가 된다. 힘이 된다. 연대는 다른 말로 이야기 터이며 마을이며 동네이다. 내 이야기를 하지 못하는 곳, 내 입을 막는 곳에서는 새로운 이야기가 나올 수 없다.

발령 나서 90년대에 교사 생활을 할 때 이야기다. 교무회의 시간에 손을 들고 뭔가 한 가지라도 문제 제기를 하려면 며칠 전부터 고민을 해야 했다. 손을 들고 일어나면 분명이 버릇없다고 할 것이며, 시켜 주지도 않을 것이다. 이미 경험을 통해서 이런 정도는 알고 있을 때였다. 하지만 난 꼭 이야기를 해야 한다고 믿었다. 미리 여러 차례 할 이야기를 정하여 연습을 하고 다른 선생님들에게 먼저 운을 띄어 놓고 그날이 되면 손들자마자 시키든 말든 빨리 말해야 했다. 그렇지 않으면 괜히 손들었다 찍히고 끝나 버리기 때문이었다. 당시 나는 어차피 찍히더라도 제대로 말이라도 해 보자는 심정이었다.

연대란 서로 이야기를 나눌 때 가능하다. 말도 못하게 재갈을 물려 놓은 상태에서 연대는 있을 수 없다. 서로 도울 수 없다. 이런 상황에서 작은 학교에서 실천한 교사들이 모여서 자기 이야기를 하게 되었고, 이는 전국으로 작은 학교살리기 운동이 넓혀지는 데 큰 역할을 했을 것이다. 남한산초 이야기, 거산초 이야기에서 작은학교교육연대라는 더 큰 이야기로 번진 것이다. 보통 학교 선생님들이 학교를 살리고 싶을 때 기댈 구석이 더 많아진 것이다. 교실에서 혼자 고민하는 선생님도 참여할 기회가 생긴 것이다. 그래서 작은학교교육연대는 홈페이지를 열고, 방학마다 연수를 개최하고, 회원학교를 직접 방문하는 일을 꾸준히 한다. 처음에는 회원학교들이 힘들었기 때문에 친목이나 위로만으로도 큰 의미가 있었지만, 나중에는 홈페이지를 열고, 회원을 넘어 전국의 모든 선생님들이 찾을 수 있는 연수를 개최함으로써 더 큰 뜻을 품게 되었다.

작은 학교에 근무하며 겪은 고민이나 어려운 일을 연수에서 풀어 놓는 선생님들이 많다. 학교 안 어디서도 꺼내지 못한 교사의 교육

이야기가 나온다. 이야기가 나와야 마음이 풀리고 새로운 길을 열수 있는 에너지가 생긴다. 맺힌 사람은 맺힌 것을 풀어야 그 빈자리에 새로운 삶과 이야기를 넣을 여유가 생긴다. 10년간 회원학교들이 늘어나고 방학 중 연수에 해마다 두 번씩 꾸준히 참여하는 교사들이 늘어난 것도 이 때문이다. 내 이야기를 풀어 놓고 함께 이야기한 경험을 가진 교사들은 교실에서, 학교에서 학생들과 동료 교사들과 이야기를 잘 풀어낼 수 있다. 작은학교교육연대 연수 뒷풀이 때 교사들이 이야기 나누는 장면은 또 하나의 이야기판이며 마을이며 동네였다. 학교, 선후배, 교장 부장교사, 지역, 출신 따지지 않고 교육 이야기판이 벌어졌다. 그래서 힘을 받아 다시 교실과 학교로 돌아가 새로운 교육을 펼칠 수 있었다.

연대는 이야기가 펼쳐지는 곳이기에 마을이자 동네라고 볼 수 있다. 우리들이 살아온 삶의 이야기가 잘 펼쳐지면 이것이 마을이 되고 동네가 된다. 우리는 왜 모였을까? 우리는 지금껏 살아 온 이야기를 편하게 나눌 곳을 바라고 있었고, 마을에 살던 사람들처럼 가깝게 지내며 도움을 주고받고 살고 싶었던 것이다. 그래서 모였다. 공터에서 동네 형들 틈에 끼어 깍두기로 놀이를 배우고, 좀 크면 깍두기를 벗어나 놀이에 정식으로 끼게 된다. 형이 되면 어린 동생들이 놀이를 하겠다고 할 때 내가 그랬던 것처럼 깍두기를 시켜 주는 배려를 하게 된다. 우리는 골목길, 시골길, 산길을 따라 친구 집, 동생 집, 형 집을 찾아 다녔고, 마을과 동네 강과 산을 누비고 다녔다. 동네 어른들은 아이들이 어느 집 아이들인지 대부분 알고 있었고,

그렇기에 아이들은 행동거지를 조심하였으며 목마르고 배고플 때 물이나 음식을 얻어먹을 수도 있었다.

우리 교사들은 학교에서, 전국연대 속에서 이런 마을과 동네를 가꾸고 싶었으며, 지금 그렇게 하고 있다. 나는 요즘 시대에 맞도록 극복할 것은 극복하고 계승할 것은 그 뜻을 잘 되살려 전해 받아야 한다고 믿는다. 전통이 모두 옳거나 모두 틀린 것도 아니다. 우리 삶에 도움이 되도록 살려 가는 길이 중요롭다. 마을이나 동네도 그렇다. 학교 안에서 이름마저도 모르고 지내는 아이들 사이에서 배려와 보살핌, 배움을 이야기하는 것은 무리이다. 동료 교사들과 한 해를 함께 지내도 제대로 된 내 이야기 한번 나누지 않는 관계에서 교육이 제대로 이루어질 수 없다. 서로를 알아 가는 삶, 알아서 나누는 삶, 나누며 새로운 길을 여는 삶, 어려운 사람도 배려하여 동아리를 이루는 삶 등은 연대를 마을과 동네로 연결할 때 가능하다고 생각한다.

2. 참삶 가꾸기

작은학교교육연대 회원학교들의 교육과정 목적과 핵심활동들을 살펴보면 참삶이나 삶이란 말이 빠지지 않고 나온다. 작은학교교육연대의 철학 내용으로 본다면 그 알맹이는 참삶 가꾸기라고 할 수 있다. 왜 참삶을 앞에 내세웠는지, 참삶이 무엇인지 다시 한번 새겨 볼 필요가 있다.

2-1. 삶을 가꾸는 교육과정

교사는 보통 교육과정을 교과서로 가르친다. 교사 개인의 능력에 따라 학생 수준에 맞도록 재구성한다고 할지라도 국가교육과정과 국정교과서 제도 아래서는 이의 한계를 완전히 뛰어넘을 수 없다. 국가교육과정과 국정교과서 구성 방식은 성취기준의 지식 중심으로 편성되었다. 교과 목표를 설정하고 가르칠 내용의 영역을 나눈 뒤, 이를 9년간 학년군별로 나누어 넣은 방식이다. 각각의 성취기준은 교과의 모태가 되는 학문에서 가져온 것이다. 어떤 지식은 100년 넘게 경험하고 연구하여 얻은 것으로 이것이 학생들에게 중요하다고 생각되면 가르치게 된다. 하지만 처음 배우는 학생들 처지에서 봤을 때, 이 지식들이 학생들의 삶과 경험과 이어지지 않는다면 먼 이야기, 교사들만의 이야기, 그냥 수업을 위한 이야기로 끝날 가능성이 높다.

교사들은 교과서를 가르치며 이런 경험을 많이 했다. 꾸며 주는 말, 뒷이야기 꾸미기, 줄거리 요약, 인물, 사건, 배경, 조사, 주어, 동사 등의 지식을 과연 해당 학년에서 꼭 배워야 하는가? 나중에 커서 배우면 저절로 알 것을 왜 미리 개념을 주고 가르쳐야 하는가? 성취기준으로 나누어 몇 개의 지식을 한 단원에 넣어 가르치기보다 통으로 보고 온작품을 꾸준히 읽히고 자기가 겪은 일을 말하고 쓰게 하면 저절로 형성되는 것이 아닌가? 그렇다면 성취기준으로 잘게 쪼개서 가르치는 방법에서 벗어나 초등 저고학년, 중학교 정도로 나누어 꼭 이루어야 할 큰 목표 몇 가지만 두고 나머지는 교사들이 알아서 구성하는 것이 맞지 않을까? 더 나아가 교과목표보다 중요한 게 삶 아닐까? 국어능력만 좋아지면 뭐하는가? 이 능력이 사람을 배려하고 존중하고 나누고 함께 잘 살아 가는 쪽으로 작용하지 않는다면 소용이 없지 않을까? 학생들의 삶에 영향을 주지 못하는 교육과정을 어떻게 바꿀 수 있을까? 등 수없이 많은 고민을 하게 된다.

이런 현장의 경험으로 인해, 학교에서 가르치는 모든 지식과 활동은 학생들의 삶에서 출발해야 하며 삶을 가꾸는 일과 연결되어야 한다는 생각을 하게 되었다. 참삶 가꾸기란 말은 우리 선배 교사인 이오덕 선생님이 처음 사용하였다. 이오덕의 『교육일기』(양철북출판사) 다섯 권을 보면 학교 현장에서 보여 주기, 형식 갖추기, 어른 중심, 거짓 비리 등을 경험하고는 고민하고 괴로워하며 비판하는 글이 나온다.

나 또한 예외는 아니었다. 발령 나서 촌지를 거부하다 왕따가 된 일, 부교재를 판매하고 동학년 회비로 출판사 사람에게 돈 받아 쓴 일, 노태우 정권 시절 과학기자재를 확충한다고 학급에 배당된 돈을 채우기 위해 학부모를 닦달한 일, 학교가 운동회 때 찬조금 받아 사적으로 쓴 일 등을 보고받기도 하고 겪기도 했으니 말이다. 큰 비리는 없어졌지만 학생 개인보다 학교를 내세우기 위해 온갖 대회에 참여하는 것, 교육과정과 상관없는 사적 단체의 시험에 학생들이 참여하도록 권장하는 것, 상을 타기 위해 학생들의 작품에 손을 대서 고쳐 주는 것, 학생들보다 지역 인사들의 얼굴을 알려 주기 위해서 상을 마련하고 말할 시간을 주는 것, 교장이나 소수 몇 사람의 소신 때문에 학생들 의견이 무시되는 것 등은 이오덕 선생님이 살던 시대보다 조금 나아지긴 했지만 지금도 여전하다.

현실의 조건이 어려워서 못할지라도 적어도 생각은 교육과 학생들을 제일 앞에 두고 고민을 하는 것이 교육이다. 학생들이 행사에 참여하는 수단으로 전락하는 것은 거짓교육이다. 교육이 교육답게 가려면 배우는 학생들의 삶을 가꾸는 쪽으로 가야 한다. 교육과정 구성과 운영, 새로운 프로그램 기획, 학교에서 벌어지는 모든 활동은 학생들이 삶을 가꾸는 쪽으로 가야 한다. 학생들은 자신과 관련이 없는 글보다 자신의 삶이 잘 드러난 글로 배울 때 더욱 잘 배울 수 있기에 교사들은 대체할 자료나 글을 찾아 가르친다. 먼 곳의 예보다 우리 마을, 우리 동네, 우리 집, 우리 학교 이야기를 재구성하여 가르치려고 한다. 교사는 도움을 주며 학생들 스스로 짜고 찾고 정리하고 되돌아볼 기회를 많이 갖게 한다. 교사는 학생들에게 자기가 사는 지역분들이 하는 일, 지역의 공공기관, 지리, 생태, 문화, 역사를 바탕으로 가르치고자 한다.

학생들이 배운 것을 잘 표현할 수 있도록 발표회, 전시회 등을 열어 준다. 교사가 중심이 아니라 학생들이 중심이 되어 발표회와 전시회를 열도록 도와준다. 시키는 것을 따라하는 데만 그치지 않고 학생이 직접 몸으로 해 보고 친구들과 열어 보고 이끌어 볼 수 있도록 도와준다. 학생들이 배움의 주인이 되어 보도록 하며, 삶의 주인이 되도록 해 준다. 배우고 싶은 내용을 정하여 통합 주제를 설정하고 한 달 단위로 한 주제씩 배우게도 한다. 특히 1, 2학년은 통합교과서로 되어 있어 이렇게 수업하기가 수월하다. 1, 2학년은 영화, 우주, 의식주, 신체 따위를 배우고 싶어 한다. 영화가 주제인 달에는 학생들이 좋아하는 동화를 줄거리로 대본을 짜거나 학생들의 삶에서 소재를 가져 와서 대본을 짠다. 감독, 촬영, 의상, 음악, 배역 등의 역할을 맡아 진행한다. 교사는 학교 비디오를 빌려 주거나 참고할 만한 온작품을 다루어 주거나 영화촬영소 견학을 기획하거나 감독을 섭외하여 영화 만들기에 관한 실제 이야기를 듣게 한다. 마지막에는 실제 영화처럼 포스터도 만들고, 음식도 만들고 입장료를 받아 시사회를 연다. 수익금은 어떻게 처리할지 논의한다. 이런 과정에서 학생들은 배움의 주인이 되며 삶의 주인으로 살아가는 경험을 하게 된다.

중고학년은 교과가 여러 개로 쪼개져 있어 통합하여 가르치기 쉽지 않지만 교사들이 공동으로 기획하여 전체 프로그램을 개발, 협력하여 운영한다. 계절학교를 통해 다양한 예술 영역을 접하도록 하거나, 학년별로 체험 장소를 공동 기획하여 역사를 가르치거나, 마을 프로젝트를 마련하여 4, 5, 6학년 교사들이 함께 가르친다. 창의적 체험 시간과 교과 시간을 통합하여 예술뿐 아니라 과학, 수학, 문학, 역사 등을 학생에 수준에 맞추어 교육하기도 한다.

생활에서는 다모임 활동을 만들어 저마다 일주일 동안 있었던 일에 대해 이야기한 뒤 안건이 있으면 함께 논의하여 풀어 간다. 운동장은 왜 축구하는 남자들이 모두 사용하는가? 점심시간에 왜 밖으로 나가면 안 되는가? 화장실은 어떻게 사용해야 지린내가 나지 않는가? 등 생활의 문제가 안건으로 제기되면 학생들이 스스로 규칙을 정하여 해결한다. 학생회에서는 노래, 축구, 피구, 춤, 발야구, 이야기 등의 대회를 열어 자기들이 상을 주거나 상품을 주기도 한다. 스포츠, 만들기, 농사 등의 동아리를 만들어 1년 동안 활동한 뒤 동아리 발표회를 연다. 학생회장, 부회장, 교사 대표, 학부모 대표, 교장 등이 참여하는 자치대표자회의를 통해 학생들이 학교에서 주인임을 몸으로 알 수 있도록 한다. 이러한 교과시간, 창의적 체험활동, 생활 등에서 새로 시작한 활동들은 모두 교사들이 학생의 삶을 가꾸고자 하는 뜻을 갖고 있었기 때문에 가능한 일이었다.

작은학교교육연대 학교들이 모델이 되어 혁신학교 정책이 전국으로 퍼졌다. 중앙집권형 교육과정에서 지방분권형으로, 하향식 교육과정에서 상향식 교육과정으로, 국가중심에서 교사중심으로 바꾸려는 뜻은 바로 교육이 일어나는 최소 단위인 교실의 학생과 학생의 만남, 교사와 학생의 만남, 학교 교직원들과 학생이 만나는 장면들을 교육적으로 지원하자는 의미이다. 혁신학교의 목적은 교육을 통하여 구성원들의 삶을 가꾸는 데 있다.

2-2. 삶을 가꾸는 쉬운 말 쓰기

작은학교교육연대 교사들 가운데는 이오덕의 삶을 가꾸는 글쓰기 교육을 실천한 분들이 많았다. 아이들이 겪은 일을 그대로 이야기하고 쓰게 하여 문집을 발행한다. 이때 나온 아이들의 글은 학생들의 삶을 존중하고 가르치는 바탕이 된다. 교실에서 여러 학생들을 가르치다 보면 전날 있었던 일과 같은 아이들의 삶이나 아이들 자신의 이야기가 아닌, 이와 동떨어진 수업을 하게 된다. 학생들의 삶과 이야기를 알고 있으면 굳이 삶과 관련 없는 교과서 글보다 우리 반 학생들의 이야기와 글로 가르칠 수 있다. 교사가 학생들의 말과 글을 계속 듣고 보고 있다는 것은 학생들의 삶을 잘 안다는 것이고 삶에 맞추어 교육을 한다는 것이다.

　대학 다닐 때 가끔 이오덕 선생님 강의를 들으러 간 적이 있다. 평소에는 책만 읽다가 많은 기대를 하고 갔는데 주로 혼나는 일이 많았다. 요즘은 제대로 잔소리하는 분도 만나기 어렵다. 선생님은 우리들에게 민주주의라는 말이 무슨 뜻인지 알고 쓰느냐고 혼을 내셨다. 민주주의란 백성이 주인이 된다는 뜻으로 백성이 주인이 되려면 글을 못 배운 어린 아이들이나 할머니들도 알아들을 수 있는 쉬운 말, 보통 사람들이 쓰는 말을 써야 한다고 하셨다. 어려운 한자말이나 영어를 자꾸 쓰면 못 알아듣는 사람들이 나오게 되고 말을 못 알아들으면 정보가 공유되지 않으니 소수 몇 사람이 사회를 이끌어가게 된다는 것이다. 그래서 쉬운 우리말을 써야 하는데 집회나 강연에서 사용하는 펼침막이나 안내책의 중요한 말 대부분은 일본식 한자말투성이라는 것이다. 현실이 이러하니, 우리도 이오덕 선생님만큼은 아니더라도 삶을 가꾼다는 의미에서 학생들이 알아들을 수 있는 쉬운 말을 써야 하며, 말뿐 아니라 모든 행동 속에 이 의미가 녹아 있도록 실천해야 한다는 것이다.

참삶을 가꾸는 작고 아름다운 학교, 꽃마을, 나무마을, 산마을, 들마을, 강마을, 하늘마을, 옹달샘(도서관), 책마루(한옥도서관), 별마을(유치원), 배움과 나눔으로 삶을 가꾸는 학교, 이야기마을(교장실), 알림판(게시판), 숲속햇빛마을(놀이터), 자람나무(기록물을 모으는 공책), 자람나무 함께 보기(통지표), 겪기와 드러내기, 스스로, 함께, 꾸준히, 새롭게, 과녁(목표), 흐름(과정), 속살(내용) 따위는 15년 동안 남한산초등학교에서 교육과정을 만들 때 함께 만들어 나간 말들이다. 교사들이 이야기하여 만든 말도 있고, 학생들에게 공모하여 만든 말도 있지만 서로 잘 알아들을 수 있는 말을 쓰고자 한 것이 공통점이다.

자치대표자회의를 학생, 학부모, 교사 대표가 모여 해 보면 처음에는 어려운 말을 쓰다가 어른들이 점점 쉬운 말을 쓰게 된다. 학생들이 알아듣지 못하면 함께 회의를 하는 의미가 없기 때문이다. 학생을 존중하지 않았다면 쉬운 말을 쓰려는 생각도 하지 않았을 것이다. 말도 짧게 간단하게 알아듣기 쉽게 해야 한다. 말이 통하면 서로 이해를 할 수 있고 도움을 주고받을 수 있다. 학교에서 가장 어린 학생들과 동등한 자리에서 이야기를 나누며 알아듣기 위해 어른이 노력한다는 것은 큰 의미를 지닌다. 이처럼 학생들의 목소리가 존중된다면 학교 교육은 잘 될 것이다.

학생들의 목소리를 들을 줄 아는 어른들이 있는 학교를 다니면, 교사끼리의 관계나 학부모끼리의 관계, 부모와 자녀들과의 관계에서도 기존과는 다른 교육 장면이 나타나는 것을 보게 된다. 삶 가꾸기는 학생을 대상으로 하는 것이 아니라 교사, 학부모 자신의 삶을 가꾸는 데서 출발한다. 남을 이해하는 말을 하고, 어린 학생들의 말을 들을 줄 아는 어른들은 어른들끼리도 잘 소통하여 새로운 삶을 가꾸게 된다.

2-3. 사람을 보는 눈

교육은 삶과 딱 붙어 있는 말이다. 학교, 교사, 학생, 수업, 교육과정 따위는 근대교육 이후에 생긴 직업군으로서의 말이다. 교육은 본디 사람이 있을 때부터 있었던 것이다. 먹고사는 경제의 문제, 약한 인간이 의존할 수밖에 없는 종교나 심리의 문제와 더불어 가르치고 배우는 교육의 문제는 사람이 존재하는 이상 꼭 있어야만 하는 삶의 큰 갈래이다. 학교가 생기면서 마치 교육은 교사만 해야 한다는 편견이 생겼다. 가정에서는 부모들이, 교회에서는 목회자가, 작은 모임에서는 구성원들이, 회사에서는 회사원들이, 원시부족사회에서는 부족원들이 제대로 교육을 하지 않는다면 그 동아리는 결국 사라지게 될 것이다. 사람이 모인 곳이면 어디든지 가르치고 배우는 것을 어떻게 할 것인지 고민해야 한다.

이런 뜻에서 교육하는 교사들은 좀 거리를 두고 교육에 대해, 가르치고 배우는 일에 대해 다시 생각해야 한다. 학교가 교육하는 곳, 배우고 가르치는 곳이라면 거기에 사는 사람들은 누구나 교육의 장면으로 들어갈 수 있어야 한다. 청소하는 아주머니도 교육을 할 수 있으며, 실무사도, 교감도, 학생도 교육을 할 수 있어야 한다. 교육에 대해 고민하고 실천하는 곳이 곧 교육공동체이며 교육마을이다. 작은학교교육연대 학교들을 가 보면 다른 학교에 견주어 직원들이 학생들에게 친절한 것을 볼 수 있다. 실무사나 행정직원들이 학생들 이름을 다 알고 교육의 자리에 서 있는 분들도 많다. 학교 교사들은 기본적으로 학교 구성원들을 존중하며 서로 다른 영역의 자리에서 교육하고 있다고 생각한다.

삶 가꾸기의 삶은 추상어이다. 삶의 구체적인 낱말은 사람이다. 사람이 사는 것이 삶이다. 학교에서 사는 사람들이 '사람'에 대해 어떻게 생각하며 사느냐가 중요하다. 모든 구성원들이 교육이 잘 되도록 노력하는 경험, 사건, 이야기를 많이 만들면 만들수록 사람들은 자기 삶을 가꾸게 된다. 저마다 다른 자리에서 교육을 할 수 있기 때문에 사람을 존중할 수밖에 없다. 교직원, 교사, 학부모, 학생 모두가 교육의 자리로 가서 사람답게 사는 곳이 학교다. 이렇게 본다면 교육이 잘 되는 곳은 모두 학교(배움터)라고 볼 수 있다. 교육을 잘하거나 교육에 도움을 주는 학부모, 작가, 동네 할아버지와 할머니, 예술인들과 만나 교육 장면을 만들려는 교사들의 뜻도 이와 닿아 있다.

초등학교는 기본적으로 학생들을 교육하는 곳이기 때문에 어른들이 학생을 어떤 눈으로 보느냐가 관건이 된다.

"학생들은 배우는 사람이기 때문에 교사의 말에 무조건 복종해야 한다", "학생보다 중요한 것이 학교 행사이다. 학생을 가르치는 수업을 잘해 봐야 별 차이가 없지만 공문 처리를 늦게 하면 상급자나 상급기관에 지적을 받게 되므로 수업도 중요하지만 공문처리능력이 학교에서 훨씬 중요하다", "학생은 때려서라도 행동을 바로잡아야 한다", "학교는 학생들에게 어른들이 정리한 지식을 그대로 전수하는 곳이다", "학생은 어른이 되기 위한 낮은 단계에 있으며 독립적이고 독자적으로 사고하고 행동할 능력이 부족하니 어른들이 시키는 대로 생각하고 행동해야 한다" 등 정도의 차이는 있을지라도 아직도 학생을 가르쳐야 할 대상, 뭔가 부족한 성인 전 단계로 보는 시각이 크다.

사람으로 본다면 어른이 더 문제가 될 때도 많다. 다 컸다고 하지만 부족한 사람도 많고, 어린아이보다 더 자기 이익만 생각하거나 다른 사람을 아이들보다 배려하지 못할 때도 많다. 사람이란 어떠해야 하는지, 어떻게 살아야 사람답게 사는 것인지를 기준으로 볼 필요가 있다. 아이를 어른이 되어야 하는 작은 사람으로서가 아니라 어른과 똑같이 사람 그 자체로서 존중하고 대해야 한다. 부분으로서, 작은 사람으로서, 뭔가 부족한 단계로서의 인간이 아니라 사람 그 자체로서 보고 교육하고자 하는 뜻이 삶을 가꾼다는 뜻에 담겨 있다.

부분이 아닌 전체로서, 쪼개진 기능이 아닌 총체로서 학생을 볼 때 우리는 어른 아이 할 것 없이 사람다운 교육을 실현할 수 있다. 삶 가꾸기는 학생, 학부모, 교사 모든 사람에게 해당하는 말이다. 대상으로서 학생이 아니라 사람으로서 학생을 어떻게 교육하는 것이 마땅한지 고민하는 것이다. 사람의 전체성을 보는 눈으로 학생을 보아야 한다. 그래서 교육과정을 볼 때도 목적, 내용, 방법, 평가로 나누어 이야기를 하지만, 결국 왜 삶으로 이어져야 하는지, 전체는 무엇인지를 묻고자 하였다. 교육과정과 수업, 수업과 학생, 학교와 교육 등을 이야기할 때 부분이나 방법으로 치우치지 않고 삶 전체를 이야기하려고 하였다. 열린 교육 등 거꾸로 교실, 배움의 공동체, 발도르프학교, 완전학습모형, 참교육 등 모두 좋지만 이런 것들이 전체 삶을 이야기하지 않고 부분으로 쪼개져서 삶에 끼어드는 문제를 경계해야 한다. 남이 만들어 놓은 것은 삶을 소외시킬 가능성이 높다. 내가 살며 깨달은 것이 아니라 남이 살며 깨달은 것이기에 개념으로, 추상으로 다가올 수 있다. 우리가 몸으로 겪으며 나온 이야기, 학생들을 가르치며 나온 이야기, 실천하며 겪은 이야기를 소중하게 여겨야 한다. 그래야 삶에서 부분으로 떨어져 나가지 않고 삶의 전체성을 오롯이 느끼며 갈 수 있다.

학생은 사람으로서 존중받으며 오롯이 자기의 삶을 살며 가르치고 배울 수 있다. 이것이 잘 되도록 옆에서 도와주고 열어 주고 이끌어 주는 것이 선생이다. 더불어 교사도 학교에서 사람으로서 존중받으며 오롯이 자기들의 삶을 살며 가르치고 배울 수 있다. 이것이 잘 되도록 옆에서 도와주고 열어 주고 이끌어 주는 동료가 바로 교사의 선생이다.

3. 뜻을 살려 나아갈 길

3-1. 작은학교교육연대

작은학교교육연대의 실천이 10년을 넘었다. 한 학교 살리기 운동으로 보면 16년째를 맞는다. 처음에 만들었던 뜻을 살리는 곳에서 앞으로 갈 길을 열 수 있다. '작은'의 뜻이 시간이 갈수록 규모에 묶였다. 6학급 시골학교의 고정관념에서 벗어나야 한다. 큰 학교에서도 얼마든지 '작은'의 뜻을 살릴 수 있다. 이미 학교 안의 학교로서 스몰스쿨제를 시도하는 학교들이 많다. 국가교육과정은 학년군별로 운영할 수 있게 되었다. 작은 학교와 큰 학교를 규모로 구분하여 실천하는 것에서 더 나아가 '작은'이 가진 최초의 뜻을 살린다면 큰 학교와 얼마든지 연계하여 실천을 해 나갈 수 있다.

주제, 교과, 방법을 넘어 '학교'에 주목하여 학교를 살리고 혁신하려는 노력을 바탕으로 주변의 학교와 함께 실천하면 좋겠다. 학교는 가르치고 배우는 장면이 잘 일어나는 배움터가 되어야 한다. 가르치고 배우는 장면은 학교 안, 학교 곁, 학교 밖, 학교 사이에 있을 수 있다. 학교를 고정된 공간으로 보지 말고 배움이 일어나는 곳으로 넓혀서 학교와 학교 사이에서 협력적 가르침이 일어나도록 해야 한다. 면 단위 서너 학교, 동 단위 두 학교 정도가 함께 연구하고 실천하기로 나가야 한다. 한 학교 안에서도 큰 학교는 동학년 5~7학급 정도가 학교가 될 수 있다. 4~5학급의 학년군이 또 다른 학교가 될 수 있다. 한 학교 모델에서 마을학교 모델로, 학교 안 학교 모델로 나아갈 길을 찾는다면 작은학교교육연대의 실천은 더욱 풍부해질 수 있다.

공립학교 교사만 교육하지 않는다. 학생도 교육할 수 있다. 교육의 개념을 좀 더 본질적으로 탐구할 필요가 있다. 학교, 교사, 학생,

수업, 교육과정, 교장, 수업안 등의 기존 학교교육에서만 쓰는 용어에서 벗어나 교육이 무엇인지, 가르침과 배움이 무엇인지, 가르침과 배움 사이의 원리는 무엇인지, 교육이 일어나는 장면은 어떤 것인지, 가르침과 배움 사이의 갈등은 왜 있는지, 선생의 역할은 무엇인지, 학생을 어떻게 보아야 하는지, 삶과 교육의 관계는 무엇인지 따위를 깊이 논의해야 한다. 목적, 교육과정, 수업, 평가, 생활 등의 학교 안 문제를 가지고 연수 때 분과를 열어 연구하고 실천한 것을 나누는 것도 의미가 있지만 이를 넘어 교육 그 자체에 대해 더 논의할 수 있는 연수 구조를 여는 것도 필요하다. 이런 논의가 약해지면 작은 학교, 혁신학교, 열린 학교처럼 또 하나의 교육소비, 시장소비 속의 유행으로 끝날 수 있다. 어느 정도 유행이 끝나면 처음 세운 뜻은 어디로 가 버리고 새로운 소비를 위해 다른 쪽으로 몰려가게 된다.

연대는 사람들 사이의 이야기이며 마을이며 동네이다. 한 학교에서 두 학교로, 전국으로 퍼진 회원학교들이 모여서 살아온 이야기, 힘들고 어려웠던 이야기, 아이들 보며 행복했던 이야기를 나누었다. 이야기는 진솔할 때, 새로울 때 퍼진다. 같은 이야기를 오래 되풀이하면 재미가 없어지고 힘이 빠진다. 사람들 마음속에 뭔가 답답한 구석이 있는 것이다. 연대는 말 못하는 사람들이 속 시원하게 이야기할 수 있을 때 시작된다. 회원학교 선생님들, 보통 학교의 선생님들이 무엇을 답답해하는지 잘 살펴야 한다. 삶이 살아야 할 말이 생기고 그 말들이 이야기를 만들어 낸다. 이야기가 잘 되는 배움터는 이미 마을이다. 사람 사이가 가까워지고 아픔과 기쁨을 나누게 된다. 연대가 무엇인지, 어떻게 해야 연대가 되는지, 어떻게 해야 어깨 겯고 함께 갈 수 있는지 고민을 이어 가야 한다.

3-2. 참삶을 바탕으로 온삶으로

우리나라의 학교교육은 그동안 배우는 학생을 중심에 두지 않고, 다른 사람에게 보여 주기 위해, 형식과 제도에 맞추기 위해, 전체에 맞추기 위해 교사와 학생을 교육에서 소외시켜 왔다. 학생 글짓기 대회에서 학생을 입상시켜 학교를 빛내기 위해 교사가 학생의 글을 맘대로 고쳐서 내보냈다. 이오덕 선생님은 이런 현실을 비판하며 솔직하게 글쓰기를 실천하자고 하였다. 작은학교교육연대 학교들의 실천 또한 그동안 부정적으로 경험한 것을 바꾸고자 노력하였고, 때문에 '없애기'를 많이 하였다. 조회, 주번, 조회대, 형식적 어린이회, 학교 가장 자리에 드문드문 있던 체육 기구, 교무실과 교장실 책상 배치 구조, 교실의 형식적 게시판, 상장제도 등을 없앴다. '없애기'와 동시에 '보태기'를 하였다. 블록수업, 토요체험, 숲속학교, 계절학교, 디딤돌학습, 다모임, 민주적 교사회의, 문화예술학교, 동아리 활동 등을 새로 만들었다. 보태기 또한 기존의 활동 가운데 잘못된 것을 바로 잡는 대안으로 시작했는데, 경험을 바탕으로 없앨 것은 없애고, 기존에 하던 것을 변형하여 보탰다.

초기의 실천은 당연히 기존의 실천에서 없앨 것과 보탤 것을 구분하는 데서 시작된다. 이것도 실현하는 데 10년이 넘게 걸린다. 참과 거짓, 옳음과 그름, 선과 악, 잘함과 못함, 어른과 아이라는 대립적이고 이분법적인 사고는 우리에게 편리함을 준다. 실천할 때도 둘로 나누어 생각하면 실천할 길이 쉽게 열린다. 하지만 연구와 실천이 더 깊어지려면 둘 사이에서 벌어지는 수많은 갈등과 사례를 알아야 한다. 사이에서 벌어지는 일들을 두 가지 기준으로만 볼 수 없다. 본디 우리가 하려는 것이 무엇인지 제대로 논의하지 않는다면 기존의 잘못된 것을 바로잡는 대응적, 반사적 실천에 머물게 된다. 이제, 대응과 반사가 아닌 본질과 알맹이를 고민하고 실천할 때가 되었다. 참삶이 기본이 되어야 한다. 거짓이 판치는 교육현장에서 거짓을 거두어 내는 일은 무엇보다 소중하다. 참삶을 바탕으로 우리가 정말 하려는 교육은 어떤 모습이며 어떤 실천으로 가야 하는지 이야기해야 한다.

우리말 '온'은 명사로서 백을 말하고, 접두사로서 완전(꽉찬)을 뜻하며, 관형사로서 전체(모두)를 뜻한다. 예로서 온, 즈믄, 온몸, 온 나라 등이 있다. 참삶을 기본으로 온삶으로 가면 좋겠다. 그동안 큰 것에 집중했으니 작은 것을 이야기하고, 거짓을 이야기했으니 참을 이야기하고, 보신과 보수 대신 혁신을 이야기했으니 이제는 우리가 정말 하려는 완전한 상태로서 교육, 온삶을 이야기해야 한다. '온'은 다른 말로 본질, 그 자체, 자연이라고 할 수 있다. '작은'의 '온'은 무엇일까 교육의 온은 무엇일까, 작은학교교육연대의 온은 무엇일까를 탐구하고 이야기하고 실천하면 된다. 이것은 하루아침에 결론이 나는 것이 아니라 사람이 사는 동안 늘 있어야 하는 질문이며, 조급하게 당장 끝내고 다음으로 넘어가려는 소비주의를 벗어날 눈(안목)이며 길이다.

3-3. 새로운 실천

작은학교교육연대는 위와 같은 뜻으로 새로운 길을 열고자 노력하고 있다. 이미 작은학교교육연대 안에 이런 씨앗이 있다. 지난 번 대표자회의에서 결정한 내용들은 이미 새로운 길이었다. 이것의 의미를 잘 새긴다면 다음 길도 잘 열어 갈 수 있을 것이다.

여름 연수 때는 회원학교가 되려는 학교에서 연수를 개최한다. 전국여름연수를 개최하고 나면 회원학교가 되는 것이다. 하지만 회원학교가 되려던 학교가 여러 가지 사정으로 연수를 개최하지 못한다고 연락을 하였다. 요즘 혁신학교가 확산되면서 많은 선생님들이 혁신학교에 들어가 헌신을 하고 있다. 그에 비하면 작은 학교육연대는 한 학교 실천에 집중하고 있는 형국이다. 어떤 선생님은 작은학교교육연대, 새로운학교네트워크, 혁신학교, 혁신실천연구회 등 여러 개의 단체에서 겹쳐서 활동을 해야 한다. 정말 바쁘다. 요즘 흐름은 작은학교교육연대보다 혁신학교가 대세다. 앞으로 작은학교교육연대는 기존의 회원학교를 여는 방식으로는 해마다 회원을 늘리기 어려울지도 모른다. 이렇게 되면 회원학교가 늘지 않는 것이 문제가 아니라 여름연수조차도 포기해야 하는 상황이 된다.

다른 6학급 작은 학교에 급히 연락해도 갑자기 전국 단위 연수를 열기는 쉽지 않다고 대답한다. 어찌할 것인가? 6학급 규모를 넘는 학교는 작은 학교가 될 수 없는가? 꼭 한 학교가 연수를 열어야 하는가? 그동안 해왔던 전통은 6학급 규모, 한 학교가 여름연수를 여는 것이었다. 여러 논의를 거쳐 6학급보다 크지만 부산에 할 수 있는 학교가 있다는 이야기가 나왔고 아직 초기라 옆에서 누군가 도와준다면 얼마든지 할 수 있지 않을까라는 이야기도 나왔다. 한 학교에 맡기지 말고 회원학교가 옆에서 도와주는 여름연수를 여는 것이다. 이렇게 결정이 나자 짧은 시간에 전화를 하여 여름연수 개최 학교를 정할 수 있게 되었다. 규모로서 '작다'와 한 학교로서 '작다'를 넘은 것이다. 난 이런 이야기 속에 작은학교교육연대가 갈 길이 있다고 보았다. 조직의 변화는 자연스러운 것이다. 우리가 본디 하려는 것을 잘 새길수록 형식, 구조 등은 수단이 되어 변형, 변주, 이본이 된다.

2016년 여름 연수 때 부산 금성초와 전포초 두 학교는 사전에 세미나를 함께해 왔으며, 연수를 공동으로 준비하기 위해 주제, 실무 진행 등에 관해 협력하는 모습을 보여 주었다. 이렇게 되면 회원학교가 되는 형태도 바뀌는 것이다. 옆에 있는 기존 회원학교에 기댈 수 있다. 비빌 언덕이 생기는 것이다. 내 옆의 학교와 연대하는 것이다. 처음 시작하는 여러 학교가 함께하려면 쉽지 않지만 기존의 회원학교와 다른 한 학교 정도를 연결하는 것은 10년 실천의 경험이면 충분히 가능한 일이다. 더 나아가 여름뿐 아니라 평소라도 회원학교와 준비된 옆 학교가 있다면 작은 연수를 지역에서 열도록 하여 회원자격을 주는 것도 생각해 볼 수 있다. 한 학교 중심으로 회원학교 제도를 둘 수도 있지만 지역의 서너 학교가 연합하여 마을 학교로서 회원이 될 수도 있을 것이다. 이것 아니면 저것이 아니라 한 학교 회원도 가능하고, 서종면 마을학교 회원도 가능하다는 것이다.

우리 안의 두 번째 변화의 씨앗은 기록이다. 초기의 작은학교교육연대 학교들의 실천은 『작은 학교 행복한 아이들』(우리교육 출판)을 통해 기록되었다. 이는 전국에 있는 선생님들에게 큰 반향을 일으켰다. 공동 실천은 기록으로 정리해야 다음 길을 열 수 있다. 정리와 기록이 없으면 성찰이 없어져서 지루하게 반복하다가 그 모임은 쪼그라들게 된다. 『작은 학교 행복한 아이들』 2탄을 기획하다 출판하지 못한 것이 아쉽다. 하지만 지금 진행되는 작은학교교육연대의 두 번째 책은 또 다른 도약을 위한 발판이 될 것이다. 실천 사례의 정리가 아니라 우리가 왜 이것을 하고 있는지 되돌아볼 기회를 갖는 것만으로도 이미 성찰이고 성장이다.

여력이 된다면 우리 토양에서 문제를 제기하고 실천하고 기록한 선배 사상가를 공부하면 참 좋겠다. 지역 모임에서 이오덕 사상을 기본으로 하여 책을 읽으며 이오덕 뒤로 이어지는 선배들과 이오덕 앞에 있던 사상가들을 찾아보게 되었다. 이오덕부터 뒤로는 권정생, 성내운, 김수업, 서정오, 박문희, 임재해, 이호철, 편해문, 문재현, 이현주, 이철수 등이 있었고, 앞으로는 함석헌, 장일순, 김교신 등이 있었다. 이 밖에도 참삶을 가꾸는 교육이 있다면, 이것이 어디서 시작되었는지 실천과 더불어 공부하자. 그러면 작은학교교육연대는 더 튼실하게 자랄 수 있을 것이다.

자발적 조직들은 5년마다 위기를 맞는다. 처음에는 '얼씨구!' 하며 불같이 일어났다가 안정이 되면 고만고만한 실천으로 지루해진다. 빠져나가는 사람이 생긴다. 소수에게 일이 집중된다. 떠넘기기 바빠진다. 처음의 뜻을 다시 살려 새로운 실천의 길을 열면 다시 5년을 간다. 다시 위기를 맞는다. 누군가 이야기하여 함께 새 길을 연다. 이 속에 삶이 있고 교육이 있다.

〈 함께 읽으면 좋은 책 〉
권정생,『빌뱅이 언덕』, 창비, 2002.
김민남·손종현,『한국교육론』, 경북대학교출판부, 2006.
김수업,『배달말꽃』, 지식산업사, 2002.
김수업,『말꽃 타령』, 지식산업사, 2006.
김영주 외,『배움과 나눔으로 삶을 가꾸는 남한산초등학교 이야기』, 문학동네, 2013.
김영주 외,『다시, 혁신교육을 생각하다 1-3권』, 창비교육, 2016.
문재현,『마을에 배움의 길이 있다』, 살림터, 2015.
미카엘 코넬리 외, 강현석 외 역,『교사와 교육과정』, 양서원, 2007.
박문희,『마주이야기, 아이들은 들어주는 만큼 자란다』, 보리, 2009.
서정오,『옛이야기 들려주기』, 보리, 1995.
우치다 타치루, 박동섭 옮김,『교사를 춤추게 하라』, 민들레, 2012.
이오덕,『삶을 가꾸는 글쓰기 교육』, 보리, 2004.
이오덕,『이오덕 일기 1-5권』, 양철북, 2013.
임재해,『마을문화의 인문학적 가치』, 민속원, 2012.
작은학교교육연대,『작은 학교 행복한 아이들』, 우리교육, 2009.
장상호,『학문과 교육 중Ⅱ』, 서울대학교출판문화원, 2009.
초등교육과정연구회,『행복한 혁신학교 만들기』, 살림터, 2011.
크리스티안 리텔마이어, 송순재·권승주 옮김,『느낌이 있는 학교건축』, 내일을여는 책, 2005.
파커 파머,『가르칠 수 있는 용기』, 한문화, 2005.

2장

작은 학교, 삶을 가꾸는 교육과정

1
작은 학교 문화

남한산초등학교 윤승용

　도시로 사람들이 몰리면서 시골학교는 자연스레 학생 수 부족으로 문을 닫는 경우가 많다. 도시로 사람들이 몰리는 까닭에는 여러 가지가 있겠지만 교육 문제가 크다. 여러 문화시설과 보육시설을 갖추고 있는 도시에 살아야 아이의 교육을 위해서도, 밥벌이를 위해서도 낫기 때문이다. 복잡한 도시가 싫어 귀농을 하는 집에서도 교육 문제를 안고 있다. 보낼 학교를 찾지 못해 홈스쿨링을 하거나 대안학교를 알아보는 집도 많다. 사람들이 빠져나가니 시골에는 빈집이 늘어나고 학교 또한 빈집이 되고 만다.

　다시 사람들을 모을 수 있을까? 공장처럼 아이들을 가둬 두고 키우기보다 좀 더 자유롭게 키울 수는 없을까? 학교가 끝나면 곧장 학원으로 몰려가는 아이들을 맘껏 뛰놀게 할 수는 없을까? 반세기 동안 이뤄진 공교육을 다시 바라보고, 새로운 교육을 바깥이 아닌 공교육 안에서 꿈꿀 수는 없을까? 권위적이고 서열 위주의 교육을 배움이 넘쳐나는 교육으로 바꿀 수는 없을까? 이 수많은 물음이 쌓이고 꿈을 꾸는 사람들이 모여 '작은 학교 살리기' 움직임이 일었다. 그 움직임은 벌써 20년 가까이 거듭나게 되었고, 경기도 혁신학교 정책과 흐름을 같이 하면서 오늘에 이르고 있다.

물음을 던지고 마음껏 꿈꾸는 것은 쉬우나 그 물음과 꿈에 답하고 실현하는 일은 어려울 수밖에 없다. 학교마다 교육과정이라는 길잡이를 만들어 실천하고 있지만 문서에 나타난 교육과정을 분석한다고 해서 그 흐름이 잘 잡히지는 않는다. 수년에 걸쳐 실현된 교육과정은 학교에서 살고 있는 사람들의 삶에 고스란히 스며 있을 것이다. 이것이 작은 학교에서 함께하고 있는 여러 교육활동을 짚어 보기에 앞서 학교문화를 살펴보는 이유다.

교사문화

학교를 움직이는 힘은 사람에게 있다. 꽉 막힌 구조에서 조금이나마 아이들의 밝은 웃음을 볼 수 있었던 까닭은 그 안에 참다운 교육을 꿈꾸는 사람들이 있었기 때문이다. 학교를 움직이는 사람 중에 교사의 생각과 움직임은 큰 영향을 미친다. 선생님의 말 한마디에 묻어나는 여러 생각이 고스란히 아이들에게 전달되기 때문이다. 같은 교육과정을 운용하더라도 교사마다 가진 결이 달라 나타나는 빛깔은 다르다. 그래서 교사에게 교육활동을 주체적이고 주도적으로 이끌어갈 자율과 책임을 주는 것이 무엇보다 중요하다. 하지만 우리네 학교 교육은 교사의 자율보다 의무와 책임을 더 물었다. 드러나지 않는 교실 안 모습보다 당장 처리해야 하는 행정적 절차를 더 중요하게 생각했다. 수업 방식도 정형화되어 있어 교사마다 개성 넘치는 수업을 찾기 힘들었다. 교사에게 틀에 맞추라고 강요할 뿐, 아이들과 선생님이 몸과 마음이 맞닿아 일어나는 '교육'에 대한 기본적 질문을 멀리했다.

자율은 자유와 다르다. 자율은 교사가 거듭되는 경험, 물음, 깨달음, 배움을 겪고 해마다 성장하여, 교사 스스로 결정한 흐름과 약속으로 거듭남을 뜻한다. 또한 자율의 힘은 세다. 자기 스스로 결정하여 움직이는 능동성은 다른 이가 결정하여 따르게 하는 수동성보다 힘이 셀 수밖에 없다. 작은 학교에 발령을 받아 느낀 마음을 담은 어느 선생님의 글은 그 힘을 짐작케 한다.

스스로 주인이 되어야겠다는 생각을 하고 나니 무슨 일이든 신이 나고 자신감이 생겼다. 학교 가는 것이 즐겁고 아이들과의 만남이 행복해졌다. 그러고 나니 수업이 바뀌었다. 그렇다고 수업을 잘한다는 것은 아니다. 어떤 수업이 잘하는 수업인지도 아직 명확치 않다. 하지만 내 수업에 내가 주인이 되었다. 그리고 주인이 되면서 고달프다는 생각이 사라졌다.[1]

---

1) 『2010 작은학교교육연대 겨울워크샵』 자료집, 13쪽

국가에서 내려 준 교과서를 펼치기에 앞서 한 해 동안 함께 배울 거리를 정하고 그 흐름을 꿰어 내는 움직임은 교사에게 주어진 '자율성'을 멀리하고선 일어날 수 없는 것이다. 교실 안에서 마을을 공부하는 것보다 직접 마을을 돌아보고 만나는 사람과 대화하면서, 걸으면서 보이는 여러 모습을 소재 삼아 교사와 나누는 대화 자체로 수업을 일구었고, 한 권의 책을 바탕 삼아 교과별로 흩어진 지식과 아이들 삶을 묶어 풀어내었다. 또한 영화라는 소재를 잡아 내어 한 해 동안 시나리오 작업에서 촬영, 배우, 감독, 의상 담당 등으로 역할을 나누어 맡아 아이들 모두가 주인이 되는 프로젝트 수업을 진행했다. 이 모든 것의 밑바탕에는 저마다의 생각과 교육에 대한 안목을 믿고 가진 힘을 충분히 드러내고 의미를 찾게 하는 '자율'이 있었다.

교사마다 가지는 자율은 자연스레 '빛깔'이 된다. 사람마다 다른 것은 당연한데 이상하게도 지금까지 대한민국 교사들은 똑같기를 위해 경쟁하듯 생활했다는 느낌이다. 그렇다 보니 해를 거듭하면서 했던 것을 그대로 하거나 교육활동에서 큰 의미를 찾지 못하고 나이가 차면 승진이라는 '지위 확보'에 매달리는 현상이 오랜 시간 일어났다. 물론 그 책임은 국가, 교육청, 관리자가 생각하는 틀 안에서만 움직이길 원하는 구조에 있지만 말이다.

남한산에 와서 가장 많이 변한 나의 모습 중 한 가지를 꼽으라면 바로 나만의 빛깔을 내는 것에 주저함이 없어졌다는 것이다. 이전 학교에서는 학급에서 뭐 좀 하려고 하면 옆 반 선생님 눈치, 학부모 눈치, 관리자 눈치 등 신경 쓸 곳이 한두 군데가 아니어서 때려치우고 마는 경우가 종종 있었다. 그러나 이곳에서는 눈치 볼 사람이 없어서 내가 하고 싶은 대로 원 없이 할 수 있다. 그러다 보니 그동안 모르고 있던 나만의 빛깔을 찾게 되었고 그 빛깔을 뚜렷이 내는 일에 머뭇거리지 않게 되었다. 또한 다른 선생님들의 빛깔도 확실하게 알게 되었다. '아 이 선생님은 이런 빛깔의 사람이구나. 저 선생님은 저런 맛이 있네.' 하며 서로의 빛깔을 나누게 된다.[2]

빛깔과 빛깔이 만나 어우러지는 '교사회의' 모습은 작은 학교가 가지는 문화 중 으뜸이 아닐까 한다. 행정 절차 전달, 업무 전달, 관리자 전달사항으로 끝나는 '교무회의'에선 서로의 생각이 나누어지기 어렵다. 늘 하던 대로, 아무 사고 없이, 눈에 보이는 것만 깔끔하게, 이것만 넘기자, 관리자 눈에 거슬리지 않게…… 퇴근 시간이 가까이 오면 '언제 끝나나' 하며 시계만 보는 쥐 죽은 듯 조용한 '교무회의'의 모습은 어제오늘 일이 아니다.

새로운 학교를 꿈꾸는 교사들은 이 '교무회의' 문화부터 바꿔 냈다. 말부터 '교사회의'로 바꿨다. 교장이든 교감이든 모두 교사이다. 서로 역할이 조금 다를 뿐이다. 둥그렇게 모여 앉아 학교 행사에 대

---

2) 같은 책, 14~15쪽

해서, 수업에 대해서, 아이에 대해서, 교육과정 운영에 대해서, 발생하는 여러 사안에 대해서 머리를 맞대고 말을 섞는다. 말을 섞으면 더 이상 남의 일이 아니다. 내 일이 되고, 내가 짊어져야 할 고민이 된다.

때론 목소리가 커지기도 한다. 한 선생님의 고민을 깊게 나누는 자리가 되기도 한다. 한 아이를 깊게 들여다보는 시간이 되기도 하고, 교실 안의 이야기가 화제가 되어 모두의 지혜가 모이는 자리가 되기도 한다. 이렇게 하다 보니 때론 목소리가 커지기도 하고 웃음이 넘쳐나기도 한다. 흐르는 시간 속에 놓쳤던 일상이 되돌아와 깨달음을 주는 시간이 되기도 한다. 어느 한 교사가 교사회의를 마치고 쓴 다음 글에서 조금이나마 그 분위기와 오고가는 이야깃거리를 알아볼 수 있다.

학기 초부터 한 아이 때문에 힘들다. 머릿속 고민의 8할 정도를 차지하는 아이다. 학습활동에 참여하지 않을 뿐만 아니라 끊임없이 장난거리나 주목거리를 만들어 내 수업 분위기를 해치는 것은 너무나 일상화되어 있다. 두 달째 경험하다 보니 이제는 짜증이 넘치고 웃고 하루를 시작할 때보다 미간을 찌푸릴 때가 많다. 역할분담 활동, 정리정돈, 과제해결 등의 일반적으로 개인이 쌓아 가야 할 것까지 꼼꼼하기를 기대하지는 않는다. 다만 함께하는 활동에서 활동 자체를 깨 버리는 데까지 이르지 않았으면 하는 바람이 크다. 실습활동이나 현장학습과 같은 학교 밖에서 이루어지는 활동에서는 그 정도가 더 심해 교사인 내가 어떻게 해 볼 도리가 없게 만들기까지 한다. 엇나가는 행동을 보일 때마다 그 정도가 심해 도대체 어떻게 심성을 길러 주어야 할지 참으로 난감하지 않을 수 없다.

개인 및 경쟁 중심의 학교 분위기였거나 학습이라면 크게 문제 삼지 않아도 되겠다. 자신이 가지고 갈 몫이라고 치부해 버리면 그만이니까. 그래서 여느 학교에서 그 아이를 보았다면 크게 문제 삼지 않아도 될 아이였을지 모른다. 교사인 나는 그 행동이 다른 아이에게로 미치지 않게만 차단하면 그뿐이니까. 그런데 서로 배우는 학급으로 만들고자 하고, 체험중심 배움으로 채우고 싶어 안달복달하는 나에게 큰 짐이 아닐 수 없다. 그 동안 힘을 기르지 못한 내가 한스럽기까지 하다. '내가 가진 품이 이렇게 작았구나!'라고 느낄 만큼 요즘처럼 내 자신이 초라해 보인 적은 없었던 것 같다.

며칠 전 교사회의 시간에 이 아이를 중심으로 아이들 생활이야기를 나눴다. 난 그 자리에서 "이 아이는 4년 동안 성장한 것이 맞는가? 난 전혀 이 학교에서 성장시키지 못했다고 믿는다. 그냥 지켜 본다고, 그냥 웃어 준다고 아이가 성장하는 것은 아니다. 우리는 우리학교에서 어떤 모습의 아이를 길러야 하는지 명확한 상은 있으되 구체적 과정에 대한 논의는 없었다고 생각한다. 이 아이뿐 아니라 우리학교에서 눈여겨 보아 주어야 할 아이들이 있다. 학교에서 줄 수 있는 그 무엇은 도대체 있는가."라는 말로 답답한 마음을 토로했었다. 이야기는 흘러 생활규정에 대한 이야기로 이어졌다. 함께함에 있어 스스로에 대한 '엄격함'과 적절한 '통제'가 있어야 한다는 결론이었다. 이야기가 길어지고 다루어야 할 다른 안건 때문에 다음 주 회의에서 더 깊게 나누기로 했다. 준비할 몫은 나에게 있는데, 아직 구체적인 상이 잡히지 않아 걱정이다.

늦게 끝난 회의를 뒤로 하고 교실 정리를 하고 있는데 교장 선생님께서 잠시 이야기를 나누자 하셨다. 아이의 아버지를 만났고, 지금 현재 담임이 고민하는 지점에 대해 이야기를 나누셨다고 한다. 이전까지 한 번도 경험해 보지 못한 일이라 어리둥절할 수밖에 없었다. 교장실로 들어서는 나에게 웃으시며 "한참 힘들 때 지치지 않았으면 좋겠습니다. 바로 앞을 보지 말고 좀 더 멀리 내다보았으면 합니다. 그 아이는 충분히 성장하고 있고 학교의 품에서 행복하게 자랄 수 있습니다. 편안한 마음으로 천천히 아이와 만나면 좋겠습니다."

다시 교실로 돌아오는 마음이 왠지 모르게 편안해졌다. 가슴 무거웠던 마음이 이상하게도 가라앉는 느낌이었다. '밖으로는 아이 생각한다면서 내 생각만 했구나.' 하는 생각도 들었다. 빨리 문제 행동을 교정하려고만 했지 아이와 함께 걸을 생각을 하지 못했다는 생각이 부끄러움과 함께 깨달음을 주었다. (중략)

자주 만나기도 하고, 한번 자리에 앉으면 서로의 이야기가 끊이질 않는다. 교사회의 시작을 학급 이야기, 아이 이야기로 시작하기에, 그리고 그 안에 듣는 이들의 지혜와 생각이 모이기에 더 그럴 것이다. 누가 누구에게 지시하고, 해야 할 일을 결정하고 끝내는 회의가 아니다. 내 안의 이야기가 서로의 이야기가 되고 또 그 이야기가 깊어지고 꿰어지는 흐름이 교사회의에서 자연스럽게 일어난다. 교장이든 교감이든 교사든 똑같이 발언권과 의상결정권을 가지고 이루어지는 '교사회의'는 새로운 학교를 일구는 큰 힘이 아닐 수 없다.

지난해 교장 선생님 임기가 다 되어, 새로운 교장 선생님을 모시는 일이 화두였다. 그때 우리 학교에서 이어가야 할 가장 중요한 것으로 '교사회의' 문화를 꼽았다. 각자의 입장과 처지를 떠나 아이를 중심에 두고 의사결정을 하고 함께 일구는 회의의 모습은 작은 학교의 시작이자 끝일 것이다.

아이와 함께 걸으며 함께 성장하고자 하는 선생님들의 의지, 그 의지를 믿고 지지하는 분위기와 자율성, 자기 안에 머물지 않고 끊임없이 묻고 함께 답을 찾아가는 선생님들의 움직임은 이제 익숙해지고 정겹기까지 하다. 작은 학교에 와서 선생님들과 '교육' 이야기를 나눌 수 있어 좋다는 분이 계셨다. 학교에서 '교육' 이야기를 나누는 게 지극히 당연할 텐데, 이 고백이 울림이 있는 까닭은 무엇일까.

학부모 문화

학교가 문을 닫을 위기에 처해진 시기, 인근 도시에 학교를 알리며 학생을 모집했다. 그냥 "학교 살려 주세요"로는 안 되니 꿈꾸고 그 꿈을 다져 나갈 학교의 모습을 중심으로 학부모를 만났을 것이다. 자연과 함께 숨 쉬는 학교, 마음껏 뛰노는 학교, 아이 하나하나 놓치지 않고 살뜰히 보살피는 학교, 배움의 참맛을 알아가는 학교, 아이가 주인인 학교……. 열정과 정성으로 사람과 사람이 만났고 그 과정에서 학교 구성원이 채워졌다. 공교육에 대한 불신이 깊어지고 있던 때라 새로운 학교를 꿈꾸는 이야기는 아이를 기르는 학부모를 움직이기에 충분했다. 좀 더 나은 교육을 우리 아이가 받았으면 좋겠다는 생각이 그 중심이었을 것이다.

그렇다 보니 당장 밥벌이에 바쁜 이들보다 조금 여유가 있는 집 자녀와 학부모가 그 구성원의 대부분을 차지했다. 정치적으로도 진보적 성향을 지닌 분들이 많았다. 현 체제에 순응하면서 그 틀에 아이를 맞추기보다 좀 더 자유롭게 아이를 기르고자 했다. 교육에 대한 관심뿐만 아니라 사회 전반에 대한 관심과 참여도 활발했다. 기존 학교에서 적응하지 못한 아이 때문에 고민하던 부모들도 그 구성원에 더해졌다. 학교를 포기하거나 거부하고 대안학교나 홈스쿨링을 하던 부모와 아이들도 있었다. 공동육아나 마을 공부방을 운영하면서 아이를 각자 기르기보다 함께 기르기를 바라는 부모들도 함께했다.

추상적인 문구에는 다들 동의하지만 각자의 결과 풀어내는 방식이 모두 달라 여러 어려움이 있었고 지금도 그 어려움은 계속되고 있다. 자기 생각이 뚜렷하고 생각을 드러내는 몸짓까지 활발한 성향의 학부모들이 많다 보니 오고가는 이야기가 많아 그럴 수밖에 없을 것이다. 학교에 대한 생각이 다르고 아이 '자람새'에 대한 생각이 다르며 배움에 대한 생각이 달라 작은 소재 하나에도 여러 이야기가 엇갈린다.

네가 내가 아닌 이상, 감히 같기를 바라지는 않지만, "그 입장 그러할 수도 있겠다."라고 인정해 주는 것이 내가 생각하는 소통이다. 허나 인정이 어디 쉬운가? 도대체 "왜?"라는 생각이 머릿속에 떠다니는 거보면 난 어찌 보면 인정이라기보다는 그저 외면으로 그 소통을 치장하고 있었는지도 모르겠다. 나는 분주히도 이곳저곳으로 나만의 소통(나만의 위한 선별적 소통)을 하러 다녔다. 남한산에 우리 아이들이 다닌다는 흥분과 설렘으로 가득 차 있었다. 과하면 넘치는 법. 혼자만 소통하더니만 어느 순간 나만의 소통이 벽과 가까워지고 있었다.

이제 4개월 지낸 곳에서 혼자만의 두려움으로 큰 녀석 둘째 녀석 졸업까지 족히 8년은 있어야 할 이곳에서 괜한 오해나 소통의 부재가 오는 미래를 걱정하며 서툴고 조급하기 짝이 없는 불안을 갖기 시작했다. 그러던 와중에 뜨거운 감자로 떠오른 여름계절학교는 나 홀로 만든 나만의 불안을 가중시키기도 하였지만! 좋은 기회로 이어져 서로간의 소통의 물꼬를 틀 수 있는 남한산 토론회의 실마리가 되었으니, 잘됐다 싶었다. 그래 많은 분들의 의견이 오고 가고 그 속에서 진정한 남한산 구성원들이 함께 가는 의미를 찾을 수 있을 거란 생각에 설레면서 토론회를

기다리고 있었다. (중략)[3]

　엇갈리는 과정에서 서로에게 상처를 주기도 하지만 주고받는 이 야기는 끊이질 않는다. 너와 나의 이야기가 쌓이면 쌓일수록 작은 약속이 되기도 하고, 경계를 세우기도 한다. 너도 나도 신나는 이야 기엔 또 다른 이야기가 더해져 함께하는 움직임도 끊이질 않는다. 아빠들이 삼삼오오 모여 여행 이야기가 오갔다. 어디로 다녀왔고 그곳에서 무엇을 했는지 이야기를 나누었다. 이야기는 흘러 아이와 여행할 때 어떻게 하면 좀 더 의미 있는 여행이 될까 하는 이야기로 옮겨 갔고, 그 의미 있는 여행을 우리 학교 모든 아이들과 함께하는 쪽으로 그림을 그렸다고 한다. 그렇게 해서 동아리 '가자'(남한산초 등학교 학부모 여행 동아리)가 탄생했고, 해마다 여행 계획을 짜고 함 께할 부모와 아이들을 모아 꾸리는 모임으로 거듭나고 있다.

　이렇게 자연스럽게 생겨난 모임이나 학부모 주도 행사는 작은 학 교 문화를 일구는 큰 움직임이 된다. 교육과 사회에 대한 생각을 나 누다 함께 책 읽는 모임을 만들어 운영하기도 하고, 학교에서 화두 를 하나씩 잡아 함께 강의도 듣고 둘러 앉아 토론을 벌이기도 한다. 여러 사람과 이야기 나누지 않았더라도 모두와 함께하고 싶은 일은 거리낌 없이 함께하는 문화도 자리 잡고 있다. 그 속에서 자기 안의 이야기를 꺼내 놓고 다른 이의 생각에 귀 기울인다. 그래서 학부모

---

3) 남한산초등학교 누리집 학부모자치방에 올라온 학부모의 글 중 일부(2013. 7. 18.)

들은 아이를 위해서 이 학교를 찾아왔지만 자기가 더 성장하고 있다고 자주 말한다.

> 안녕하세요. 작년에 유난히 많은 눈과 추웠던 겨울을 보면서 얼음집(이글루)을 만들어 볼까 하다가 생각만 갖고 있던 참에 인터넷을 통해 예쁜 얼음집을 보게 되어서, 올해 겨울에 얼음집(이글루)을 만들어 보려 합니다. 우유곽에 물을 채워서 얼음벽돌을 만드는 일이 비교적 쉬워 보여서 아이들과 함께 만들 수 있을 거라 생각이 들어 이렇게 제안을 드립니다. 함께하실 가족은 사진을 보시는 것처럼 우유곽을 접지 않고 집에 모아 두셨다가 가져오시면 되겠습니다. 좀 더 추운 날이 오면 사전모임을 갖기로 하겠습니다. 모임에 나오실 때 이에 관련한 다양한 아이디어를 가져 오시면 좋겠습니다.[4]

반마다 매달 모이는 '반모임'은 같은 학년 부모들의 소통 시간이다. 담임선생님도 함께 둘러 앉아 사는 이야기를 나누고, 아이들 생활 이야기를 나눈다. 함께 준비하는 행사가 있다면 역할을 분담하는 자리이기도 하다. 선생님으로부터 학급 운영, 교과 운영에 대한 이야기, 아이들과 만나며 고민하는 이야기가 화두에 오를 때면, 같이 아이를 키우는 어려움을 토로하면서 가정에서 어떻게 도와줄 수

---

4) 남한산초 누리집 학부모자치방에 올라온 '아이와 함께 얼음집 만들 사람'을 모집하는 광고문(2013. 10. 6.)

있을지에 대한 이야기가 깊어진다. 집마다 상황이 달라 생기는 문제 또한 적지 않아 사소한 이야기라도 내놓고 함께 도란도란 이야기 나눈다.

반모임과 더불어 반모임 대표들이 모여 학년마다 이야기를 공유하고 함께 결정할 일을 정한다. 좀 더 긴 시간을 필요로 하는 것은 소위원회를 따로 운영하여 그 이야기를 꿰어 간다. 학교 교육과정에 학부모가 참여하여 꾸리는 활동, 행사, 수업 같은 경우 두세 달 전부터 따로 소위원회를 꾸려 이야기를 모아 나간다. 7월에 있을 계절학교 운영 하나를 위해서도 4월에서부터 지금까지 운영에 대한 평가, 다시 생각하는 의의, 새롭게 바꿀 것들, 놓치지 않아야 할 교육적 의미 등 선생님과 학부모가 함께 회의에 회의를 거듭하며 하나씩 채워 간다. 모두 함께히는 한마당(운동회), 해 보내기 산치, 단오행사, 발표회뿐만 아니라 아빠들이 모여 반 아이들과 갖는 시간, 학년 1박 2일 가족캠프, 한솥밥 먹기 등을 통해 끝없이 함께하고 나눈다.

2016 여름 계절학교를 위한 2차 준비모임[5]

일시 : 2016. 5. 11. 3시

참석 : 산마을2, 들마을4, 회장님, 양승일 선생님

---

5) 남한산초등학교 계절학교 소위원회 회의록(2016. 5. 20.)

주요 내용

1. 개인이 소유하는 작품을 주로 만들었는데 올해는 모두를 위한 공동작품(학교에 두고 쓸 수 있는 것)의 비중을 늘리자.

   (ex.) 바느질 : 팔 토시, 앞치마/전통 놀잇감 : 제기 등

   학교생활에 필요한 물품을 만들어 두고 쓰거나 대물림되도록.

2. 외부강사 초빙을 가급적 지양하고 학부모/교사가 이끌어 가 보자.(부모 참여의 특성을 유지) 단, 도예 등 특정 과목은 외부강사 필요.

=) 올해 외부강사 : 도예, 뜨개질

3. 강사의 부담을 줄이자.

=) 계획에 대한 부담 큼. 커리큘럼 등 함께 상의해서 만들어 갈 수 있도록.

=) 수업 중 아이들 관리 어려움. 방안 연구.

4. 아이들 참여 높이기 : 강좌 신청 일찍 받고 아이들 의견 들어 수업계획에 반영.

=) 신청 받아 반장을 뽑고 준비모임 갖도록. 다모임 때 이야기할 수 있도록.

   다 같이 쓸 것과 개인이 소유할 것에 대한 의견도 듣기.

5. 강좌 간 협업 방안 연구

=) 계절학교 전체 준비모임(강사 포함)에서 이야기해 보자.

6. 강좌 내용 계획은 작년도 수업계획을 참고하여 큰 흐름은 유지하되 아이디어를 추가하는 선에서 계획

7. 완성품의 질 대 생활문화체험이라는 두 가지 방향에 대해서 어느 쪽에 더 비중을 두고 갈지는 교사회와 학부모가 함께 계

속 고민해 나가야 함.

개별 강좌

1. 음식 : 불, 칼 등 허용하는 방향으로 가면 좋겠다.(교장샘 의견
   도 듣기)

2. 뜨개질 : 아이들 의견도 반영할 수 있도록 가자.

   기존 5, 6학년 강좌였는데 3, 4학년 강좌로 전환.

3. 도예 : 저학년(1, 2) - 흙 체험

   고학년(5, 6) - 만들고 싶은 만큼 마음껏 만들고 잘 두었다가 2
   학기 도예체험 등 시간을 잡아 소성 체험하는 것이 어떨까?

   =) 가마 이용시설 등에 대해 알아보기.

4. 한지 : 한지를 많이 뜨는 것 검토.

   =) 서예 시간 자기가 만든 한지를 이용한다든지, 한글날 활용한다든지 연계
   학습 활용 아이디어 내기.

5. 압화 : 이름을 바꾸자. 좀 더 강좌 내용을 잘 표현하고 친근한
   이름이 있으면 좋겠다.

이후 계획

1. 6/2 계절학교 전체 준비모임 : 준비단과 강사 전담도우미 등
   전체가 만나 협의.

2. 전체준비모임 이전에 강좌 계획서 초안 제출.

처음 학교를 시작할 때만 해도 새로운 교육운동을 한다는 의미에서 학부모들의 학교 참여는 활발했다. 일상적이고 보편화된 학력위주의 교육에서 벗어나 자연과 더불어, 사람과 더불어 살아가는 작은 학교를 꿈꾸는 이상주의자들이었다고나 할까. 그러나 시작할 당시 학부모들은 아이들과 함께 졸업해 나가고, 요즘 학부모들은 우리학교를 '남들이 좋다 하니까', '방송에도 나온 학교니까', '체험 활동을 많이 시킨다더라', '공부는 안 한다'는 생각으로 많이 대하는 것 같다. 특히 좋다고 해서 무작정 들어온 학부모들도 있는데, 이런 경우 학교에 회의를 느끼고 나가는 경우도 있다.[6]

하지만 초기 일구고자 했던 학교 모습은 여러 성향의 학부모가 매년 들어오더라도 쉽게 허물어지지 않는다. 지난 시간을 되돌아보는 용기와 앞을 내다보는 희망을 늘 이야기하기 때문일 것이다. 서로 부대끼며 다져 가는 시간 속에 지금 여기를 바라보는 새로운 눈과 이야기는 오늘도 쌓이고 있다.

아이들 문화

땀을 뻘뻘 흘리며 우두두 달려가는 아이들. 뭐가 그렇게도 신나는지 얼굴에 웃음이 멈추지 않는다. 뒤뜰로 나가니 "시작한다!" 크게

---

6) 『2010 작은학교교육연대 겨울워크샵』 자료집, 26쪽 내용을 다듬었음

외치는 아이가 있다. 맨발 밑에는 찌그러진 깡통이 밟혀 있다. 깡통 차기 놀이를 하는 아이들이다. 숨바꼭질 하고 비슷한 놀이인데 술래 몰래 깡통을 차거나 술래보다 먼저 깡통을 차면 다시 놀이를 시작해야 한다. 술래가 숨어 있거나 달려오는 아이들보다 먼저 깡통을 차면 술래에게 잡힌다. 모두 잡히면 다시 술래를 정해 새로운 깡통 차기가 시작된다. 땡볕에서 달리며 건물 귀퉁이나 나무 뒤에 웅크리고 숨어 있는 아이들을 보고 있으면 저절로 아이 때로 돌아가는 기분이다.

놀이터로 눈을 돌리니 모래성을 쌓아 개미집을 만들고 있다. 어찌나 정성스럽게 만드는지 개미 입장에서는 어떨지 모르겠으나 멋진 집이 완성된다. 주워 온 바가지에 물을 담아 모래집을 단단하게 하는 것 또한 잊지 않는다. 바로 옆에선 땅 안 밟기 놀이가 한창이다. 땅을 밟지 않고 놀이 기구 이곳저곳을 옮겨 다니는데 땅을 밟으면 술래가 잡을 수 있다. 조심스럽게 또는 대담하게 미끄럼틀에서 구름다리로 옮겨 가는 모습은 묘기가 아닐 수 없다.

숲이 우거진 5월, 숲에 산딸기가 열렸다. 다리가 가시에 긁히는 것도 모르고 산딸기를 하나둘 조그만 손으로 모은다. 함께 딴 친구들과 산딸기를 나무의자에 모아 놓고 '가위바위보'를 하며 하나씩 입에 넣는다. 조금 새콤한지 눈을 살짝 찡그리기도 한다. 교실 앞 화단 툇마루에선 소꿉놀이가 한창이다. 개망초, 애기똥풀, 민들레를 따 모아 놓고 마루에 예쁘게 꾸며 놓기도 하고, 비빔밥이라며 풀, 꽃, 줄기를 고운 모래에 섞어 한번 먹어 보라며 내밀기도 한다. 조금 지나면 뽕나무 오디를 주워 모아 먹느라 손이고 입이고 보라색으로 물들겠지.

6학년 아이들은 바쁘다. 색연필과 사인펜을 꺼내 놓고 학생자치회에서 마련한 행사를 알리는 데 시간을 보낸다. 며칠 후에 있을 축구대회를 알리고 참가할 학생을 모집하는 공고문을 만들고 있는 중이다. 심판을 누구로 할 것인지, 팀 편성은 어떻게 할 것인지, 마이크로 경기 중계를 할 친구를 섭외해야 하고, 무승부로 끝날 경우 어떻게 승부를 가릴 것인지를 정하다 보면 챙길 것이 하나둘이 아니다.

자치의 날을 준비하는 일은 더욱 바쁘다. 1학년부터 5학년까지 참여할 부스를 만들고 운영 계획에서 물품 준비까지 6학년 아이들이 모두 해야 하기 때문에 다른 아이들처럼 놀이시간에 놀 시간이 없다. 그래서 그런지 6학년 아이들은 집에 일찍 들어가지 않고 수업을 모두 마친 오후에 모여 놀고 또 논다. 내일 준비해야 할 숙제도 만만치 않을 텐데 말이다. 6학년뿐이 아니다. 집에 갈 시간이 되었는데도 학교엔 아이들 소리로 가득하다. 학원을 다니는 아이들이 거의 없어 학교를 마친 시간에도 운동장은 아이들로 가득하다.

뭔가 고민이 있는 것인지 아니면 가만히 있는 게 좋은 것인지 운동장 한쪽에서 먼 곳을 바라보는 아이도 있다. 도서관에서 교실 사랑방에서 뒹굴거리며 책을 읽는 아이도 있다. 뭔가 재밌는 것을 발견하면 옆 친구랑 키득거리기도 하면서 말이다. 교실 자기 책상에서 종합장에 열심히 그림을 그리는 아이도 있다. 뭐냐고 물어 보니

'종이게임'이란다. 내일 자기가 만든 종이게임에 참여할 아이들이 많았으면 좋겠단다.

과학실에 앉아 있으면 단골로 찾아오는 아이가 몇 있다. 실험하다 남은 재료나 버리는 재료가 있으면 가져가기 위해서다. 우드락 조각을 구해 가서 예쁜 집을 만들기도 하고, 아이스크림 막대와 이쑤시개를 모아 고무줄 총을 만들기도 한다. 어떤 날엔 신문지와 테이프가 많이 필요하단다. 뭐 하려고 그러나 싶어 따라 나서니 신발을 만들고 있다. 개울에서 놀다가 신발이 모두 젖어 신발을 만들 수밖에 없다나 뭐라나.

학교에서 가정에서 아이들에게 못하게 하는 것이 몇 있다. 대표적으로 가게에서 파는 물건 가져오지 않기, 학교 앞 편의점 이용하지 않기, TV 보지 않기, 컴퓨터·손전화 사용하지 않기가 그것이다. 그렇다 보니 아이들은 또 다른 놀이 문화를 만들어 내었다. 보이는 흙, 풀, 나무, 돌이 바로 놀잇감이 된다. 군것질을 하지 못하니 숲에서 간간히 나는 나무 열매도 먹거리가 된다. 핸드폰이 없다 보니 불편한 점도 많지만 놀이시간에 다른 아이와 만나 놀이가 이뤄진다. 아이가 학교 갔다 오면 세탁기가 고장 날 정도로 흙을 많이 묻혀 온다고, 신발을 잘 신고 다니지 않아 한번 신은 양말을 다시 신길 수가 없다며 웃음 섞인 성토를 하는 부모도 있다. 그만큼 온 힘을 다해 몸을 움직여 노는 것이다.

어느 사이, 여느 학교에선 놀이가 사라졌다. 학교가 끝나기 무섭게 학원으로, 집으로 가는 아이들. 짧은 쉬는 시간에도 학원 숙제를 하느라 바쁜 아이들. 틈만 나면 컴퓨터에 손전화에 눈을 빼앗겨 다른 사람과 눈 마주치며 이야기 나누는 것에 서툰 아이들이 대부분이다. 작은 학교에선 학부모와 교사들의 노력으로 아이들에게 무엇보다 중요한 '놀이'와 '자연'이 가까이 있다는 느낌이다. 아이들의 글쓰기를 모아 보면 친구들과 놀았던 이야기가 많이 나온다. 새소리, 바람소리가 귀에 들려오진 않겠지만 그 안에서 웃음 짓는 아이들 보는 게 행복하다.

약초 물_ 이성빈

제석이가 친구들이랑 실험하는데 재밌어 보여서 나도 했다. 하려면 시험을 봐야 하는데 시험에 통과했다. 그리고 특수요약을 만들기 시작했다. 어떻게 만들었냐면 풀을 뽑아서 벽돌에 넣고 갈아서 우유 통에다 물이랑 넣고 뚜껑을 닫고 흔들면 된다. 처음으로 특수요약을 만들어서 기쁘고 신났다. 그리고 이상한 냄새 나는 게 신기했다. 다음엔 더 이상한 냄새가 나는 특수요약을 만들어 볼 거다. 성공하면 좋겠다. (2015. 3. 19.)

식물 가꾸기_ 김가영

나는 점심놀이 때 현정이와 신영이와 같이 고무줄놀이를 하다가 북카페 문 앞에 있는 단풍나무 옆 식물에게 가 보았다. 꽃봉우리가 있었다. 그런데 어떤 식물은 무리에 떨어져 있어서 사람들에게 많이 밟혀서 가지가 꺾이고 죽었다. 불쌍했다. 그래서 나와 신영이와 현정이는 식물을 뽑아서 무리에 심어 주었다. 참 뿌듯했다. 가지가 휘어 있는 식물은 나뭇가지로 받치고 식물한 테 물을 주었다. 내가 정원 주인 같았다. 빨리 꽃을 보고 싶다. 봉우리도 예쁜데 꽃이 안 예쁠 수가 없다. 우리가 많이 관심을 가지면 가지가 안 꺾이고 잘 살 수 있을 텐데…….

이 글을 읽은 사람은 꽃이나 식물을 소중히 여겨줬으면 좋겠고 거기 있는 식물에게 관심을 가지면 식물이 잘 살 수 있을 거 같아요. '식물아, 사랑해.' (2015. 4. 21.)[7]

어른도 그렇지만 아이들도 사람과 사람이 만나는 일이라 다툼도 끊이질 않는다. 중간놀이시간이 끝나면 교실로 몰려 들어오는데 놀이시간에 있었던 조그만 불편함이 화제가 되어 수업으로 그대로 이어지기도 한다. 큰일이라 생각하면 교과공부를 뒤로 하고 다모임이 열린다. 문제가 되는 친구의 모습에 대해 이야기하고 이 문제를 어떻게 해결하면 좋을지 함께 지혜를 모으는 시간이다. 모두 함께 행복하게 기쁨을 맛보아야 하는 학교에서 누구 하나 눈물을 짓는다는 것은 있을 수 없다. 함께 지킬 약속으로 결론이 나기도 하고, 모두에게 사과하는 말로 끝나기도 한다. 그렇지 않으면 일주일 동안 있었던 일 중 문제가 될 여러 이야기를 모아 놓는 다모임 안건상자나 게시판을 쓰기도 한다. 금요일에 모두 모아 이야기 나눌 때면 잊어먹

7) 2015년 남한산초등학교 3학년 산마을 학생 글모음에서

고 이야기 못하는 것도 있고, 문제가 해결된 경우도 있다. 다모임은 함께 어울리는 것을 중요하게 생각하고 함께 모여 서로를 생각하는 문화를 가꾸기 위해 아이들 사이에서도, 교사와 아이 사이에서도 없어서는 안 될 중요한 창구가 된다.

선후배 간 만남도 자주 일어나기에 전체가 모이는 다모임 시간도 아이들 문화에선 중요한 위치를 차지한다. "○○형이 저희가 공을 차는데 일부러 멀리 차 버렸어요"하면서 공개적으로 사과를 요구하는 일에서부터 "운동장을 공차거나 야구하는 사람이 많이 차지합니다. 숫자를 세어보면 몇 되지 않는데 피구하는 사람이라든지 고무줄놀이 하는 아이들은 운동장을 사용할 수 없어요. 운동장 사용 규칙을 정했으면 좋겠습니다"와 같은, 모두가 생각해 보아야 할 안건이 오르기도 하는 자리이기 때문이다.

학생 수가 적었을 때는 선후배 간 어울림이 자연스럽게 일어났다. 어느 정도 수가 필요한데 그렇지 못할 경우 나이 어린 친구도 같이 끼워야 놀이가 이뤄지기 때문일 것이다. 자연스레 선배는 후배를 챙기기도 하고 돌봐주기도 한다. 하지만 시간이 흘러 반마다 학생 수가 늘어 서른이 넘는 학급이 대부분이다 보니 선후배 간 예쁜 문화가 조금씩 없어지는 안타까움이 있다. 그래서 학기 초에 1학년부터 6학년까지 가족으로, 마을로 묶어 학교 행사나 다모임 시간에 함께 나눌 시간을 준다.

작은 학교 아이들을 볼 때마다 내가 겪은 아이들에 비해 순수하다는 생각을 떨치기 어렵다. 대중매체에 덜 노출되어 더욱 그런 것 같다. 유행하는 아이돌 가수를 아는 아이가 드물기도 하고 연예인 이야기를 하며 재잘거리는 아이도 찾기 힘들다. 너무 순수하고 순진한 나머지 때와 장소를 구분 못하고 버릇 없고 예의가 없게 보이기도 한다. 그런데 알고 보면 버릇이 없는 것이 아니라 아직 세상을 잘 모르는 것이라 볼 수 있다. 세상(어른) 때가 많이 묻은 아이들은 자기 자신을 포장하는 법을 안다. 그래서 겉으로는 모범생이고, 예의바르고, 싸가지 있게 보인다. 그러나 알고 보면 속은 많이 썩어 있다. 우리 아이들은 포장하는 법을 잘 모른다. 그래서 얼핏 보면 뭐 이런 애들이 다 있나 싶은데 알고 보면 참 순수한 아이들이다. 그래서 갈수록 정이 드는 아이들이다. 밉지가 않다.[8]

---

8) 『2010 작은학교교육연대 겨울워크샵』 자료집, 17쪽 내용을 다듬었음

2
없애고 채우기

남한산초등학교 윤 승 용

작은 학교 교육과정을 세우는 데 새로운 무엇을 보태기보다 안 좋은 것들을 버리거나 바로잡는 일을 먼저 했다. 대표적으로 주번 제도, 벌점제도, 월요 애국조회, 토요 반성조회, 일제식 중간고사와 기말고사, 타율적 어린이회의, 전달식 교직원회의, 군대식 줄 서기, 숫자로 학생 부르기 등을 없앴다.[9]

없앤 제도나 관행 같은 경우만 살펴봐도 그 동안 우리네 학교교육이 어떻게 이루어졌는지 짐작하고 남음이 있다. 없앤 것 중에는 '상장'도 있다. 무슨 대회를 열어 서로 경쟁시켜 본받을 만하다 생각하는 행동이나 작품에 대해 주는 상장 말이다. 학교에서 상장이 있

9) 『배움과 나눔으로 삶을 가꾸는 남한산초등학교 이야기』, 문학동네, 2013, 12쪽

어야 할까? 모두 모여 한 가지 활동을 하는데 꼭 상장이라는 제도를 두어야 할까? 학교 하면 상장이라는 말도 따라 나오는데 사실 따져 보면 교육적 의미를 찾기 힘들다. 행동주의 교육관에 뻗어 나온 외적보상의 대표적인 것이 상장이다. 상장이 있음으로 해서 생겨난 학교의 여러 문화만 살펴봐도 다분히 비교육적인 모습을 찾을 수 있다. 다른 이와 경쟁이 있기 때문에 꼭 객관적 증거물을 아이에게 요구하게 되고, 누가 잘했나를 가지고 줄을 세워야 한다. 어떤 활동을 두고 느리게 갈 수도, 돌아갈 수도, 빨리 갈수도 있는 문제를 한 가지 방향으로 가게 만든다. 책 읽기 하나만 보더라도 책을 읽도록 권장한다는 명목 아래 많이 읽으면 상장을 준다. 증거물은 읽은 책의 개수나 도서관 대출 기록이다. 상장이라는 결과만 빛을 내기에 상장을 받기 위해 읽지도 않은 책을 써 내거나 한 책 안에 들이 있는 이야기 하나 하나를 목록에 덧붙이기도 한다. 상장 하나 때문에 책과 함께 나누는 문화는 달아나 버린다.

작은 학교에서 없앤 제도는 교육이라는 이름으로 포장한 훈육, 통제, 관리였다. 교육을 '인간 행동의 계획적 변화'라 규정하고, 국가와 사회가 요구하는 '바람직한 행동변화'를 학교를 통해 이루고자 했기 때문에 생겨난 제도들이거나 관행으로 여겨 이어져 온 것들이다. 교육을 행동변화에 초점을 맞추면 교육의 실체가 모호할 수밖에 없다.

바람직한 행동은 삶을 구성하는 모든 것이 그 나름의 가치를 가지고 있기 때문에 온갖 종류의 바람직한 행동이 있을 수 있다. 자녀들을 학교에 보낼 때 학부모들이 진정 바라는 행동이 시험에서 높은 점수를 얻는 것이라면, 그것이 실현될 수 있도록 행동 변화를 시키는 것도 교육이다. '입시위주교육'도 성립되지 말라는 법은 없다.[10)]

새로운 학교를 일구기 위해 모인 사람들은 지금까지 이루어진 학교교육이 더 이상 의미를 가질 수 없음을 몸으로 알고 있었다. 교육의 본질을 따져 물었던 것이다. 학교가 있는 까닭을 물었다. 학교는 국가나 사회를 위해서가 아니라 모인 아이들을 위해 있어야 한다고 목소리를 높였다. 아이가 중심인 학교. 이는 지금까지의 교육이 어른의, 어른에 의한, 어른을 위한 교육이었음을 반성하는 움직임이었다.

그래서 다른 무엇보다 우리 아이들의 '삶'을 그 중심에 세웠다. 학교에서 가르치는 교과 지식도 아이가 살아가는 지금 여기 삶에 닿지 않으면 그저 먼 이야기일 뿐이다. 작은 학교에선 아이들의 삶을 들여다보고 거기에서 출발하여 만남으로 삶을 가꾸는 교육을 일구고자 했다. 작은 학교 교육과정을 들여다보면 모든 학교가 '참삶을 가꾸는'이라는 과녁에서부터 시작한다. 삶을 가꾼다는 말은 여러 가치를 담고 있기 때문에 '바람직한 행동'과 그 자체로 뜻 구분이 어렵다. 그 속살을 알기 위해선 무엇으로, 어떻게 그 가치를 채우는지 살

10) 장상호, 『학문과 교육』(중 II) 「교육본위의 삶」, 서울대학교출판문화원(2009), 476~530쪽

펴야 하겠다.

남한산초등학교는 '배움'과 '나눔' 두 낱말을 잡았다. 우리는 흔히 공부, 학력과 더불어 배움이란 말을 섞어 쓴다. 하지만 공부나 학력과 달리 배움은 배우는 사람에게 눈길이 가 있다. '무엇을 가르쳤느냐'보다 '무엇을 배웠느냐', '어떻게 배웠느냐'에 관심을 두고자 하는 마음이 읽힌다. 배움과 더불어 '나눔'을 잡은 까닭은 무엇일까? 제대로 삶을 가꾸려면 한 사람의 배움으로 끝나서는 안 된다고 보았기 때문이다. 배우는 두 주체가 만났을 때 일어나는 나눔을 보고 가꾸어야 제대로 배웠다고 할 수 있다. 몸으로, 스스로, 함께, 새롭게 기쁨을 느낀 주체가 또 다른 주체를 만나서 나누며 새롭게 만들어낸 제3의 무엇이 중요하다. 다른 학교교육과정을 살펴보아도 쓰는 낱말은 조금씩 다르지만 아이의 삶을 중심에 두고 그 삶을 가꾸고자 하는 속살이 읽힌다.

어울림 돌봄 배움으로 행복한 학교를 만들다.

본교의 교육철학은 '함께하는 어울림, 따뜻한 돌봄, 몰입하는 배움'이다. '함께하는 어울림'은 타인에 대한 배려를 바탕으로 학교 구성원들의 일상적인 소통을 통해 모두가 주인 되는 학교를 만들어 가는 본교교육의 나침반이다. 이를 위해 저녁 시간을 이용하여 학부모강좌와 반모임 등을 개최하여 만남의 장을 마련하고 학교교육철학을 공유하고자 노력한다. 또 전교어린이회를 없애고 3~6학년이 함께하는 다모임 시간에는 두레별로 회의, 토의와 토론, 생일축하잔치, 공동체 놀이 등을 하면서 더불어 사는 삶을 경험하고 있다. 아울러 학교 행사에 마을 주민이 참여하거나 마을 지역사회 행사에 학교가 연계하여 지속가능한 교육공동체문화를 꾸려 가고 있다.

따뜻한 돌봄은 세상에 단 하나밖에 없는 소중한 존재로 한 사람 한 사람을 존중하고 따스한 손길로 마음을 나눔으로써 어느 누구도 소외되지 않는 학교를 만들고자 한다. 학생 개개인이 가진 고유한 빛깔과 결을 소중히 하고 능력이 부족한 점에 주목하기보다는 관심과 흥미가 다를 뿐이라는 점을 이해하고 긍정의 눈으로 학생을 만나고자 한다. 이를 위해 학생 학부모 교사가 함께하는 생태텃밭 가꾸기, 딴샘교실, 엄마품 돌봄교실 등을 실시하여 교사와 학생, 학생과 학생, 학생과 학부모 간에 서로를 귀하게 여기고 돕는 마음을 실천하는 학교를 꾸려 가고 있다.

몰입하는 배움은 학습 장면에서 사람, 사물, 현상 등을 대하는 우리들의 자세이자 결과물이다. 즉, 다양한 문화예술 중심의 주제중심통합교육과정 운영으로 학생들이 설렘(학습동기)을 갖고 끊임없이 질문하고 친구들과 함께(협력) 체험하면서 배우는 기쁨이 커질 수 있도록 돕고자 한다. 아울러 집중기(여름, 겨울) 계절학교 운영, 학년별 연계를 고려한 진로교육 등을 통해 학생들의 앎과 삶과 놀이 결코 둘이 아님을 보여 줄 것이다.[11]

---

11) 『2015금성교육계획』, 부산 금성초등학교교육과정 들어가는 말에서 옮김

상주남부 교육과정 운영 핵심[12]

아이들이
행복한 삶의 터
	• 아이들의 생활리듬에 맞는 학교생활 만들기
	   －블록제 시간운영, 중간놀이시간 30분 이상 확보
	• 아이들이 참여하는 놀이 공간, 휴식 공간 만들기
	• 즐겁게 일하며 배우는 학교 농장, 사육장 만들기
	• 가정같이 편안한 학습 환경 － 학습자료 제공
	• 참삶을 가꾸는 제도적 환경 만들기
	   －점수 중심 평가, 상찬제도, 전시적 학교 행사 자제

참삶을 가꾸는
교육과정
	• 함께 배움을 나누는 교실
	   －주제중심 장단기 프로젝트 학습
	   －자기 주도적 학습 정착
	• 기초기본 학력 정착
	• 문화 예술 자연을 깊숙이 체험하는 여름 가을 계절학교
	   －여름 : 환경생태체험, 가을 : 문화예술체험
	• 다양한 삶을 경험하는 체험학습
	• 생각을 키우는 독서교육
	   －독서시간운영, 시노래 배우기, 독후활동, 학부모 책 읽어 주
	   기 등

함께
만들어 가는
공동체
	• 민주적 결정과 자율의 학생 문화
	   －한자리 모임(학급 자치, 자유발언대, 공동체 놀이, 생일잔치),
	   동아리 활동
	• 자율과 책무성의 교사 문화
	   －수업 워크숍 월 3회 운영, 교사 공부방, 소통방 월 1회 운영
	• 교육주체로 참여하는 학부모 문화
	   －학교운영위원회, 학교교육활동, 학부모 연수 참여, 학부모 동
	   아리 활동
	• 지역과 함께하는 학교
	   －지역민에게 열려 있는 학교 공간
	   －학교교육활동에 지역민 참여
	   －지역 환경을 활용한 학교교육활동 전개

---

12) 『2010 작은학교교육연대 겨울워크숍』 자료집, 117쪽

3
놀이와 걷기

남한산초등학교 윤승용

아이들에게 가장 중요한 것은 무엇일까? 열두 살 이전의 뇌는 온전한 인간의 뇌가 아니란다. 사람이 되기 위해 뇌는 끊임없이 달라진다. 열두 살이 지났다고 해서 완성되는 것은 아니라고 한다. 그래서 초등학교 아이들은 동물적 본성이 더 강하다고 할 수 있다. 어디를 가든 달리고 몸을 잠시라도 움직이지 못하면 아주 힘들어 한다. 몸을 이렇게 저렇게 움직이려고 하는 것은 뇌 발달에 필수적이기 때문이다. 그래서 뇌 과학자들은 어린 아이들에게 매우 중요하기 때문에 놓치지 말아야 할 것으로 '몸으로 겪기'를 꼽는다. 하지만 학교에선 "천천히 걷기" "바르게 앉기"를 매일 반복한다. 습관의 중요성을 언급하면서 정작 아이들에게 중요한 놀이는 돌아보지 않았다.

작은 학교의 하루 시간운영을 살피면 가장 먼저 눈에 띄는 것이 놀이시간이다. 한 블록을 마치면 30분 정도 놀이시간이 주어진다.

점심시간도 충분히 주어 노는 시간의 부족함을 없앴다. 80분 블록수업을 생각한 것도 수업운영의 이점에 앞서 아이들 놀이시간을 확보하기 위해서였다. 그래도 아이들은 부족하다고 하지만 말이다. 교과공부하고 잠깐 화장실 다녀오면 끝나는 쉬는 시간이 우리의 일상이었다. 1교시 마치고 20분 정도로 중간놀이시간을 둔 학교도 있었지만 아이들 놀이시간을 확보하기 위해서라기보다 교사들의 티타임으로 생각하는 경향이 컸다.

삼우 하루나기[13]

구분	시간	주요활동내용				
		월	화	수	목	금
아침	08:40~09:00	명상 차 마시기	텃밭체험 거닐길 걷기	그림책 읽어 주기		텃밭체험 거닐길 걷기
1교시	09:00~09:40	교육과정 운영 [블록제]				
2교시	09:40~10:20					
중간놀이	10:20~10:50	심신체조(입단행공)				
3교시	10:50~11:30	교육과정 운영 [블록제]				
4교시	11:30~12:10					
점심	12:10~13:30	두레활동(식사, 청소:13:15)				
5교시	13:30~14:10	교육과정 운영 또는 방과후학교				

어렸을 적을 생각해 보면 우리는 정말 많이 놀았다. 어두컴컴해져 집집마다 저녁밥 짓는 연기가 올라갈 때까지 놀았다. 산에서 놀

---

13) 『2014학년도 삼우교육짜임새』, 전북 삼우초등학교교육과정, 22쪽

고 들에서 놀고 개울가에서 놀고 마당에서 놀고 언덕에서 놀았다. 놀다가 지치는 일도 없었다. 어른이고 아이고 노는 걸 싫어하는 사람은 없다. 하지만 언제부턴가 우리는 아이들에게서 놀이를 빼앗았다. 놀 터를 없애고 놀 틈을 주지 않았다. 학교에 오자마자 앉아 있게 하고 수업이 끝나기 무섭게 다시 수업을 시작한다. 학교가 끝나면 바로 방과후학교에 다니고 끝나면 학원으로 간다. 다녀오면 하루 동안 쌓인 숙제를 해야 하고 잠자기 바쁘다. 놀 틈이라고 해 봐야 오가는 시간 정도다.

그래도 아이들은 틈만 있으면 논다. 10분이라는 짧은 쉬는 시간에도 온 힘을 다해 놀고 점심밥이 어디로 들어가는지도 모르게 후딱 해치우고 땀을 뻘뻘 흘리며 뛰어다닌다. 친구와 길을 걸어가더라도 가만히 걷지 않는다. 무슨 장난이라도 해야 된다. 옷 사러 옷가게를 가더라도 옷 이곳저곳을 헤집고 다니며 숨고 찾는다. 배고프고 가난한 시절에도 아이들은 놀이를 멈추지 않았다. "아이들은 놀기 위해서 세상에 온다"는 말에 고개가 끄덕여질 정도로 아이들은 어떻게든 논다. 왜 그럴까?

과학 칼럼니스트 신성욱은 뇌를 이야기하면서 인류의 지속가능성이 놀이에 있다고 말한다. 인간으로 성장하려면 걷기와 관계 맺기로 대표되는 인간의 기술을 배워야 하는데, 놀이에 들어가면 이 두 가지를 모두 얻을 수 있기 때문이다. 놀이를 할 때 아이들은 가장 많이 걷고 달린다. 그리고 다양한 관계를 만난다. 여기서 관계는 사람과 사람과의 관계에서 더 나아가 흙, 돌, 나무, 바람도 포함하는 관계를 말한다. 이 과정을 즐기면서 아이들은 하루가 다르게 큰다. 요즘 심리학자나 뇌과학자들이 '놀이'에 집중하는 까닭은 이른바 '고립된 아이'의 등장 때문이란다. 끔찍한 범죄를 저지른 사람들을 추적 조사할 때 예전엔 결손가정에서 자랐는지, 아동학대를 당했는지 등을 따졌다. 연관이 드러나기는 하지만 들어맞지 않는 경우가 많다. 하지만 드러난 공통점을 살펴보자면, 성장과정에서 외톨이로 자라며 충분한 놀이 활동을 경험하지 못했다는 것, 이로 인해 다른 사람을 대하는 태도가 매우 떨어졌다는 것 등을 꼽을 수 있다. 극단적인 예이지만 중요한 것은 아이들을 마음껏 놀게 하라는 것이다. 아이들은 놀이를 통해 인간으로서 살아가는 방식을 예행 연습한다. 여기서 놀이라 하는 것은 '자유놀이(free play)'를 말한다. 학자들이 규정하는 자유놀이의 네 요소는 스스로 하고 싶고(Self-motivated), 상상력을 마음껏 발휘할 수 있어야 하고(Imaginative), 누구의 간섭도 받지 말아야 하며(Independent), 짜여 있어서는 안된다(Unstructured)는 것이다. 복잡하게 생각할 것 없이 아이들에게 시간만 주어지면 이렇게 논다.[14]

과학자들의 이야기가 아니라 하더라도 선생님들은 아이들에게 '놀이'가 그 무엇보다 소중하다는 걸 몸으로 알고 있었다. 그리고 아이들은 '쉴 틈'과 '쉴 곳'만 주어지면 무엇을 하든 푹 빠져서 논다는 것도 알고 있었다. 그래서 수업이 끝나자마자 다음 시간으로 이어

---

14) 이 문단의 글은 시사주간지 『시사IN』 447호 뇌과학특강③의 글을 발췌 요약한 것임

지는 시간표를 다시 생각하게 된 것이다. 충분히 쉴 틈을 주고 다음 공부로 이어지게 하자, 쉬고 노는 곳이 아이들에게 안전해야 하니 우리 교사들은 그 테두리를 고민하자, 놀이에서 일어나는 여러 가지 일을 풀어 가는 데 함부로 간섭하지 말자, 시중에서 파는 장난감을 학교에 가져오지 못하게 하자 등으로 이어지는 생각들은 아이들이 마음껏 즐길 수 있는 놀이시간의 소중함을 모두가 느끼고 있었기 때문이다. 이후에도 놀이시간이 아이들에게 부족하니 학교에서 운영하는 방과후활동 시간을 뒤로 미루어 정규시간이 끝나고 나서도 충분한 틈을 주자는 제안이 나온 적도 있다. 저학년 아이들이 가는 '돌봄 교실'에서도 따로 프로그램을 마련하지 않고 충분히 노는 시간을 주자는 의견이 지배적이다. 그만큼 어떻게든 아이들에게 '놀이'를 되돌려 주고자 하는 선생님들의 고민이 깊다.

모래 만두 집_ 조서우

오늘 만두 만들기 놀이를 했다. 사실은 고운 모래 만들긴데 아이디어를 냈다. 어떻게 냈냐면 현호가 모래를 만두피, 만두소라고 해서 그렇다. 이참에 아이디어를 더 내기로 했다. 그래서 더 낸 아이디어가 서우할멈, 현호할멈, 제석할아범이라고 하는 것이다. 왜냐면 현호랑 제석이랑 나랑해서 그렇다. 저쪽에서 곱게 만든 모래를 제석이가 더 곱게 만드는 것이다. 세상에 감탄할 정도로 모래를 많이 만들었다. 모두 박수!

그 다음 모래를 찾으려고 나는 밑에 내려가는 농부인 듯 열심히 쟁기질 중. 좀 이상했다. 튀어나오는 웃음을 참으며 열심히 일을 하다 완성되자 두고 집에 고고 씽하고 달려가 엄마한테 갔다. 팔고 싶었는데 모래라 못 팔은 게 한이다. 다음엔 진짜 팔고 말겠다. (2015. 4. 9.)

서영이와 나만의 공사_ 이채원

오늘 서영이와 나만의 공사를 했다. 무엇 때문에 공사를 하냐면 왔다 갔다 거리면서 무엇을 주고받고 하는 게 힘들어서 서영이네 집에(집 벽에) 실을 붙였다. 어떻게 붙였냐면 테이프에 순간접착제를 바르고 형광실을 테이프에 붙여서 집에(집 벽에)테이프를 붙이는 것이다. 근데 이 작업이 되게 쉬워 보이지만 직접 해 보면 생가이 날 거다. 근데 이 작업을 두 번이나 해야 된다니. 아주 힘든 고생 끝에 완성해서 서영이가 우리 집에 소시지를 보내려고 놓는 순간, 띠로리히! 소시지가 땅에 닿았다. 그래도 해결책을 찾아서 다행이다. 그 해결책은 비밀. (2015. 5. 28.)[15]

어른들에게 '학교' 하면 떠오르는 말을 써 보라고 하면 '바르게 앉기'가 빼놓지 않고 나온다. 이 말이 떠오르는 까닭은 선생님으로부터 많이 들었기 때문일 것이다. 그만큼 아이들이 의자에 앉아 있기 힘들어한다는 말도 된다. 1학년 생활을 처음 하는 아이들의 경우 잠

---

15) 2015년 남한산초등학교 3학년 산마을 학생 글모음에서

시도 앉아 있는 걸 못 견디는 아이가 많다. 1학년 수업의 어려움은 사실 아이들에게 앉아 있기를 강요하는 말에서 시작한다고도 할 수 있다. 국가에서 내려 준 교육과정을 아이들과 나눠야 하는 입장인 학교에서 교과 공부를 이어 가다 보면 아이들이 앉아 있는 시간이 많을 수밖에 없다. 하지만 초등학교 아이들에게 앉아서 무언가를 하라고 하는 것은 꽤나 큰 곤욕이다.

'하루나기'에서 놀이와 더불어 눈에 띄는 것이 '걷기'다. 예로 든 삼우초등학교만 그런 것이 아니다. 작은 학교 교육과정을 살피면 산책 또는 걷기가 빠지지 않는다. 아이들과 나눌 거리를 교실 안에서만 다루려고 하면 당연히 아이들에게 부자연스런 '앉아 있기'를 강요할 수밖에 없다. 반대로 함께 걸으면 교실 안과 너무나 다르다. 교실 안의 적당한 온도, 적당한 빛, 깨끗한 책상과 의자, 네모나고 동그란 여러 교구와 바깥은 다르다. 교실 밖은 춥기도 하고 덥기도 하다. 어둡기도 하고 눈부시기도 하다. 우둘투둘한 나뭇가지, 같은 모양이 하나도 없는 돌멩이들, 비 오는 날이면 우산에 떨어지는 빗방울 소리까지 똑같을 때가 하루도 없다. 교실 안에서 조용했던 아이들도 바깥으로 나오면 표정부터 달라진다. 신나는 일이 없어도 신이 난다. 아침 공기 맞으며 그냥 걷기도 하고, 술래잡기하면서 놀기도 한다. 숲에 들어가 가만히 명상을 즐기면 바람소리, 새소리가 귀에 닿는다. 삼삼오오 모여 뒷산에 올라 호호 불며 마시는 차 한 잔도 제맛이다. 학교 가까이 있는 텃밭으로 걸어가 쪼그리고 앉아 돌보는 시간도 아침 이슬이 맞아준다.

눈이 내렸다_ 정현지

눈이 내렸다

운동장에도 내렸고

놀이터에도 내렸다.

쏘복히 내렸다.

학교가 모두 하얀색이 되었다.

하얀 눈이 내 손에 닿자,

차가워서

내 손도 하얗게 질려 버렸다.

(2012. 4. 3.)

텃밭 무_ 송혜교

오늘 아침활동으로 텃밭을 갔다. 잡초를 뽑고 있었다. 윤쌤이 "오늘은 잎 뜯기 한다."라고 하셨다. 그래서 잎을 뜯고 있었다. 근데 여자 애들이 무를 갖고 있어 물어 보았다. "윤쌤이 뽑아 주셨어." 그래서 윤쌤이 아직도 무를 뽑길래 나도 뽑아 달라고 하니 뽑아 주셨다. 나는 아직 작지만 다른 애들에 비해서는 컸다. 나는 학교로 돌아와서 무를 씻고 잘 책상에 놓았다. (2012. 10. 25.)

젖은 나무껍질_ 박시우

찍

찍

젖은 나무껍질은

밟으면

부스럭 바스럭

소리도 안 나고

찍 소리만

난다.

(2012. 5. 15.)[16]

　생각이나 말보다 몸으로 먼저 겪어야 하는 아이들이다. 몸으로 겪고 느낌을 주고받아야 생각의 자람이 따라올 수 있다. 몸으로 겪더라도 제대로 겪어야 생각의 폭이 넓어진다. 숫자 하나를 배우더라도 똑같이 생긴 바둑돌로 배우는 것과 모양이 제각각인 돌멩이로 배우는 것은 다르다. 세 개가 있을 때 바둑돌 하나를 1로 표현하는 것은 쉽지만 생김새와 크기가 다른 돌멩이를 똑같이 1로 나타내는 것은 어딘가 어색하다. 어색하다고 생각된다면 이야기를 나누고 넓혀야 한다. 그렇게 하면 숫자 하나도 다르게 다가온다. 교실에 앉아 구름을 그리거나 시로 쓰는 것보다 한동안 누워 하늘을 보고 나온 그림과 시는 다르다. 사실 몸과 마음은 하나다. 몸이 움직이면 마음이 움직인다. 마음에는 뭔가 남는데 제일 먼저 느낌과 닿는다. 더 깊어지면 생각과 닿는다. 더 깊어지면 뜻과 닿는다.[17]

16) 2012년 남한산초등학교 3학년 산마을 학생 글모음에서
17) 2016학년도 『남한산교육과정』, 남한산초등학교교육과정, 18쪽

- 1, 2학년은 몸을 움직여 마음의 느낌으로 살아나는 시기다.
- 3, 4 ,5학년은 몸을 움직여 느낌을 살리고 생각을 더하는 시기다.
- 6학년은 몸을 움직여 느낌을 살리고 생각을 더하여 뜻을 세우기 시작하는 시기다.

하루 일과 중에 함께 걷는 시간을 마련하기도 하지만 '걷기'를 학교교육과정 안에 담아낸 학교도 있다. 전북 장승초등학교가 대표적인데, 학교와 가까운 '진안 고원길' 걷기를 한다. 3월부터 5월까지 매달 마지막 주에 학교 아이들과 선생님들 모두가 함께하는 시간이다. 벚꽃길을 걸으며 이곳저곳 피어 있는 들꽃을 만나고 이야기 나누고 웃고 장난치면서 함께 걷는다. 들꽃 책을 펼쳐 들고 꽃 이름 하나 알아 가는 맛, 벚꽃 살짝 꺾어 머리에 꽂아 웃음 짓는 맛, 냇가에 흐르는 물을 바라보는 맛이 더해져 해마다 걷는 맛이 깊어진다. 가을엔 지리산으로 옮겨 걷는다. 1학년부터 3학년까지는 둘레길을 걷고 4학년부터 6학년까지는 지리산 종주를 한다. 2박 3일 동안 함께 걸으며 힘든 과정을 이겨 내면서 마음을 키우는 것이다. 경기 남한산초등학교도 비슷한 과정을 두고 있다. 해마다 한 번씩 남한산성을 한 바퀴 걷는 행사를 아이, 선생님, 학부모 들이 함께 일구고 있다. 가을엔 고학년을 대상으로 마을 밖 여행을 한다. 주제는 '걷기'로 산길(지리산 둘레길) 걷기에 이어 바닷길(태안 해변길) 걷기로 이어 가고 있다.

선비샘에서 출발해서 처음에는 쉬운 길이었는데, 곧 누구의 근육처럼 올통볼통해지기 시작했다. 이제 산을 오르는 게 힘들기보다는 지겨웠고, 다리에 감각이 없었다. 그렇게 몇 시간 동안 생각 없이, 감각 없이 촛대봉까지 갔다. 거기서 어제 만났던 잘 생긴 아저씨를 만나 같이 갔다. 승일이랑 태훈이는 먼저 가고 정효랑 같이 갔는데, 두 고개를 넘고 나니 장터목이 보이기 시작했지만 길은 여전히 멀었다. 눈앞에 있는 것 같은데 800미터나 남았다는 것이다. 내 경험으로 보건대 산길 800미터는 결코 짧진 않은 거리다. 이제 온몸이 풀렸다. 영화에서 보듯이 앞이 안 보이는 것 같았다. 눈꺼풀을 지탱할 힘도 없는 그런 느낌이었다. 마치 앉지 못해 걷는 것 같았다. (지리산 종주/장승초 6학년 강산들)[18]

거듭 이야기하자면 무엇을 느끼기 위해선 몸으로 겪어야 한다. 아이들은 더욱 그렇다. 머리로만 느끼는 것은 가짜 느낌일 가능성이 크다. 석류 맛을 본 사람과 그렇지 않은 사람이 '석류'라는 낱말을 보았을 때 몸의 반응이 다르듯이 말이다. 산을 오르는 일이 힘들다고 다른 이의 말을 들어서 아는 아이와 몸으로 겪은 아이가 세상을 보는 눈은 다르다. 그 겪음이 바탕이 되어 우리는 아이들과 더 큰 배움을 일굴 수 있다. 세상 모든 것을 몸으로 겪는 것은 불가능하겠

---

18) 윤일호, 『학교가 돌아왔다』, 내일을여는 책(2015), 33~37쪽 글 중 일부

지만 하루가 다르게 커 가는 아이들과 함께 '의미 있는 겪음'을 적극 찾고 꾸려야 하겠다. 그 출발선에 '놀이'와 '걷기'가 있다.

기쁨이 있는 배움

배움이 즐겁기 위해서는 먼저 주체적이어야 한다. 아무리 힘들고 어려운 배움의 과정도 원하는 것이라면 그 과정이 즐겁다. 그래서 아이들은 학습의 과정에서 소외되지 않고 스스로 도전할 수 있어야 한다. 그 과정에서 아이들은 단순한 즐거움을 넘어 배움의 기쁨을 느낀다. 또한 그러기 위해서는 몸으로 배워야 한다. 직접 겪고 느끼고 고민한 것이야말로 오래 남는다. 우리는 아이들이 배움이라는 힘든 과정을 통해 누리는 참된 즐거움을 누리게 하고자 한다."[19]

---

19) 『2015 운양교육』, 강원 운양초등학교교육과정, 13쪽

4
학생자치와 다모임[20]

남한산초등학교 윤승용

세상에 처음 내놓는 말은 말 그대로 잘 만들어야 한다. 그 말에 싸잡히는 여러 뜻이 올곧게 서야 하고, 처음 듣는 사람들이 금방이라도 그 뜻을 짐작할 수 있어야 한다. 이렇게 만들어진 말이어야 오래 살아남을 수 있고, 사람들이 서로 주고받으며 그 처음 뜻이 깊어지고 넓어진다. '다모임'이라는 말은 참 잘 만들었다. 모두 다 모인다고 해서 다모임이다. 어느 사이 '다모임'이라는 말은 일반명사가 되었고, 학교마다 풀어 가는 모습은 다르지만 모두 모여 얼굴 맞대고 서로의 이야기를 나누는 자리로 채워지고 있다.

다모임은 어떻게 해서 시작하였을까? 어떤 의미를 담고자 했을까? 처음 시작한 학교, 남한산초등학교 이야기를 풀어 보면 조금이

---

20) 학생자치와 다모임에 관한 내용은 『2015 작은학교교육연대 겨울워크숍 자료집』의 내용을 중심으로 삼음

나마 짐작할 수 있겠다. 남한산초등학교의 새로운 시작은 잘 알려져 있듯이 2001년으로 거슬러 올라간다. 그 당시 모인 교사와 부모들에겐 기존 학교 문화에 대한 비판을 함께 공유했다. "무엇보다 기존의 학교에서 교실과 교실 사이, 교사와 교사 사이의 자유로운 소통이 어려운 탓에 학생들이 힘들어하고 제대로 성장하지 못하는 것을 안타까워했다. 교사는 점점 타율적으로 바뀌고, 교사와 학생, 학부모 사이의 신뢰는 무너지고 있었다", "남한산 교육활동의 시작은 억압과 통제라는 권위적인 어른 중심의 학교문화를 존중과 배려라는 어린이 중심의 학교문화로 만드는 일이었다. 통제와 변별로 가르치는 학교를 존중과 배려로 배우는 학교를 만들고자 했다."[21]라는 말을 통해서도 그 마음을 읽을 수 있다.

함께 이야기를 모아 주번제도, 상상제도, 애국조회, 타율적 어린이회의, 전달식 교직원회의를 없앤 것도 이런 생각의 결과이다. 그리고 새로운 가치에 어울리는 여러 틀을 함께 일구었다. 대표적인 것이 다모임이다. '아이들이 즐거운 학교, 아이들의 참삶을 가꾸는 학교'라는 가치를 공유하고 교육공동체로 거듭나기 위해 만든 여러 틀 중에 대표적인 것이 다모임이라 할 수 있다. 서로의 다름이 빛깔로서 존중되고, 그 빛깔이 어울려 새로움을 빚어내는 꿈을 다모임을 통해 함께 꾸었다.

교사들은 교사다모임(교사회)을 주마다 열어 교실 이야기, 삶 이

---

21) 김영주 외, 『남한산초등학교 이야기』, 문학동네(2013)

야기, 교육과정 운영, 학교 운영 전반에 대한 이야기를 나눈다. 이 안에서 의사결정은 상하관계 없이 수평적으로 이루어진다. 학부모들은 학부모회를 꾸려 반모임-대표단모임-전체다모임의 의사결정 구조를 갖추었다. 학생자치회도 빼놓을 수 없다. 학생 다모임(이하 다모임)을 중심으로 하는 전체 학생 논의 구조를 갖추고 학생 대표(회장), 부대표(부회장)가 부서장들과 함께 꾸려 간다. 각 부서 활동은 스스로 꾸려 가는 각종 행사 활동으로 학생들의 기획력과 참여하는 힘을 보여 준다. 다모임은 모든 학생들이 모여 의견을 내고 함께 결정하고 책임지는 자리를 이른다.

학생자치회는 교사와 학부모의 꾸준한 관심과 도움을 필요로 한다. 교사회와 학부모회는 학생자치회의 모습을 찬찬히 살펴보고 갈 길을 열어 주어야 할 것이다. 학교는 학생들이 삶을 누리는 곳이기에 학교는 학생들이 삶을 살아가는 과정 안에 있을 뿐이다. 학생들이 이 안에서 삶을 마음껏 누릴 수 있도록 길을 열어 주어야 한다. 하지만 열어줄 뿐이지 걸어가는 길에 필요한 모든 것을 놓아 줄 수도 없고, 주어서도 안 된다. '자치'라는 말과 같이 스스로의 힘으로 걸어가야 한다.

(열어 줄 길)

- 학생자치회 대표단을 구성할 수 있도록 도와준다.

- 학생자치회에 여러 부서를 두고 활동할 수 있도록 도와준다.

- 학생자치회가 활동할 수 있는 시간과 공간을 마련해 준다.
  (다모임 시간, 학생자치 회의실, 자치의 날)

- 학생자치회가 교사회와 학부모회에 의견을 전달할 수 있는 길을 열어 준다. (3주체간담회)
- 학생자치회가 열린 길을 마음껏 걸어가며 누릴 수 있도록 교사회와 학부모회가 함께 고민하며 노력한다.

다모임은 학급다모임과 온다모임으로 나뉜다. 학급다모임은 학급 생활을 학생 스스로 누리기 위해 마련한 시간으로 학급에서 일어나는 개인이나 공공의 문제를 해결하거나 학급자치회를 꾸려 나가는 시간이다. 학급 대표를 뽑아 진행한다. 학기, 분기, 월 단위로 뽑는데 고학년으로 올라갈수록 학기별로 굳어진다. 학급 대표는 학생자치회 대표단으로 활동한다.

학급 다모임은 현재 월 1회(80분)로 잡혀 있으나 모두 나눌 이야기가 쌓이면 잠깐이라도 시간을 내어 수시로 열린다. 누가 누구를 놀린 이야기, 때린 이야기, 함께 지킬 약속을 어긴 이야기 등 피해를 입은 사실을 공개적으로 말하고 공개적으로 사과 받는 자리로 채워질 때가 많다. 하지만 아무리 개인적인 문제라도 함께 이야기하는 시간 속에서 공공의 문제로 확대된다. "앞으로 이럴 때는 우리 마을에선 어떻게 해야 할까요?"라는 사회자의 질문은 작은 것 하나라도 살뜰히 챙기며 살아가자는 말과 다르지 않을 것이다.

학급다모임은 학생자치회를 통해 비정기적으로 내려온 안건을 마을 친구들과 나누는 시간이기도 하다. 계절학교와 알뜰장터에서 모은 돈을 어디에 쓸 것인가, 운동장 사용 규칙, 학교 앞 가게 이용 규칙, 자치의 날을 마련해 주었으면 하는 바람 등을 나누는 시간으로, 학교에서 함께 생활하며 생기는 문제나 생각거리를 개인 차원이 아닌 공적으로 풀 수 있는 시간이다. 학급에서 나눈 이야기는 대표단 회의를 통해 모아 온다모임을 통해 결정한 것을 알리거나 더 이야기 나눈다.

온다모임은 전교생이 한 자리에 모여 이야기 나누고, 진행은 전교어린이회 회장이 한다. 한 곳에 160명이 앉으면 빼곡하고 불편하다. 그래서 1학년의 경우 학급다모임 중심으로 하고, 2학년부터 모여 앉아 이야기 나눈다. 온다모임 시간도 이전에 비해 줄어들었다. 매주 한 번 마련했던 시간인데, 격주 1회(40분)로 운영하다 오고가는 시간 때문에 짧다는 의견이 있어 올해는 한 달에 한 번(80분) 운영했다.

크게 모이다 보니 한정된 시간 안에 나눌 이야기가 많다. 같은 달에 생일이 든 아이들을 축하해 주고, 부서장은 부서별 활동을 소개하기도 하고 행사를 열었을 경우 결과 발표라든지 진행방법을 모두에게 말하고 질문을 주고받는다. 행사부에서 야구대회나 장기자랑을 기획했다면 대진표, 오디션, 실제 진행에 이르기까지 다모임 시간을 통해 자세히 이야기 나눈다.

자치부서활동(행사부, 문화부, 체육부, 봉사부, 도서부, 방송부)은 처음부터 끝까지 학생들의 자발적인 계획으로 진행한다. 놀이시간을 활용하여 축구대회, 피구대회, 노래대회, 독서행사 등을 여는 시간으로 활용한다. 상품도 마련하여 다모임 시간에 발표하고 나눠 주기도 한다. 3년 전부터는 '자치의 날'을 마련하여 후배들이 즐겁게 참여할 수 있는 여러 마당(풍선아트, 페이스페인팅, 장애물 달리기, 딱지치기, 떡꼬치 만들어 나누기, 스피드 퀴즈 등)을 운영한다. 한 블록을 온전히 기획하여 펼치는 마당이 열린 것이다. 80분이라는 짧은 시간이지만 6학년들은 준비하는 데 시간을 많이 들여야 한다. 작년 선배들이 운영한 부스는 어땠는지 알아보고, 어떤 부스를 운영할 것인지와 각자 어떤 역할을 할 것인지도 정해야 하고, 필요한 재료가 있다면 구입도 해 놓아야 하고, 후배들에게 안내도 해야 하니 신경 써야 할 일이 한두 가지가 아니다.

전체 안건이 있을 경우 추가 토론이 이어지기도 한다. 기억나는 전체 안건으로 '운동장 사용 규칙'이 있다. 5학년 한 아이가 제기한 안건으로 넓은 운동장을 적은 수의 아이들이 독차지하고 있는 것을 문제 삼은 것이다. 함께 노는 시간인데 땅놀이라든지 적은 공간을 차지하는 놀이를 즐기면 까닭 없이 핀잔을 듣는단다. 학급에서 이야기를 나누다 전체 안건까지 오르게 되었고, 한 학기를 이어가며 운동장 사용 규칙을 정했다. 일주일의 절반은 자유롭게 운동장을 이용할 수 있지만 절반은 축구나 야구처럼 넓은 공간을 사용하는 놀이는 할 수 없게 약속을 정했다. 한번 정해진 약속이라 불만이 있어도 지킬 수밖에 없었다. 2년 동안 지켜오다 전교어린이회장 선거에서 몇몇 후보가 '운동장 사용 규칙' 재검토라는 공약을 걸었고, 당선되자 재논의 과정을 거쳐 운동장 사용 규칙은 없어지게 되었다.

자유발언 시간엔 선후배 간 껄끄러운 이야기가 화제가 될 때가 많다. 크고 작은 이야기가 여과 없이 드러나다 보니 매번 이야기의 중심에 서게 되는 아이들에겐 불편할 수밖에 없는 자리이기도 하다. 이렇게 함께 사는 공간에서 서로를 의식하며 자신의 행동을 돌아보고 조심하게 만드는 구실도 다모임이 맡고 있다.

100명이 넘는 아이들 앞에서 진행해야 하는 어린이회장은 힘든 자리일 것이다. 두서없이 나오는 여러 말을 갈무리하면서 서로 이야기를 주고받을 수 있도록 운영하기가 보통 어려운 일이 아니다. 또한 대중 앞에서 자기가 겪은 일, 생각을 설득력 있게 말하기도 어렵다. 군중심리도 작용해 자기 마을에 쏟아지는 불만을 논리에 맞지 않는 말로 받아쳐서 '말싸움'으로 변질되기도 한다. 나누는 주제에 상관없이 잡담을 하거나 장난으로 시간을 보내는 아이들도 있다. 선생님도 함께 앉아 있어 주의를 주거나 발언권을 얻어 진행에 도움을 주기도 하며 시간을 꾸린다.

학생 자치회는 전교어린이회 임원 선거를 시작으로 자치부서가 꾸려지고 부원을 모집한다. 부원은 3학년부터 참여할 수 있다. 부별 회의를 거쳐 한 학기 계획을 짜고 함께 실행에 옮긴다. 하지만 글로 쓴 것처럼 그렇게 매끄럽지는 않다. 부원 모집이 잘 되지 않기도 하고, 계획도 세밀하지 못하고 투박하다. 하지만 아무리 투박하더라도 아이들의 자치영역에 교사가 개입하기 시작하면 밑바탕에 깔아야 할 '자발성'이 훼손된다. 서툴고 어설프더라도 지켜봐 주고 도와주는 마음으로 자치회를 지켜봐야 한다.

학생 자치회는 6학년에겐 남다른 가치를 지닌다. 온다모임 시간을 꾸려야 하고, 학교의 크고 작은 행사를 계획하고 운영해야 하는 부담과 책임 그리고 뿌듯함이 함께한다. 무엇보다 학교 전체를 보는 눈을 가질 수 있는 시간이기도 하다. 버겁지만 큰 성장을 이룰 수 있는 한 해가 되는 까닭도 여기서 찾을 수 있다.

올해는 모두 모이는 자리의 의미를 더하기 위해 돌봄 가족이라는 이름으로 1학년부터 6학년까지 짝을 지어 26개 모둠으로 나누었다. 모일 때도 지금까지 학년별로 모이던 것에서 돌봄 가족끼리 모여 앉는다. 둥그렇게 모여 앉아 돌봄 가족끼리 이야기 나누는 시간도 있고, 모두가 서로 마주보며 이야기 나누는 시간도 있다. 다모임을 조금 앞당겨 끝내고 돌봄 가족과 노는 시간이나 함께 밥 먹는 시간을 갖기도 한다.

그동안 다모임에 참여하는 학년을 제한하기도 했고, 학년 대표들이 모여 회의를 하는 체제를 강화하기도 하면서 모두 모여 이야기 나누는 틀 바꾸기를 거듭하다 올해부터 바꾸어 본 방식이다. 이렇게 운영하다 보니 이전과 다른 모습이 많이 보인다. 가장 눈에 띄는 변화가 선생님들의 개입이다. 학년별로 모이다 보면 담임선생님들이 크든 작든 많이 끼어들게 되어 있다. 소란스러울 때 진정시키는 구실도 선생님들이 주로 맡았다. 그러다 보니 가끔은 아이들 전체를 모아 놓고 뭘 하고 있나 하는 생각을 떨칠 수 없었다. 돌봄 가족이 모여 앉으니 자연스럽게 해결되는 문제가 많다. 사소한 질문은 앉은 자리에서 선배가 후배에게 쉬운 말로 설명해 주기도 하고, 선후배 간의 소통이 더 활발하게 일어난다.

자치의 날 준비

5월 4일은 자치의 날이다. 자치의 날이란 6학년들이 운영하는 자치부서들에서 여는 학교 전체 행사이다. 한마디로 학생들 스스로가 여는 축제이다. 자치의 날은 코너를 여러 개 만들어서 팀끼리 코너들을 체험해 보는 행사이다.

나는 이번 자치의 날 준비를 위해 작년에 만들어 놓았던 만족스러운 코너, 아쉬운 코너를 나타낸 표를 찾아보았다. (내가 만든) 표를 보니 작년에는 표적 맞추기, 빼빼로 물기, 쓰레기 많이 줍기, 승부차기, 초성퀴즈, 긴줄 넘기 등의 코너가 있었지만 나는 그중 풍선아트, 얼굴 그림, 볼링볼링, 장애물 달리기, 승부차기 이 5코너가 아쉬운 코너였다. 그 이유는 풍선아트는 할 일이 없고 얼굴 그림은 고학년은 참여할 수가 없었다. 또 볼링볼링은 너무 어렵고 장애물 달리기는 벌칙이 너무 심하며 승부차기는 너무 쉬웠다.

내 생각에는 꼭 이 코너들을 계속 유지하기보다는 의견을 모아서 재미있는 코너만 남기고 다른 코너는 바꾸거나 코너 행사를 보완하면 좋겠다. 그래서 우리 생활부에서는 장애물 달리기를 좀 더 안전하게 바꾸어 돌봄짝과 함께하는 장애물 달리기 코너를 만들면 좋겠다. 처음이자 마지막으로 운영하는 자치의 날인만큼 열심히 할 것이고 잘 되었으면 좋겠다. (6학년, 민세라)[22]

---

22) 2016년 남한산초등학교 6학년 학생 글쓰기 공책에서 발췌함

거산초등학교에선 한 달에 두 번 목요일 아침 1교시에 전체 학생과 교사가 한 자리에 모이는 다모임 시간을 갖는다. 아이들은 다목적실 마룻바닥에 저학년과 고학년이 고루 섞여 동그랗게 둘러앉는다. 교사들도 여기 저기 아이들 사이에 끼어 앉는다. 자리가 정돈되면 회장의 진행으로 둘레에 앉은 언니, 오빠, 동생들과 서로 인사를 나누며 다모임을 시작한다. 인사를 나누며 서로 다른 학년의 아이들과 아이들, 아이들과 교사들이 얼굴을 익히고 이름을 익히는 시간이 된다. 인사를 마치면 바로 그 달에 생일 맞은 사람을 축하해 주는 생일축하 시간으로 이어진다. 생일 맞은 아이들의 이름을 하나하나 불러 가며 축하노래를 불러 주고 회의가 끝나면 작은 선물도 나눈다.

다음으로 '내 생각 발표' 시간이 이어진다. 학교생활에서 겪고 있는 여러 가지 문제에 대해 자신의 생각이나 의견을 발표하는 시간이다. 내 생각 발표에 나온 소소한 의견들은 대부분 함께 실천해야 할 사항으로 받아들여진다. 나온 의견 중 토의가 필요한 내용은 바로 그 자리에서 서로 의견을 나눈 후 규칙을 정하거나 필요한 결정을 한다. 사안에 따라 모인 아이들 모두에게 영향을 미치는 경우 토의 참여가 높다. '쉬는 시간 다목적실 사용은 어떻게 해야 할까?', '장터 운영 후 기부금은 얼마로 하고 어디에 기부할까?'와 같이 자신과 직접 이해관계가 얽힌 이야기엔 더 적극적으로 참여한다.

다모임은 공동의 문제를 이야기 나눌 수 있는 소중한 시간이다. 아이들은 이 시간에 학교생활에 불편한 점이 무엇인지, 어떤 문제가 있는지 서로의 생각을 공유하고 토의·토론을 통해 해결점을 찾아 간다. 그렇게 결정된 사항들은 당연히 지켜야 할 것으로 받아들여 지키려고 노력한다. 어떤 사안에 대해서는 눈에 띄게 변화하는 모습이 발견되기도 한다. 종종 '스스로 정한 규칙은 힘이 세다'는 말을 실감할 때가 있다. 아이들 사이에서 실랑이가 벌어졌을 때 누군가 "그거 다모임에서 하지 않기로 했잖아"하면 못마땅해 하면서도 말없이 받아들인다.

다모임을 가지며 자기 생각을 이야기하고 문제를 제기하며 자유롭게 의견을 주고받는다. 그런 점에서 다모임이 아이들에게 거리낌 없이 자기 이야기를 펼칠 수 있는 공간임은 분명하다. 하지만 생각해 보아야 할 것이 있다. 다모임의 모습을 가만히 살펴보면 소통이 활발하게 일어나지 않는다. 몇몇 아이들이 말의 주도권을 차지하고 대부분의 아이들은 듣지 않는다. 아이들 스스로도 다모임에 대한 만족도가 높지 않다. 다모임의 필요성이나 의미를 인식하고 있지만 만족도는 낮게 나온다는 말이다. 의미를 찾기보다 따분하고 지루한 시간으로 여기는 아이들도 많다.

다모임에서 대다수의 아이들은 왜 주인공이 아닌 관객으로 앉아 있을까? 아이들의 마음을 추측해 보면 할 얘기가 없거나 나와 상관없는 일이라고 생각하거나 얘기해 봐야 똑같으니 그럴 것이다. 이 생각들은 아이들이 공동의 문제에 얼마나 관심을 가지고 있는지, 결정된 사항들을 얼마나 실천하고 있는가의 문제와 연결된다. 사실 아이들은 학교에서 친구나 선후배 사이의 갈등이나 일상에서의 무수한 불편함을 안고 생활한다. 그런데도 많은 아이들이 갈등이나 불편함을 드러내 얘기하고 해결하기보다 감수하는 편을 선택한다. 각자 또는 함께 겪고 있는 어려움이나 불편함을 공동의 문제로 이끌어내 공론화할 수 있는 힘, 공동의 문제로 인식하고 해결점을 찾아 실천으로 연결하는 경험이나 힘이 부족한 까닭이다.

여기서 아이들의 참여와 스스로 풀어 가는 힘을 이끌어 낼 수 있는 교사의 도움이 필요하다. 민주적인 의사결정 및 집행 절차를 익히게 하는 일, 학급회의를 통해 공동의 문제를 찾아내는 일, 다모임 후 학급에 돌아와 실천사항들을 다시 확인하고 실천여부를 꾸준히 돌아보는 일들이 필요하다. 무엇보다 아이들이 자치의 주인공이 되어 참여하고 만들어 갈 수 있는 다양한 기회와 경험을 제공하는 것이 필요하다. 다모임에서 다루어진 주제로 캠페인을 하거나 야영이나 알뜰장터 등 아이들 중심의 학교 행사를 직접 기획, 추진해 보도록 하는 것도 하나의 방법이 될 것이다. 아이들은 스스로 행사를 기획하고 운영해 보는 경험을 통해 자발성과 스스로 주인이 되어 문제를 해결해 나가는 힘을 기를 수 있기 때문이다.

그 밖에 다모임이 실질적으로 이루어지려면 시간 운영의 융통성이 있어야 한다. 시간에 쫓겨 몇 사람의 생각에 기대 표결로 가는 경우, 여러 아이들의 불만을 가져올 가능성이 크다. 당장 논의가 필요한 문제임에도 다른 교과시간에 밀려 미루는 경우엔 문제 자체가 흐지부지 되거나 아이들 관심에서 멀어지게 된다. 이런 일이 반복되면 다모임의 위상과 신뢰에 금이 가 다모임이 형식적으로 진행되고 만다.

자치활동은 학생들 스스로가 자율과 참여를 통해 주도적 활동을 펼치고 자신들의 권리를 옹호하며 민주시민의 자질을 키워 가는 활동이다. 모두가 참여하여 규칙을 정하고, 판단하고 처방을 내리는 과정을 통해 자유가 무엇인지, 책임을 지는 것이 무엇인지 체득하는 자율적인 활동이다. 자치활동은 아이들만의 활동으로 그치는 것이 아니라 필요에 따라 교사와 학부모 등 학교공동체와 연결할 수 있어야 한다. 다모임에서 결정된 내용 중 학교단위에서 반영해야 할 사항들은 적극적으로 반영하고, 학부모의 지원이 필요한 부분은 학부모의 참여를 이끌어 내야 한다. 나아가 지역사회와 연대할 수 있는 자리의 확보도 필요하다. 학교공동체의 진지한 참여는 자치활동에 대한 아이들의 참여와 관심은 물론 자긍심을 높이고, 바람직한 학생문화, 학교문화의 변화를 가져오는 동력이 된다.

자치는 아이들이 자신의 잠재성을 꽃피우면서 자기 삶의 주인으로 살아가는 힘, 다른 사람과의 어울려 살아가는 힘을 키운다. 아이들의 일상적 삶 속에 '스스로'와 '더불어'의 가치를 끊임없이 불어넣을 때, 직접민주주의에 가까운 다모임은 학생 자치의 꽃으로 피어날 수 있을 것이다.

5
학생동아리

남한산초등학교 윤승용

스스로 꾸리는 동아리

배움이 일어나는 장면에서 가장 바탕이 되어야 할 것은 무엇일까? 많겠지만 하나만 꼽으라면 '스스로 하기'(자발성)가 아닐까? 아이들 스스로 하고자 하는 마음이 없으면 아무리 좋은 자료나 내용, 방법이 있어도 배움은 쉽게 일어나지 않는다. 배울 사람이 스스로 배울 것을 정하고, 가르침을 줄 사람을 찾고, 스스로 노력해야 겨우 얻을 수 있는 게 배움이다. 이런 점에서 우리가 학교교육과정이라고 짜놓고 아이들을 그 안에 머물게 하는 것은 어쩌면 배움의 근본부터 잘라 낸 것일 수 있다. 가만히 살피면 아이들은 교사가 기획한 틀 안에서 움직인다. 수업할 때도 아이들보다는 교사의 안목과 기획 안에서 움직인다. 아무리 흥미를 돋운다고 할지라도 아이들 입장에선 스스로가 아니라 이끌림이 된다.

아이들이 스스로 배울 것을 찾고, 스스로 가르쳐 줄 사람을 찾아 배워 나갈 수는 없을까? 다시 말해 교사에서 출발한 배움 말고 학생에게서 출발한 배움이 가능할까? 1년 동안 아니면 6년 동안 한 번만이라도 이 잣대에 어울리는 활동을 겪게 하는 것이 가능할까? 쉽지 않은 질문이고 가능한 뚜렷한 방법도 떠오르지 않는다. 다만, 배움의 바탕으로 잡은 '스스로'가 그르지 않다면 차근차근 의미를 되새기며 현실적인 방법을 찾아보는 것이 답일 것이다.

'학생동아리'을 제대로 자리 잡게 하면 이와 같은 물음에 작으나마 답을 할 수 있을 것 같다. 지금까지 동아리는 '자발적 참여'를 중심 목표로 잡고 있지만 실제 운영에 있어서는 자발성과는 거리가 있었다. 가장 낮게는 학교 선생님들 선에서 가능한 강좌를 개설하고 아이들에게 알려 선택하게 하는 방법으로 운영했다. 큰 학교일 경우 이와 같은 운영방식이 썩 나쁘지 않다. 선생님들마다 아이들과 나누고 싶은 주제를 잡아 신청하게 하고 운영을 하니 아이들의 자발성을 기대할 수 있다. 학년에 묶인 교과전담 선생님들도 함께 하니 반별 정원보다 적은 수의 아이들과 함께 한 가지 주제로 아이들과 깊게 나눌 수 있다.

하지만 작은 학교에서는 이런 방식으로 운영하기가 힘들다. 한 학년이 한 반이나 두 반밖에 되지 않으니 개설할 수 있는 강좌가 많지 않을 뿐만 아니라 아이들의 요구를 담보하기엔 교사 수도 턱없이 부족하다. 교장, 교감 선생님이 동아리 운영 교사로 나서는 학교도 있지만 큰 도움이 되진 않는다. 눈을 돌려 학부모와 지역사회의 도움을 적극 받아 운영하는 학교도 있다. 학생들에게 희망 동아리 조사서를 배부하고 인력 자원 확보에 나선다. 재능기부 안내장을 보내 학부모, 교사, 지역주민을 모시는 시간을 갖는다. 개설이 가능한 강좌를 짜두고 동아리를 홍보하여 신청을 받아 운영한다. 이렇게 되면 방과후활동과 구분이 되지 않는다. 정규시간에 이루어지면 동아리, 정규시간이 끝나고 운영하면 방과후활동 정도의 구분밖에 되지 않는다.

아이들이 배우고 싶은 것은 그 끝을 가늠하기 힘들 정도로 많다. 학교 안에서 가능하지 않은 것도 많다. 배우고 싶어 하는데 가르칠 만한 사람과 시설을 차려 주지 못하는 게 대부분이다. 이런 현실에서 아이들이 스스로 개설하고 동아리 회원도 스스로 모집하여 스스로 짠 계획에 따라 운영하는 것은 불가능할까? 이 정도는 대학생이 되어야 가능한 것일까? 초등학교 아이들에겐 가능하지 않은 것일까? 관심거리를 찾고 함께 관심 있는 사람을 모아서 한 해의 시간을 일구는 것이 가능하지 않을까? 어렵겠지만 충분히 의미 있는 시간으로 아이들 스스로 채워 낼 수 있지 않을까? 동아리를 통해 기능을 신장하기보다 다른 이와 함께하는 과정 자체가 아이들에겐 더 중요하지 않을까?

선생님들과 회의에 회의를 거듭했다. 여러 우려와 기대가 섞여 학생자율동아리를 생각하게 되었다. 학년 초 아이들 스스로 개설하고 싶은 동아리를 신청한다. 동아리는 안전성, 폭력성, 선정성, 사행성에 문제가 없으면 교사회의를 통해 등록을 허락한다. 동아리 회원은 3인 이상이 모여야 개설이 가능하다. 동아리를 제안하고 모집한 사람은 자연스럽게 동아리 회장이 되고, 그 운영을 책임진다. 학교에서는 개설한 동아리 활동 장소를 마련해 주고 도움을 줄 교사를 배치하고 예산까지 배정한다. 동아리 활동 시간도 격주에 한 번 한 블록을 배정한다. 최대한 많이 배정한 시간인데도 80분 단위로 15회 정도가 아이들에게 주어진 것이다. 학년말에는 동아리 발표회를 가져 한 해 동안 있었던 일, 결과, 앞으로 계획 등을 발표하는 시간도 갖는다.

자율동아리는 아이들에게도 낯설고 선생님들에게도 낯설었다. 어린 아이들이 계획을 짠다는 것도 그렇고 적은 수이지만 한 해 동안 배움틀 거리를 짜고, 운영하는 것을 아이들에게 맡긴다는 게 낯설어도 보통 낯선 게 아니었다. 아이들에게 맡겨 두면 놀이로 착각하지 않을까 하여 동아리와 놀이는 다르다는 것을 강조했던 기억도 있다. 나 홀로 동아리도 인정해야 되지 않느냐는 질문에 고민하다 '그럴 거면 혼자 집에서 하지 왜 학교까지 와서 혼자 하냐?'라는 답으로 동아리를 움직이는 힘에 '함께'라는 낱말이 꼭 들어갔다. 욕심을 잔뜩 부려 계획한 동아리, 현실 감각이 없는 무모함이 넘쳐나는 동아리, 잠깐 나왔다 아이들 관심 밖으로 밀려난 동아리까지 해를 거듭하며 우여곡절이 많지만, 동아리 시간은 아이들의 사랑을 한 몸에 받는 시간이 되었다.

올해 처음으로 아이들이 원하는 동아리만으로 개설을 하고 아이들이 계획하고 운영하는 자율 동아리를 운영하였습니다. 아이들은 매우 긍정적인 반응을 보이며 활기차게 시작되었습니다.

총 8개의 동아리가 만들어졌고 그중에서 기타부 이야기를 소개하겠습니다. 사실 기타부는 학부모로부터 걱정하는 이야기가 많이 들렸던 부서입니다. 기타연주는 기능이 필요하다 보니 아이들끼리 가능하겠냐는 염려였던 겁니다. 기타부 담당 선생님도 기타에 대한 기능이 없는 상태였으니 부모님 입장에서는 당연한 염려였다고 생각합니다. 그런데 기특하게도 그런 우려의 목소리에 오히려 우리 아이들이 발끈했다는 겁니다. 우리끼리 잘할 수 있다는 걸 보여 주겠다며 유튜브 영상을 찾아서 스스로 공부하고 연습하고 서로에게 가르쳐 주며 그 어느 부서보다도 놀라운 모습을 보여 준 것입니다.

그 누구보다 유독 감동을 받은 사람이 바로 저입니다. 기타부는 5학년 음악을 지도하고 있는데 동아리에 있는 7명 중 4명의 리코더 실력은 정말 형편없다고 말해도 지나치지 않을 정도여서 음악시간을 정말 힘들어하는 아이들이었습니다. 그런데 그 아이들이 진지하게 기타를 연주하고 있는 겁니다. 그 광경은 정말 충격적이었습니다. 게다가 꽤 잘하는 겁니다.[23]

---

23) 『2015 작은학교교육연대 겨울워크숍 자료집』, 금성초 고경숙 선생님 글 중에서, 39쪽

〈학생동아리 운영계획〉[24]

• 대상 : 3~6학년(1, 2학년은 학급에서 활동)

• 시간 : 월 2회 격주로 운영하며 금요일 2블록

-온다모임과 겹치지 않게 배치

-1학기 6회, 12시간

-2학기 7회, 14시간(동아리발표회 포함)

• 일정

-전체 설명회(3~6학년, 3월 4일 온다모임) : 동아리 활동 취지, 운영방법, 묻고 답하기, 여러 가지 동아리 운영 사례 살피기.

-선호도 조사(~3월 11일) : 참여의사와는 상관없이 어떤 동아리가 있으면 좋겠는지, 어떤 동아리를 만들고 싶은지 자유롭게 지정된 알림판에 붙여 두고 의견 묻기, 교실에서 담임교사와 함께 만들고 싶은 동아리 이야기 나누기.

-발족 기간(~3월 18일) : 대표 뽑기, 이름 정하기, 3인 이상 회원 확보방안 논의, 선호도 조사에 기초하여 동아리를 발족하는 기간을 둠.

-동아리 홍보/회원 모집(~3월 25일) : 발족한 동아리는 대표를 중심으로 적정한 회원을 확보, 동아리 등록 신청서 만들기.

---

24) 2016학년도 남한산초등학교 운영계획임

-동아리 등록하기(~4월 1일) : 동아리 등록 신청서 접수, '폭력성', '안전성', '사행성', '선정성'의 심사가 교사회의를 통해 이루어짐. 지도교사 배치, 활동 장소 지정.

-동아리 활동 : 4월 8일 2블록 첫 동아리 모임을 가짐.

동아리는 진행 중[25]

갑자기 추워진 10월 끝자락, 움집 동아리 대표 휘서가 종이 한 장을 내민다. 바로 오늘, 학교 뒷산에 만든 움집에서 하룻밤을 자겠다는 계획서였다. 일 년 내내 만든 움집에서 밤을 새워 보는 것이 이들의 마지막 계획이기는 했다. 아이들은 계획을 한 것은 꼭 해 봐야 한다. 그렇게 못하면 두고두고 말한다. 문제는 10월 마지막 주말이 예년에 비해 유난히 춥다는 것이다. 더구나 남한산의 겨울은 일찍 찾아온다. 벌써 밤에는 얼음이 언다. 움집이라고 하지만 나무로 기둥을 세우고 거적만 덮어둔 것 같은 곳에서 잠을 자다니, 얼어 죽을 것이 뻔하다. 선생들은 이것을 그냥 허락할 수가 없었다. 교무실에서는 선생님들이 자리에 채 앉지 못하고 급하게 얘기가 오갔다. 이번 주는 온도가 영하로 내려가고 추위가 심해 도저히 어려우니 다음 주로 미뤄야 한다는 의견이 대부분이었다.

휘서에게 선생들의 생각을 전달했다. 휘서는 그럴 수 없다고 했다. 9월 6일부터 자려고 했단다. 그런데 토요일마다 학교 행사가 많

25) 『2015 작은학교교육연대 겨울워크숍 자료집』, 남한산초 임영님 선생님 글, 41~43쪽

았고, 각자 집안일도 많았고, 서로 시간을 맞출 수가 없어서 계속 미뤄 왔다고, 이제는 더 이상 미룰 수가 없으니 그냥 자겠다고 했다. 그리고 상준이 어머니께서 도와주기로 했으며 저녁거리와 다음 날 아침 준비를 마쳤다고 했다. 그렇다고 이 추위에 산에서 자게 둘 수는 없었다. 어떻게 할까 고민하다가 휘서 어머님께 전화를 걸었다. 도저히 휘서와 아이들을 설득할 수 없으니 도와달라고 했다. 교 사회에서 오간 이야기도 덧붙이면서 말이다. 마침 어머니도 날씨를 걱정하고 계셨다. 부모님까지 나서서 설득하였고 일주일을 미루게 되었다.

11월 첫 주 금요일이다. 휘서는 만반의 준비를 해 왔다. 저녁과 아침으로 먹을 곰탕과 라면을 사기 위해 회비를 모으고 쌀과 밑반찬을 가져 왔다. 움집에서 잠을 자는 아이들은 휘서를 포함해서 여덟 명. 6학년 셋, 4학년 셋, 3학년 둘. 그런데 금요일 오후부터 빗방울이 하나씩 떨어지기 시작했다. 오래도록 가물다가 내리는 비라서 모두 반가워하는데 우리 아이들에겐 걱정거리였다. 5학년 양승일 선생님이 아이들의 밤을 지키며 함께 지내기로 했고 아이들은 빗방울 사이를 바쁘게 오고 가며 준비를 했다. 그러나 시간이 지날수록 비는 더 세게 내렸고 밤 9시가 넘자 더 이상 버틸 수가 없게 되었다. 아이들은 자기들이 만든 움집에서 밤을 보내지 못하고 산을 내려와 교실에서 잤다. 이렇게 될 것을 예상해서 양 선생님은 꽃마을 교실에 따뜻하게 불을 지펴 두었다. 휘서 말을 빌리면 움집에 비해 꽃마을 교실은 호텔이었다고 한다.

아이들은 3월에 11개 동아리를 만들었다. 야구(15명), 뜨개질(10), 미니어처(6), 움집(15), 춤(7), 신문(11), 십자수(8), 만화(7), 도미노(11), 바둑(6), 축구(16). 참여하는 학년은 3~6학년이지만 5, 6학년에게만 동아리를 만들 수 있도록 했다. 3학년과 4학년 아이들은 만들어진 동아리에서 선택할 수 있다. 지난해에는 같은 학년만으로 만들어진 동아리가 자기 반끼리만 활동이 이루어졌다는 평가가 있어서 올해에는 학년 아이들이 골고루 섞여서 서로 배우고 가르치는 모습이 자연스럽게 일어날 수 있게 하자는 의도였다.

5, 6학년 아이들은 하고 싶은 동아리를 알리고 부원들을 모집하는 안내문을 복도에 내걸었다. 동아리를 시작하는 3학년은 뭘 모르니 별로 말없이 동아리를 선택했다. 그러나 4학년 아이들은 동아리를 만들 수 없게 되자 불만을 나타내기도 했다. 5, 6학년 선배들에게 원하는 동아리(특히 과학 동아리)를 만들어 달라고 부탁해도 들어 주지 않는다며 할 게 없다는 것이다. 선택이 늦어지니 동아리 구성이 더디게 되었다. 지켜보는 선생님들은 마음이 불안해졌다. 이렇게 해서 동아리가 잘 만들어질까? 4학년에게도 동아리 구성권을 다시 줄까? 몇 번이나 마음이 흔들렸지만 일단 두고 보자며 기다렸다. 4학년 아이들에게는 내년에 5학년이 되면 원하는 동아리를 만들 수 있으니 올해에는 참아 보라고 했다.

이름만 걸렸다가 사라지는 동아리도 여럿 있었다. 악기·그림자·발명·사진 동아리는 신청자가 없거나 한두 명이어서, 요리 동아리는 칼, 불을 사용하는 위험 때문에 만들어지지 못했다. 지나치게 유행을 따르거나, 소비나 사행을 유도하거나, 선정적이거나, 위험한 동아리는 만들 수 없다는 규정과 최소 5명 이상으로 해야 한다는 규정에 맞지 않았기 때문이다.

1학기 중간에 동아리 대표들과 이야기를 나누었다. 계획한 대로 잘 되고 있나? 어렵고 힘든 것은 뭐지? 선생님의 도움이 필요한가? 등을 물었다. 계획한 대로 잘 되고 있지만 3, 4학년 아이들이 말귀를 못 알아듣고, 다 붙잡고 해 줘야 해서 힘들다는 의견이 가장 많았다. 동생들이 집중하지 않는다거나 언니가 말하는데 자꾸 참견한다는 말도 했다. 내가 보기에는 모두 자신의 지난날 모습을 말하고 있는 것 같아 말로는 "그래, 힘들겠구나" 했지만 속으로는 '너희들이 했던 대로 되받고 있는 거야' 하며 혼자 슬며시 웃었다. 지금 3, 4학년 아이들이 커서 5, 6학년이 되면 아마도 같은 하소연을 할 게 뻔하다. 동아리 발표일은 12월 17일이다. 대표 아이들은 이제부터 발표 준비를 생각해야 한다. 어떻게 할 것인지(사진, 전시, 영상, 글쓰기, 역할극, 직접 몸으로), 시간을 얼마나 쓸 것인지, 누가 할 것인지, 발표할 때 필요한 물품은 무엇인지 서로 이야기를 나누어 결정할 것이다.

동아리_ 황현정

나는 오늘 중간놀이가 끝나고 두근두근거렸다. 왜냐면 동아리 시간이기 때문이다. 나는 신문동아리다. 다연이 언니랑 수정이 언니랑 서우, 도은, 현채 그렇게밖에 기억이 안 난다. 선생님의 재밌게 하고 오라는 말과 함께 각 동아리 장소를 향해 뛰쳐

나갔다. 원래는 서우와 함께 가기로 했지만 내가 신발을 못 찾는 바람에 서우가 먼저 나갔다. 기분 나빴지만 괜찮았다. 왜냐면 서우도 나처럼 기대되고 두근거릴 테니깐.

나는 운동화를 구겨 신고 얼른 책마루로 갔다. 내 눈에는 제일 먼저 세라 언니와 시원이 언니가 눈에 띄었다. 그리고 서민규! 서민규는 국악기 동아리 같은데…… 뭐 망했나 보다. 그럴 수 있지. 세라 언니는 너무나 반갑게 "어서와. 네가 민규지? 남자도 많으니깐 괜찮지?" 하면서 맞아 주었다. 나는 들어가서 현채 옆에 앉았다. 나는 너무 기대됐다. 내 뒤에서 다연이 언니의 신문 동아리에 대한 설명을 듣고 취재부 편집부로 나눴다. 나는 취재부였다. 나는 가만히 앉아 있었다. 그런데 우리 반 여자 아이들은 모두 편집부였다. 그러나 민규가 있었다. 그러나 3인 1조로 나뉜다는 말. 난 그래도 좋다는 긍정적인 생각으로 버텼다.

난 무조건 집중했다. 왜냐면 나에게 도움이 될지 모르니까. 우리 조는 재희 오빠, 수정이 언니, 나였다. 재희 오빠는 환경오염을 주제로 삼고 하자고 했다. 수정이 언니는 동아리의 시작을 하자고 했다. 난 재희 오빠 의견이 더 좋았다. 난 의견이 없었다. 나도 그 이유는 모르겠다. 신문에 올릴 사진은 우리 조에서는 재희 오빠였다. 나는 인터뷰였다. 수정이 언니는 메모였다. 나는 자신 없었지만 따라다녔다. 첫 번째는 춤 동아리였다. 하지만 거절했다. 다음 영어실에 리코더 동아리지만 거절했다. 다음은 하늘 마을에 있는 뜨개질과 미니어처 동아리였다. 뜨개질은 답을 안 하고 놀기만 했다. 미니어처 동아리도 그랬다. 짜증났다. 축구와 야구 동아리도 취재했다. 그리고 들마을에서 하는 십자수와 바둑 오목 동아리도 취재했다. 다 비슷비슷했다. 산마을에 도미노 동아리도 취재했다. 뭐 어쩌고, 저쩌고 다 비슷했다. 마지막으로 움집 동아리를 취재했다. 재밌었다. 그리고 편집을 도왔다. (2015. 4. 10.)[26]

---

26) 2015년 남한산초등학교 3학년 산마을학생글모음에서

6
작은 학교의 공간

삼우초등학교 이옥형

작은 학교는 우리 교육을 위해 많은 새로운 시도를 해 왔다. 그중에서 빼놓을 수 없는 것이 아이들이 살아가는 학교라는 공간에 대한 고민이었다. 물론 학교시설을 부분적으로 리모델링해 간 적은 있지만 학교 건물 전체에 철학을 담고 교육공동체의 소망을 모아 새로운 교육공간으로 실천한 곳은 작은학교교육연대 회원학교가 처음일 것이다. 그 과정에서 교사들은 보이지 않는 관행과 싸워야 했고 가본 적이 없는 새로운 길을 내는 어려움을 함께 나누어 져야 했다. 그러면서 그들은 해냈다. 이제는 책에서 소개된 외국 학교건물을 보고 우리는 왜 이렇게 짓지 못하는지 부러워하지 않아도 된다. 우리나라 지역 환경, 우리 아이들에게 어울리는 학교공간을 만들어 낸 DNA가 작은학교교육연대 교사들에게 있기 때문이다.

소개하는 글은 회원학교 중 학교공간에 대해 특히 고민했던 세

학교의 이야기이다. 삼우초는 2006년 폐교 위기를 극복한 후 쓰러질 듯한 학교를 교육과정에 맞게 완전히 새롭게 지어 낸 사례이다. 남한 산초는 2010년 기존 교실을 아이들 중심으로 새롭게 변모시켰다. 장 승초는 2012년 새로이 교실 동을 짓는 과정에서 구성원과 지역사회 의 마음을 모아 상상 속의 학교공간을 만들었다. 삼우초가 낸 길을 남한산초와 장승초가 새로이 길을 내며 가고 있다. 앞으로 또 어떤 학교가 학교공간을 새롭게 이어갈지 즐거운 상상을 해 본다.

교육애로 지어진 아름다운 삼우초등학교[27]

삼우초등학교는 '행복한 만남'을 자연과의 만남·인간과의 만 남·문화와의 만남으로 나누었고, 그러한 만남을 소중하게 여기는 교육활동을 학교교육의 목표 내지는 인간상으로 규정하고 있다. 삼 우초가 2004년 이러한 교육목표를 표방하고 거듭나기를 계속하는 과정에서 이루어진 여러 가지 활동 중에서 빼놓을 수 없는 것이 새 학교 건축 관련 이야기이다. 새 학교가 지어지게 된 배경과 설계 및 시공, 그 과정에 함께했던 교육주체들, 새 학교에서의 교육활동과 활용에 대하여 말하고자 한다.

삼우의 이야기를 하자면 이제는 옛 이름이 되어 버린 두 학교를 말하지 않을 수 없다. 고산서초등학교와 삼기초등학교가 그것이다. 두 학교는 농촌인구와 학생 수의 감소 추세로 여느 농촌 초등학교

---

27) 『2006 작은학교교육연대 여름워크숍 자료집』, 삼우초 나영성 선생님 글, 56~63쪽

와 마찬가지로 소규모화 과정을 겪었다. 당시 전북교육청의 소규모 학교 통폐합방침으로 두 학교는 1999년도에 같은 면소재지학교로 통폐합될 대상학교로 지정되어 폐교 위기에 직면했다. 이에 지역사회 인사와 일부 교원은 2000학년도부터 2002학년도까지 농촌학교의 유지(통폐합 반대)를 위한 활동을 펼치게 되었다. 당시 두 학교운영위원장들은 '고산서초의 폐교 문제는 절대 양보하지 않겠다', '고산면 관내의 작은 학교 3개 교가 동시에 폐교되어서는 안 된다'라고 입장을 내놓았다. 특히 60여 년의 역사를 가진 삼기초를 폐교할 계획이라는 소식과 이후 전학으로 학생 수가 크게 줄어들어 지역사회는 새로운 운명을 개척해야 했다. '한 개의 학교라도 존치시켜야 한다'는 절박하고도 가슴 아픈 공감대에 따라 삼기초는 같은 면내의 고산서초에 통폐합을 제의했다. 결국 도교육청에서 제시한 면소재지(중심학교) 학교로의 통폐합 방침을 거부하고, 두 학교는 고산서초(현 삼우초)로 통합하였다. 작은 학교끼리의 통합(2003. 3. 1)을 전국 최초로 관철시킨 것이다.

그러나 통합된 삼우초는 30년도 넘은 낡은 학교건물(1969년 ~1972년 건축, 시멘트 벽돌조)에 그 흔한 다목적실이나 도서실을 비롯한 특별실이 없는 것은 말할 것도 없고, 제대로 설 수도 없는 좁은 재래식 야외 화장실을 사용하고 있었다. 이렇듯 교육에 대한 안타까움과 열정으로 몸부림치고 있는 이 지역에 활력을 불어넣은 것은 2002년 3월 송수갑 교사의 발령이었다. 당시 그와 함께 교육운동에 매진하고 있던 교사들은 이 지역에 도움이 되고자 하였고, 이는 오늘의 삼우교육으로 이어졌다. 송수갑 교사는 부임 후 1달쯤 지나, 어처구니없는 교육환경에 대하여 항의하는 문건을 지역교육청의 홈페이지에 게시하였다.

"통폐합 대상학교라는 이유로 비위생적이기 그지없는 재래식 야외 화장실이나 제반 교육시설을 방치하는 것은 교육의 포기라 보는데, 교육청의 입장은 무엇인가?', '장학진이 삼우초를 방문하면, 어린이들이 사용하고 있는 화장실에 직접 들어가 보도록 하게 할 것이다' 등의 문제제기였다. '삼우초의 지역사회가 이렇다 할 문화시설을 거의 갖고 있지 못하며, 작은 학교끼리의 통합으로 존치 학교가 된 상황 등을 고려할 때, 노후화된 학교 건물의 개축은 너무 당연하다. 더욱이 폐교 대상으로 지정되면서 수년간 학교 시설의 개선이나 확충을 위한 예산 배려가 중지되어 있었으므로, 학교와 지역사회에 대한 보상차원에서도 삼우초 개축이 여러 학교들에 우선해야 한다."

한편 지역사회 학부모들을 중심으로 농촌의 작은 학교 모델 건축에 대한 의욕이 확산되어 가는 과정(2003학년도)에서 그는 학부모들의 의지를 강화시킬 방안의 하나로 학교시설 우수학교를 방문하는 행사를 제안하였다. 학부모와 학생 모두가 학교 통폐합의 결과로 전면 개축한 학교(전북 임실군과 남원군 소재 학교 2곳)를 찾아 탐방 행사를 가졌다. 시간이 흐를수록 학교개축에 대한 욕구가 상승되어

가면서 추진 대책이 거론되기 시작하였다. 그 결과 2003년 6월 8일에 삼우초발전협의회(이하 발전협)가 발족되었고, 통합 이전의 두 학교 운영위원장이 공동대표를 맡으며 실무 간사에 송수갑 교사가 위촉되었다. 학운위와 그는 삼우초의 전면 개축이 삼우초에서 농촌학교의 희망을 일구는 일을 추진할 수 있는 기반이나 조건이라고 생각했다. 학교장을 비롯한 학운위 위원장이 여러 차례에 걸쳐 지역 교육청 교육장을 비롯한 실무담당자에게 학교의 전면 개축의 필요성을 설명하고 예산의 편성(확보)을 요구하였으나, 반응은 난색일 뿐이었다. 발전협은 공식적인 절차를 통한 학교 개축의 가능성은 희박하다고 판단하고, 정치권으로 방향을 돌릴 수밖에 없는 상황으로 인식하였다. 때마침 이웃면의 고장 행사에 지역구 국회의원이 참석했다는 소식을 듣고 찾아가 짧게 면담을 하였으나 결과는 민망할 정도였다. 참으로 학교 건축 문제가 난감하게 되었다.

송수갑 교사는 보다 명확하게 삼우초 개축의 당위성(농촌형 학교 건축)과 시급성 및 삼우초의 미래상을 문건화할 필요를 느꼈고 이 문제는 발전협을 통해 합의되었다. 발전협의 이름으로 10여 쪽에 이르는 '삼우초등학교의 유지 발전을 위한 작고 아름다운 학교 만들기'라는 제목의 문건이 그 국회의원의 홈페이지에 게시되었다. 국회의원의 반응은 의외로 신속하고 적극적이었다. 며칠 안에 교육인적자원부를 찾아가 삼우초 전면 개축을 요구하겠다는 것이었다. 2주가 지난 즈음 교육인적자원부의 삼우초 전면 개축을 위한 특별교부금 지원 방침이 전달되었다. 총 공사비 30억 원을 예상하고 교육인적자원부에서 16억 원을 특별 교부한다는 것이 지역교육청의 교육장을 통해 관내 학교에 널리 알려지게 된 것이다. 하지만 큰 기쁨도 잠시, 지역에서 뜻밖의 여론이 나타났다. '하필이면 그 작은 삼우초에 16억 원의 특별예산을 지원하느냐'는 것이었다. 당연히 정치권에도 그러한 여론이 접수된 듯 16억 원의 특별 교부금 지원 방침은 8억 원으로 삭감돼 버렸다. 참으로 어이없는 상황이 전개된 것이다. 그러나 삼기초 통폐합 지원금과 교육부의 특별교부금 재정을 종잣돈으로 총 공사비 29억의 삼우초 전면 개축(농촌형 학교 건축) 방안은 도교육청에서 확정되었다. 학부모와 교사, 교육당국이 희망했던 새로운 교육의 씨앗이 싹을 틔운 순간이었다.

2004년 1월 대통령자문 교육혁신위 주최 농촌소규모학교 토론회에 초대된 이후 뜻있는 교사들 3명이 그해 3월, 삼우초로 발령을 받게 되었다. 그와 함께 학교건물 전면 개축에 대한 꿈도 구체적으로 현실화되었다. 삼우초 구성원의 철학이 학교설계에 반영되어야 한다는 요구는 그간의 학교건축에서 있어 왔던 일방적인 관행을 모르는 듯 줄기차게 이어졌다. 공급자는 수요자의 요구에 부응해야 된다는 우리의 지극히 상식적인 요구는 수용되었고, 지역교육청에서는 학교모형에 관한 기본설계용역을 '한국교육환경연구원'에 맡겼다. 한국교육환경연구원의 활동은 삼우초가 구상하는 친환경적이며 생태지향적인 학교건축에 큰 도움이 되었다. 덕분에 교원들의 단편적인 요구들은 가닥이 잡히고, 학교건물과 관련하여 친환경성과 생태지향성에 대한 이해의 폭이 확장되었다. 한국교육환경연구원의 연구진 역시 학교건물에 대한 교사들의 주체적인 요구와 참여에 대하여 보기 드문 경우라며 찬사를 아끼지 않았다. 교육수요자의 교육적 필요에 의한 공간의 확보와 배치가 이루어진 것이다. 이로써 농촌형 모델학교를 지향하는 새 학교 건물에 반영된 특색은 다음과 같다.

① 마을과 조화를 이루는 작고 예쁜 학교, 직선형 복도보다는 곡선형 복도

② 학급교실을 1층에 두되, 교실마다 뜰과 통하는 문 설치(테라스, 급수시설)

③ 학생중심의 넓은 다목적 공간의 중앙배치

④ 지원시설과 특별교실은 2층에 두어 개별 교실 공간과 분리

⑤ 도농체험(해외교류)에 이용할 수 있는 기숙시설(50명 농시수용) 겸 마음닦기(명상, 선도)와 품성을 도야할 수 있는 온돌식 문화체험방

⑥ 다양한 놀이(체육)활동이 가능한 체육실

⑦ 지역사회 문화적 공간 차원의 극장형 시청각실(영화상영, 동극발표 공간)

⑧ 지역사회와 학생들이 같이 사용할 수 있는 유기농교육실(식당 겸용)

⑨ 지역사회 개방 시 별도의 동선 확보(필요에 따라 타시설과 차단)

⑩ 환경 친화적 자재사용(보통교실, 체육실 : 원목바닥재, 문화체험방 : 황토시공)

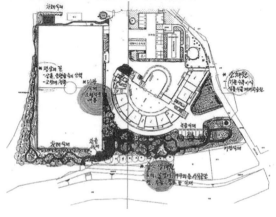

　새로운 학교를 건축하는 과정에서 아이들을 포함한 교육주체들의 참여는 다양하게 이루어졌다. 전문성이 부족했지만, 교원들은 수시로 시공사와 감독관에게 질문하고 요구했다. 전문성과 함께 특별히 중요하다고 판단되는 문제에는 지역사회의 전문 인력풀과 학교운영위와 판단을 함께했다. 마치 자기 집을 짓듯이 우리는 아이들과 함께 시공 중에도 외부 벽돌의 품질과 색깔을 결정하고, 나무 바닥재의 선정, 건물 내외의 페인트 색조를 결정하는 데도 참여했다. 이러한 참여에도 불구하고 시공 후에 드러난 채광부족과 자료실 출입 동선 문제를 해결하기 위하여 우리는 설계변경요구 및 재시공 (창문, 문 추가 설치), 문화체험공간의 황토 벽칠 등과 관련하여 수차례의 협의 절차를 거쳤다. 말하기 어려운 문제들이었으나 그 요구는 대부분 건축에 반영되었다.

교육재정이 크게 줄어든 2006년, 과연 학교가 무사히 완공될 수 있을까 하는 걱정도 있었지만, 삼우 가족들은 교육장과 교육감을 면담하는 등 당국에 지속적인 관심을 유도하며 아이들의 교육에 더욱 전념하기로 했다. 전북교육청의 2006년도 학교환경개선사업으로 유일하게 삼우초만이 14억 원의 예산을 배정받았다. 삼우가족들의 커다란 관심 속에 진행된 본 건물 공사가 마무리되었고, 이삿날을 잡았다. 5월 24일! 드디어 꿈에 그리던 예쁜 학교로 이사를 가게 된 것이다. 신축과 다름없는 이사였기에 교육청의 예산지원(이사비용)을 기대했지만 어려운 일이었다. 게다가 이삿짐센터에 맡길 경우 600만원이나 든다기에 결국 학운위의 결정대로 학교 이사는 학교와 학부모, 마을 공부방의 협력을 받아 전적으로 삼우가족들의 힘으로 치러 낼 수밖에 없었다. 이사준비와 3일간의 이사, 정리 기간을 포함하여 3주 이상 걸린 이 과정은 교육과정의 결손을 최소화한다는 원칙 아래 이루어졌다. 이사와 함께 무엇보다 마음이 쓰였던 것은 교실환경이었다. 교실환경 구성은 아이들의 눈높이에 맞고 차분하면서도 간결하게 구성하기로 했다. 가구의 높이는 80cm로 사물함, 찻장, 옷장, 교사용 수납장을 새로 넣어 통일감과 활용도를 높였다. 없는 예산에 이렇게 실내설비를 다양하게 넣을 수 있었던 것은 교실교육을 중심에 둔 학교장의 철학 덕분이었다. 교장실과 교무실 집기마련에 쓰라는 예산을 모두 교실로 돌렸기 때문이다. 기존의 가구들은 특별실로 보내어 살려 쓰기로 했다.

마을과 어울리는 작고 예쁜 2층 건물. 깨끗하고 화려한 배색이 빛나는 전통 빛깔을 가진 학교에서 호기심 넘치는 아이들은 하고 싶은 게 많았다. 신기한 듯 벽을 만지며 전과 달리 커진 학교를 이 방 저 방 기웃거리며 뛰어다니고, 화장실에 설치된 비데를 장난감 분수인양 틀어 보다 오줌싸개가 되어 오는가 하면, 학교 뜰로 이어지는 교실 앞 현관을 들락거리며 화분에 물도 주고 걸레를 빨아 널며 저마다 주인 행세를 했다. 학교 한가운데 널찍하니 자리 잡은 다목적실은 아이들에게 재미난 도서관이 되어 주었다. 언니도 동생도 함께 머리를 맞대고 소곤거리며 책을 읽는 모습, 점심을 먹고 큰 화면 앞에 앉아 만화영화의 재미에 푹 빠진 아이들의 모습은 그대로 선생님들의 미소가 되었다. 극장식 시청각실에 모여 다모임을 하고, 영어학습발표도 그곳에서 했다. 마음닦음방에 가서 선생님과 함께 명상을 하기도 하고, 샤워장에 가서 땀범벅이 된 몸을 씻기도 했다. 체육시간이 되면 단풍나무 바닥의 체육실에서 마음껏 뛰놀다 시스템 에어컨을 틀고 땀을 식혔다. 100석이나 되는 식당도 우리 학교 최대의 행사인 단오맞이 한마당 때 500명이 넘는 잔치손님들을 받아내며 한 몫을 했다. 특히 2006 여름학교에서 새학교 새교실들은 제 소임을 다하며 기분 좋게 사용되었다. 아이들도, 참여해 주신 강사님들도 모두 흐뭇한 마음으로 쾌적하게 활동에 참여할 수 있었다. 각 실은 낮 시간 동안 훌륭한 배움의 자리가 되어 주었다. 야영하는 날에는 체육실과 마음닦음방이 저학년들의 잠자리로 사용되고 샤워장도 유용함을 더했다.

이제 우리 아이들은 자그마한 농촌 학교의 소외된 아이들이 아니다. 우리 아이들은 이제, 한발만 내딛으면 교실 밖 자연과 만나 교감하고 사랑을 나눌 수 있고 자신의 생명력을 키워 가며, 학교와 지역사회의 많은 어른들의 보살핌과 돌봄 속에서 내일의 꿈을 키우고 있다. 삼우학교는 우리 아이들이 다양한 체험활동 속에서 행복한 만남을 이어 가며 문화 생산자요 소비자로 살아갈 수 있도록, 어느 학부모가 말했듯 '지상에서 가장 아름다운 학교'로 만들어졌다. 우리 아이들을 향한 학부모와 교사들의 뜨거운 가슴에서 나오는 교육애는 이렇게 학교 건물에 담기게 되었다.

삼우초라는 공간이 교사와 아이들에게 주는 의미[28]

우리는 학교라는 공간이 어떻게 이루어져야 하는지 관심이 많다. 교사와 아이들이 늘 살아가는 공간이기 때문이다. 하지만 짧은 지면에 모든 내용을 담기는 어렵다. 그래서 학교에 왔을 때 가장 자주 만나는 학교의 실내·외 환경을 중심으로 이야기해 보려고 한다. 조금 더 구체적으로 말하면 교실 및 특별실을 비롯하여 운동장, 학교 화단, 농경체험장 등을 함께 살펴보려 한다.

---

28) 『2010 작은학교교육연대 겨울워크숍 자료집』, 삼우초 이옥형 선생님 글, 273~280쪽

삼우초는 어느 학교에나 있고 아이들이 일상적으로 접하는 이러한 환경에도 철학을 담았다. 이러한 공간이 교육이라는 지향을 위해 존재해야 한다는 철학 말이다. 더 솔직히 이야기하면 학교 공간이 아이들의 배움을 위해서 존재해야 한다는 것이다. 학교의 모든 인적·물적환경이 아이들의 배움을 목적으로 할 때 그 본질적인 의미를 찾을 수 있다고 생각한다.

현재 교육환경의 문제는 그 목적이 교육활동이나 아이의 배움보다는 상급기관의 평가나 학교경영자의 개인적인 만족에 중점을 두기 때문에 발생한다고 할 수 있다. 계절마다 바꾸도록 요구되는 교실환경이나 교사·학생의 요구와 관계없이 리모델링된 특별실, 아이들이 들어가지 못하는 잔디운동장 등이 그렇다. 그것이 적나라하게 드러난 것이 바로 2008년 '영어교실 구축사업'이었다. 나는 그 영어교실 구축과정에 깊숙이 참여하면서 학교 공간이 어떤 식으로 만들어지고 홍보되는지 적나라하게 알게 되었다.

영어교실은 아이들의 영어실력 향상을 위해 학교당 4,000~7,000만 원씩 교과부로부터 지원받아 전자칠판, 블루스크린 등 최첨단 시설로 리모델링한 교실이다. 이러한 교실을 구축하면서 본질적으로 중심에 두어야 할 내용은 바로 우리 아이들이 어떻게 하면 영어를 즐겁게 배울 수 있는지를 고려하는 일일 것이다. 하지만 구축과정을 살펴보면 논의과정에 학생, 학부모, 교사는 배제되고 학교 경영자의 판단을 중심으로 논의되었다. 아이들의 영어교재보다는 보기에 화려한 부스 설치에 치중하였고, 아이들의 교육과는 관련없는 수많은 첨단 기자재와 자료들이 각종 업자들의 로비로 채워졌다. 이러한 교실에서 교사들이 영어를 잘 가르치고 아이들이 영어를 잘 배울 수 있을지 참으로 궁금하였다. 3년이 지난 후, 지역방송에서는 그때 구입한 비싼 기자재와 자료들이 사장되고 있다고 보도했다. 그런 예산을 들이고 3년을 채 못 가다니 안타까웠다.

나는 2009년에 삼우초에 왔다. 삼우초에 오니 그동안 내가 익숙하게 접했던 학교와 느낌이 달랐다. 다른 곳에도 있는 똑같은 운동장, 교실, 도서실, 체육실, 화단이었는데 왠지 달랐다. 한참 만에 그 이유를 알게 되었다. 그 공간에는 늘 아이들이 있었다. 그 공간에 있는 아이들은 즐거운 몸짓을 하고 행복한 표정을 하고 있었다. 운동장에서 뛰어 놀 수 있는 시간이 충분했고, 교실에서는 엎드리거나 누워서 공부할 수 있고, 도서실 책장에 있는 책은 아이들의 눈높이를 맞추고 있었고, 아이들은 계절마다 핀 예쁜 꽃과 대화를 나누고 있었다. 이선 학교에도 그러한 공간이 똑같이 있었는데도 그곳에는 아이들이 없었다. 학교라는 공간과 아이들이 만나지 못하고 있었던 것이었다.

교사인 나에게는 자연스럽게 수업이 이루어지는 공간이었다. 역할놀이를 하고 싶으면 조그만 극장식 시청각실로 가고, 실과수업을 하고 싶으면 급식실로 가면 되었다. 조리기구와 싱크대가 우리가 사용할 수 있게 배치되어 있었다. 간단한 체육은 교실 2칸짜리 체육실에서 할 수 있었고, 필요한 자료는 자료실에 깔끔하게 정리되어 있었다. 아이들의 중간놀이시간에 교사도 차를 마시거나 쉴 수 있는 휴게실이 교실 가까이 있었다. 다른 학교에 똑같이 있는 것인데도 교사의 동선이나 작은 수납공간에 대한 배려가 교사의 수고를 덜어 주고 수업을 원활하게 할 수 있게 해 주었다. 어떻게 이렇게 자연스러운 공간과 배치가 가능했을까? 나는 이 건물을 계획할 때부터 교사, 학생, 학부모, 지역사회 모든 공동체가 함께 머리를 맞대고 만들어 갔다는 사실에서 그 이유를 알게 되었다. 모두의 의견을 담으니 모두가 만족하는 공간으로 만들어진 것이다. 나는 지금부터, 그분들에게서 들은 내용을 삼우초 학교환경을 예로 들며 정리해 보려고 한다. 앞으로 새로이 학교라는 공간을 생각하시는 분들에게 작은 도움이 되고자 말이다.

먼저 고려할 점은 교육과정의 분석이라고 할 수 있을 것이다. 공통기본교과인 10개 교과 중에서 일반교실에 반영해야 할 교과(국어, 도덕, 사회, 수학), 특별교실에 반영해야 할 교과(과학, 실과, 체육, 음악, 미술, 영어)를 나누어야 할 것이다. 그리고 그밖에 교육지원실(도서실, 시청각실, 자료실, 컴퓨터실, 보건실, 식생활관)과 교사지원교실(회의실, 연구실), 실외환경(화단, 운동장, 놀이기구, 농경 체험장)도 고려해야 할 것이다. 다음으로 각 교과의 내용이나 필요한 자료를 학년별, 영역별로 분석·정리해야 하고, 그 분석내용을 바탕으로 각 교실과 특별실의 구조를 효율적으로 구상해야 할 것이다. 마지막으로 구성원의 의견수렴을 거쳐야 한다. 교사뿐 아니라 학부모, 학생의 설문이나 의견청취를 바탕으로 학교의 모든 것을 교육공동체가 함께 만들어 가며 우리 학교라는 인식을 심어 주는 것이 중요하다. 또한, 가

곡선형 학교 건물

둥근 복도

능하면 아이나 교사의 입장이 되어 실제 그곳에서 어떻게 수업시간을 보내는지, 어떤 활동을 할 수 있는지 생각해 보는 가상의 체험과정이 있으면 좋을 것이다.

아이들의 모습을 보면 쉴 새 없이 움직인다. 아이들은 직선형이 아닌 곡선형의 삶을 살기 때문이다. 직선형 학교는 복도에서 전체 교실을 감시하는 과거 통제중심의 산물이라는 말이 있다. 삼우초는 아이들의 둥그런 삶과 원만한 인격형성을 고려하여 곡선을 중심으로 건축되었다.

삼우초 건물의 가장 큰 특징은 교실이 1층에 배치되어 있고, 각 교실에서 운동장으로 연결된 테라스가 있다는 점이다. 일반적인 학교건물은 교실이 2층에 배치되어 있고, 계단을 통해 내려와야 운동장으로 갈 수 있다. 그로인해 아이들은 놀이공간인 운동장이나 실외환경과 접근성이 떨어지고 짧은 쉬는 시간 동안 교실 안에서 보내는 일이 많게 된다. 삼우초는 이러한 관행에서 벗어나고자 하였다. 그 결과 삼우초 아이들은 학교에 오면 교실에 가방을 놓고 아침시간을 텃밭활동, 아침산책 등의 활동으로 자연스럽게 이어갈 수

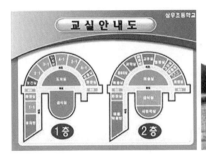

1층에 배치된 교실과 운동장으로 연결된 테라스

건물 중앙에 배치된 도서관

있게 되었고, 1~2교시 블록수업 이후 중간놀이시간에 운동장에서 다양한 놀이를 즐기며 다음 배움을 준비할 수 있게 되었다.

삼우초 건물 중앙에는 도서관이 자리하고 있다. 하지만 교사들은 이곳에서 조용히 앉아서 책읽기만 강요하지 않는다. 만약 그렇다면 아이들은 도서관에서 도망갈 것이다. 삼우초 아이들은 이곳에서 친구들과 이야기도 나누고, 다양한 자세로 관심 있는 책을 살펴보고, 놀기도 한다. 수업이 끝나고 집에 가기 전까지 이곳에 머무르면서 자연스럽게 책과 조금씩 가까워지는 것이다. 넓은 이 공간의 관리는 자율적으로 운영하는 도서관 도우미 학부모님들이 하고 있는데, 도서 대출뿐만 아니라 책과 쿠션 정리에 더불어 주 1회 아침 책읽어

마음공부를 하는 마음닦음방

주기 활동까지 하고 있다. 이런 다양한 관심과 노력이 삼우 아이들
에게 전해져 앎의 성장으로 이어질 것이라 믿는다.

삼우초의 가장 두드러진 교육활동은 바로 '마음닦음' 프로그램이
다. 입단행공(국선도 기체조), 다도와 명상 등의 프로그램으로 아이
들의 마음을 바르게 기르는 데 가장 큰 역점을 두고 있다. 마음닦음
방은 이러한 활동을 할 수 있는 삼우초반의 대표적인 공간이다. 또
한 황토로 벽이 칠해져 있고, 심야전기 난방, 샤워시설이 설치되어
있어 교원들의 대규모 연수뿐 아니라 아이들의 도농교류 · 해외교
류 활동도 할 수 있도록 건축초기부터 고려하였다.

그 밖의 여러 특별실들이 교육활동을 위해 세심하게 배치되어 있다.

• 시청각실 : 다모임, 다양한 학교행사, 교원 연수장소, 공연장 등
으로 활동되고 있음.

• 체육실 : 한 반 정도가 실내체육활동을 할 수 있는 공간으로 작
게 조성되었음. 규모가 작아서 냉난방이 용이하고 더 다양한 활
동을 할 수 있음.

• 자료실 : 교육자료를 종류별로 수납해 놓아서 사용하기 쉽고, 보

그 밖의 다양한 특별실

관도 용이함.

• 회의실 : 수업워크숍, 월례회의, 운영위원회 등의 다양한 협의

활동이 가능함.

학교 담당자 중심으로 조성한 것이 아니라 교육과정분석, 학부모
설문, 학생 의견수렴을 바탕으로 아이들의 배움터와 놀이터로 필요
하다고 생각되는 생태연못, 통나무 놀이터, 인라인스케이트장 세 곳
을 조성하였다. 만드는 과정부터 아이들의 고사리 손, 학부모의 자
발적인 도움으로 함께해서 모두가 주인이라 생각하고 모두가 함께
관리하고 있다.

생태연못과 통나무 놀이터

남한산초의 아이들 중심 공간열기[29]

학교 교육환경은 학생들에게 미치는 영향이 많다. 학교 환경을 잠재적 교육과정으로 이해해야 한다. 우리나라 학교에서 교육환경은 과거에 비해 구조적으로 변한 것이 많지 않다. 직사각형 중심의 교육 공간이 주는 경직성과 관리 중심의 학교 앞 화단은 우리나라 학교의 대표적인 관행과도 같다. 남한산초는 아이들 중심의 공간을 열기 위해 2010년에 리노베이션 공사를 하면서 학교의 공간에 많은 변화를 주었다. 참여형 설계로 배움의 공간을 디자인하였는데, 생태 전문가와 함께하면서 교사, 학부모, 학생들의 요구를 반영하였다. 학습 놀이 생활에 자연스럽게 활용되는 학교 시설, 학생들의 심리적 정서적 안정을 돕는 친환경 공간, 다양한 학습 집단을 자연스럽게 할 수 있는 배움의 공간을 구성하고자 하였다.

전체적으로 순환의 개념을 도입하여 자연과 사람이 함께 숨 쉴

---

29) 『2010 작은학교교육연대 겨울워크숍 자료집』, 남한산초 황영동 선생님 글, 255~261쪽

수 있는 개념을 설계에 반영하였다. 학교 교육과정 측면에서는 학교교육과정인 배움과 나눔이 일어날 수 있는 공간, 다양한 학습 형태의 적용이 가능한 교실과 학교 공간, 80분 블록 수업과 체험중심 학습에 도움을 줄 수 있는 공간이 되도록 하였다. 또한 학습 결과물이 상시적으로 전시될 수 있도록 하였다. 학습과 놀이 공간이 연결되기 위해 정원에 데크를 설치하여 바로 운동장으로 통할 수 있게 하였는데, 아이들의 정서적인 안정감을 위해 원목으로 시공하였고, 색도 학생들의 정서를 고려해서 결정했다. 교실의 독립성을 위해 복도 쪽의 출입구를 하나로 만들고 창문의 면적을 줄였다. 새로운 개념의 사랑방을 설치하여 교실 내에서 다양한 활동 (책읽기/ 놀이/ 모둠 활동/쉼터)이 가능하게 하였다.

공간이 변해서 느끼는 결과를 요약하자면 아이들의 정서적 안정감에 도움을 주어 언어가 순화되고 갈등이 현저히 감소하였으며 다양한 교수 학습방법이 적용될 수 있었다. 또, 벽면에 걸어 놓은 학습결과물을 서로 공유하고 읽으면서 자연스러운 학습의 장이 될 수 있었다. 이제, 우리 교육공간에 무엇이 문제인지 한번 구조적으로 생각해 볼 때가 아닐까? 교육 환경이 바로 교육이기 때문이다.

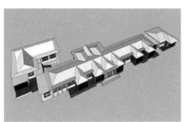
운동장으로 연결한 데크

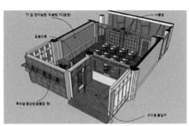
다목적 기능을 하는 교실

벽면 게시판 공사 전
-공간이 부족하여 잘된 작품 중심으로 게시

벽면 게시판 공사 후
-벽면 전체에 Bulletin Board 설치
- 학생 전체의 작품을 전시, 아이들의 자유로
운 표현을 게시하는 공간으로 탈바꿈

- 학습 결과물의 상시적인 전시 공간

- 아이들의 눈높이에 맞는 전시 공간

- 교실 내 전시 공간의 확보로 다양한 형태의 학습 결과물 전시

- 학년마다 색체를 달리하여 학급별 특성화

프리룸 공사 후
-다양한 공간 활용(독서 코너, 옷장, 작품 전시, 가방 정리 등)
-학급의 필요에 의하여 자유롭게 활용되는 공간

- 교실 일부 확장으로 사랑방을 만듦

- 벽면 책꽂이, 수납장, 옷걸이 설치로 학습공간이 단순화

- 직사각형 모양에서 학생들의 심리적 안정감 도모. 다양한 놀이

  공간 및 교실 내 쉼터를 만듦

야외 마루 공사 후
-다양한 야외 학습 및 작은 놀이 공간
(야외 작은 놀이, 체험학습, 만들기, 그리기 활동 등)
-운동장으로 바로 연결시켜 주는 통로 역할

- 교실에서 바로 운동장으로 가는 출입구 설치

- 정원에 나무 데크를 설치하여 학습 및 놀이 공간으로 활용

- 권위적인 학교의 모습 탈피(정원의 활용성 증가)

　　여름방학 시작과 함께 시작된 학교 리노베이션(기존의 건축물을 헐지 않고 개보수해 사용하는 것을 말함) 공사가 이제 거의 마무리 단계에 와 있다. 방학 동안이면 금방 끝날 줄 알았던 공사가 개학날이 다가와도 끝날 기미가 보이지 않아 개학일을 연장하였고, 그래도 끝나지 않아 다른 공간을 빌려 사용하기도 하고 체험학습으로 돌려가기도 하며 또 한 달을 보냈다. 어느 새 찬바람이 부는 요즈음, 막바지 공사가 한창이다. 한번에 짠! 하고 확 바뀌면 "이야, 학교가 이렇게 많이 변했네" 하며 감탄하기도 할 텐데, 워낙 조금씩 조금씩 바뀌어 가서 그런지 학교가 많이 변한 것은 같은데 좀처럼 새롭다는 느낌은 들지 않는다. 하지만 아이들의 움직임을 통해 학교가 많이 변했다는 사실을 조금씩 깨닫고 있다. 등교시간. 여전히 나는 학교 옆 주차장에 주차를 하고 뒷마당으로 등교를 한다. 예전 같으면 뒷마당에서 등교하는 여

러 아이들과 마주치며 인사를 나눌 텐데 요즘은 거의 만나지를 못한다. 아이들이 건물 앞으로 새롭게 난 출입문을 통해 등교를 하기 때문이다. 덕분에 등교하는 뒷마당이 조용해서 좋지만 왠지 모르게 허전하고 쓸쓸하다. 그래도 아이들은 조금이라도 가까운 거리로 등교하니 좋겠지.

다음은 중간놀이시간. 뛰어놀기 딱 좋은 계절이라 운동장과 놀이터는 아이들의 웃음소리와 떠드는 소리로 시끌벅적하다. 하루 중 학교가 가장 기운 뻗치는 시간이다. 그러나 모든 아이들이 다 뛰어놀기만 하는 것은 아니다. 북카페에 모여 이야기를 나누거나 부서회의를 하는 아이들, 옹달샘에서 책을 읽는 아이들, 양지 바른 곳에 자리를 펴고 앉아 무료 스포츠 경기를 관람하는 아이들 등등. 여기까지는 공사 이전의 풍경이다. 요즘은 이 풍경에 '프리룸'이라고 불리는 교실 한쪽 풍경이 추가되었다. 프리룸은 아이들이 더욱 편안한 자세로 여유와 놀이를 즐길 수 있는 공간이다. 드러누워 책 보는 아이, 오목을 두는 아이, 보드게임하는 아이, 수다 떠는 아이, 자는 아이가 있는 곳. 교실에서 책상과 의자에 치이지 않고 자유를 맘껏 누릴 수 있는 공간. 그야말로 프리룸이다. 학습 시간에도 이 공간은 제 몫을 톡톡히 한다. 국어시간에는 모둠별 토의를 하거나 작품 활동을 하는 공간이 되기도 하고, 수학시간에는 보충학습을 지도하는 공간이 되기도 하며, 음악시간에는 악기 연습을 하는 공간이 되기도 한다. 또한 아이들의 가방과 겉옷, 학급비품, 청소도구, 학급문고, 학습화일 등이 모두 들어가게 되어 학습공간이 훨씬 여유로워졌다. 2학기 들어 아이들에게서 사라진 말이 있다. "선생님 제 자리가 너무 좁아요", "선생님 지나다닐 수가 없어요", "선생님 ○○이 가방에 걸려 넘어졌어요"이다. 프리룸이 생기면서 교실 옆면과 뒷면을 차지하던 개인 사물함이 없어지고 가방과 겉옷을 책상 옆에 두지 않게 되어 가능해진 일이다. 프리룸은 또 하나의 재미가 있다. 프리룸의 문을 열고 나가면 넓게 펼쳐진 마루가 이어진다. 이 마루는 또 하나의 학습 공간이자 휴식 공간이 되고 있다. 상쾌한 바람을 맞으며 리코더도 불고, 따듯한 볕을 쬐며 책도 읽고, 옹기종기 모여 앉아 이야기도 나눈다. 또한 이 공간을 통해 들마을의 경우는 산마을과 만날 수 있고 운동장으로 난 계단을 통해 바로 운동장으로 나갈 수가 있다. 이전처럼 복도를 지나 학교 뒤편으로 나가 건물을 돌아가는 수고로움을 덜게 되었으며, 먼저 나가려고 복도를 뛰어가다 다른 아이와 부딪히거나 뒤엉키는 복잡함도 사라지게 되었다. 복도가 조용해졌다. 뛰지 말라고, 소리 지르지 말라고 말할 필요가 없어졌다. 아이들은 단 1분이라도 더 놀 수 있게 되었다.

교실 바닥은 강화마루가 깔렸다. 아이들에게 이 마루가 좋으냐고 물어 보았다. 대부분이 좋다고 한다. 무엇이 좋으냐고 물었다. 그러자 "슬라이딩을 할 수 있어 좋다", "먼지가 나지 않아 좋다", "빗자루질이 잘 돼서 좋다"라고 했다. 안 좋은 점은 없냐고 물었다. "물건이 떨어지면 딱 딱 소리가 난다", "좀 차가운 느낌이 든다"라고 대답했다. 아이들의 느낌은 정확했다. 좀 더 사용해 보아야 알겠지만 아직까지 강화마루는 좋은 느낌으로 다가온다. 아직도 학교는 공사 중이다. 얼마 전까지만 해도 교장실과 교실에 문짝이 달리지 않았다. 찾아오는 손님들은 "역시 이 학교는 열린 교육을 하는군", "교장실까지 활짝 열려 있군. 이런 교장실은 처음 봐" 하며 칭찬을 쏟아 놓더란다. 교장샘은 교장실을 그냥 이대로 둘 것인가를 놓고 진지하게 고민을 하셨다고 한다. 무슨 일이든 제대로 되려면 시간이 필요한 법인가 보다. 학교는 아직 공사 중이지만 그래도 언젠간 끝날 것이고 이 기간 또한 우리들에게는 추억으로 남을 것이다. 새로운 공간을 맞이하며 구석구석에서 의미를 찾아보려 하였다. 아쉽게 느껴지는 부분도 많고 움직임이 부자유스러운 공간도 더러 있다. 그러한 부분들은 또 개선이 되어 나갈 것이다. 남한산은 늘 현재진행형이기 때문이다."[30]

장승초의 틀은 우리가 만드는 거죠[31]

2012년 10월, 장승학교 교실 건물이 완성되었다. 본래 2011년에 완공되었어야 할 건물이 한 해를 넘겼다. 관례에 비추어보면 학교 공동체가 학교를 만드는 과정에 참여한다는 것이 아주 어려운 일이다. 따라서 이것을 기록으로 남기고 함께 나누는 것이 의미가 있을

---

30) 남한산초등학교 박용주 선생님의 글 "새로운 공간을 만나며" (2010년)
31) 윤일호, 『학교가 돌아왔다』, 내일을여는책, 80~81쪽

것 같다.

2011년 3월, 장승학교가 6학급으로 늘어나면서 부족한 교실 세 칸을 지을 수 있도록 도교육청에서 8억여 원의 예산을 주었다. 당장 부족한 교실은 임시로 다른 공간을 바꾸어서 쓰고, 되도록 빨리 새 교실을 지으라는 돈이었다. 학교 건축이 지금까지 어떻게 이루어져 왔는가는 잘 알 것이다. 아이들을 중심에 두고 학교 건축을 생각하는 것이 아니라 설계 도면대로 지으면 그만이었다. 그도 그럴 것이, 지금까지 학교 건축에 학부모들의 생각이 반영되어야 한다는 생각을 해본 적도, 그런 경험을 해본 적도 없었기 때문이었다. 운영위원회에서 이왕 새로 짓는 김에 학부모와 아이들의 의견을 반영할 수 있으면 좋겠다는 의견이 나와서 학부모와 교사, 생태건축에 밝은 지역 전문가 몇 사람으로 학교운영위원회 내에 건축소위원회를 꾸렸다. 2011년 여름, 설계가 한창 이루어지고 있을 무렵이었다. 사실, 설계사는 교육지원청의 낙찰을 받아 나름대로 설계를 해서 납품하면 그만일 뿐이다. 지금까지 학교에서 이래라 저래라 하지 못했던 것이 관행이기도 했다. 우선 학교 건축에 대해 알아야 이래라저래라 이야기를 할 수 있겠다 싶어 건축소위원들은 생태건축으로 유명한 학교 몇 곳을 둘러보며 공부를 했다. 또 여름방학 동안 여러 차례 모임을 가지고 어떤 건축을 설계에 반영할 것인지 이야기를 나누었다. 한편 우리의 뜻을 건축에 반영하기 위해 교육지원청에 설계를 석 달 정도 미뤄달라고 요구했고, 교육지원청에서도 우리의 뜻을 받아들였다.

교실을 잘 짓기 위해 가장 중요한 것은 무엇보다 학교 구성원들의 의견을 청취해서 반영하는 것이다. 우리는 2011년 2학기 개학을 하자마자 어떤 교실이 지어지기를 바라는지 아이들과 학부모, 교사들을 대상으로 두 차례 설문조사를 했다. 여러 가지 의견이 있었지만 의견을 요약해 보니 '교실마다 다락이 있었으면 좋겠다.' '교실에서 바로 운동장으로 나갈 수 있으면 좋겠다.' '교실 바닥이 안방처럼 따뜻했으면 좋겠다.' '친환경적으로 지었으면 좋겠다.' '남향으로 지었으면 좋겠다.' 등이었다. 정말 꿈같은 의견들이었다. 그렇게만 된다면 얼마나 멋진 건물이 지어질지 상상이 되었다. '쇠뿔도 단김에 빼랬다'고, 곧바로 설계사를 만나 이런 의견이 반영될 수 있도록 요구를 했다. 당황한 설계사는 우리 뜻대로 해 주기는 어렵다며 고충을 토로했다. 하지만 여러 번 부딪치고 이야기를 나눈 결과 지역교육지원청에서 장승공동체의 뜻을 받아들여 설계에 반영하기로 약속을 했다. 그렇게 몇 달이 지나고 드디어 2012년 2월에 설계가 나왔다. 장승공동체의 뜻이 100퍼센트 반영된 것은 아니었지만, 지금까지의 학교 건축과는 다른 멋진 건물이 설계도면으로 탄생했다. 설계도가 나왔으니 이제는 시공이 중요하다. 그때부터 건설과 토목에 밝은 학부모 한 분이 명예 감독관 역할을 맡아 건설회사와 의견을 나눌 수 있는 통로가 되어 주었다. 만일 명예 감독관이 수시로 찾아와 건축 진행 상황을 열정적으로 살피지 않았더라면 지금과 같은 건물은 나올 수 없었을지도 모른다. 그만큼 최초의 뜻과 시공이 똑같이 이뤄지기가 어렵기 때문이다. 사실 건물을 짓는 과정에서 마음에 들지 않는 것이 한두 가지가 아니었다. 재료를 쓸 때도 아이들에게 좋은지 또는 구성원들이 요구한 것에 부합하는지를 일일이 따져서 반영을 해야 하는 데 그러지 못했다. 하지만 모든 것을 다 이룰 수는 없는 법. 포기할 것은 포기하고 얻어 낼 것은 꼼꼼히 살펴서 얻어 내었다.

가장 어려운 부분은 학교 터가 워낙 작은 데다 건물을 남향으로 짓다 보니 운동장에 건물이 들어서게 되어 아이들이 운동장을 쓸 수 없게 된 것이다. 그 대안으로 학교 건물 뒤편에 모래를 깔고 간이 축구를 할 수 있도록 마련해 주기는 했지만 아이들이 놀 수 있는 시간과 공간이 부족해서 일주일에 한 번씩 옆 학교 차를 빌려 진안 공설운동장으로 체육을 하러 가야 했다. 뿐만 아니라 50년 된 급식소 건물을 부술 수밖에 없었기 때문에 밥 먹을 곳이 마땅치 않아 교실 두 칸 크기의 수련실에서 밥을 먹어야 했다. 더군다나 학교 창고를 없애는 바람에 목공실로 쓰고 있던 비닐하우스에 짐을 모두 넣어야 했고, 목공실이 사라지자 목공부 아이들은 이곳저곳을 다니며 목공 수업을 할 수밖에 없었다. 비가 오는 날이면 특히 목공 수업을 할 곳이 없어 더욱 힘들기도 했다.

건물을 짓는 중에도 맞지 않는다 싶은 것은 진안교육지원청에 설계 변경을 요청해서 그대로 시행하기도 했다. 가장 좋았던 것은 본관 출입문이 있는 공간이 텍스로 마감되어 시야가 막힌 느낌이 들던 것을 나무 루바로 천장을 높여 시야가 넓게 트이고 한껏 살아 있는 분위기를 연출한 것이다. 기초 골조는 대부분 시멘트로 이루어져서 특별히 살필 것이 많지 않았지만 내장재는 꼼꼼히 살피고 관심을 기울였다. 2012년 8월경에 골조가 다 올라가고, 9월쯤부터 교실 안쪽 마감이 이루어졌다. 재료부터 색깔까지 하나하나 살피고, 제대로 이루어지지 않은 부분은 다시 수정을 요구했다. 그 과정에서 아토피가 있는 아이들을 위해 비소성(굽지 않은) 벽돌을 교실에 사용하도록 요구했고, 의견이 반영되었다. 하지만 아쉬운 것은 작업자들이 한 번도 그렇게 좋은 벽돌을 써본 적이 없었기 때문에 벽돌과 벽돌 사이에 시멘트가 들어가지 않은 좋은 재료를 쓰지 않고 시멘트를 바르는 실수를 하고 말았던 것이다. 아쉬운 대로 줄눈을 황토로 해서 아쉬움을 달래야 했다. 그렇게 벽돌을 쌓고 보니 다른 건물보다 시멘트 냄새가 덜 난다고도 하고, 교실 분위기가 편안함을 준다고도 했다. 아토피가 있는 아이들뿐 아니라 모든 아이들을 위해 편안한 교실, 집 같은 교실을 선물하고 싶은 마음이 조금은 보상을 받은 셈이있다.

다락 지붕은 우리가 요구한 대로 미송(나무)으로 작업을 했다. 덕분에 교실에 들어서면 나무향이 은은하게 나서 더욱 좋다. 교실 바닥과 다락 바닥은 따뜻하게 난방이 되도록 했다. 다락에 놓을 좌탁과 교실마다 놓을 신발장 그리고 선생님들 책상은 학부모 가운데 목공에 뛰어난 재주가 있는 분이 손수 만들어 주었다. 건물이 완성되어 갈 때쯤 찾아온 사람들은 한결같이 '펜션 같다' '진짜 집 같다'는 반응들을 보여 주었다. 그렇다. 정말 우리는 집처럼 편안한 교실, 아이들이 편안하게 쉴 수 있고 편안하게 공부할 수 있는 교실을 만들고 싶었다. 요즘은 따뜻한 다락에서 아이들과 라면도 끓여 먹고, 보이차도 마신다. 교실에서 공부하기 싫을 때면 모두 다락에 올라가 책을 읽기도 하고, 놀기도 한다. 아침에 일찍 온 아이들은 다락에 올라가 보드 게임도 하고, 자기들끼리 어울려 놀기도 한다. 특히 좋은 것은 다락에서 아이들과 함께 1박 2일을 함께할 수 있다는 것이다. 건물이 지어진 뒤 학년마다 학부모와 아이들이 모두 참여하여 1박 2일 프로그램을 하곤 했는데, 다락에서 잠을 자면서 따뜻한 교실에서 마음으로 대화하기 프로그램 등을 하고 나니까 더욱 친해진 느낌이 들었다. 한편으로는 교실에서, 다락에서 편히 잘 수 있는 꿈을 이루어 좋기도 하다.

드디어 2012년 10월 19일 교실이 완공되고, 교실 네 칸에 1, 2, 4, 6학년 아이들이 이사를 했다. 서각부 아이들은 학급 표찰을 한 학기 동안 열심히 서각으로 파서 달았다. 보시는 분마다 정말 멋진 서각이라고 칭찬을 아끼지 않았다. 학부모 도자기 동아리에서는 학급 표찰 옆에 도자기로 멋진 풍경을 만들어 달아 주었는데, 서각과 잘 어울렸다. 아이들과 학부모, 학생 모두가 참여해서 만든 교실이어서 좋고, 교실 어느 곳에서나 장승 공동체의 흔적이 남아 있어 더욱 정이 간다. 준공식 때는 학부모, 학생은 물론 지역 선생님들과 어르신들, 교육감과 교육지원청 식구들 모두를 모셔놓고 장승의 잔칫날을 만들었다. 두 해 동안 참 많은 학교에서 새로 지은 우리 건물을 보기 위해 다녀갔다. 어떤 학교는 새로 건물을 짓는다며 장승학교 설계도를 그대로 가져가기도 했고, 설계사를 직접 데리고 와서 장승학교처럼 지어 달라고 요구한 학교도 있다. 어찌 보면 지금까지 획일적으로 이루어져 왔던 학교 건축에 경종을 울리고, 한 단계 더 나아가는 데 도움을 준 것 같아 장승 식구들 모두 뿌듯해 한다.

요즘은 장승학교 다목적체육관을 짓고 있다. 체육관도 교실을 지을 때처럼 같은 과정으로 학부모와 아이들의 뜻을 모아서 설계에 반영하였고 지금 공사를 진행하고 있다. 이번에 짓는 체육관은 일부 벽체를 독일식 통나무로 하는 것이 특징이다. 모든 벽체에 반영하려고 하였으나 여전히 학교 건축의 벽은 높았다. 하지만 체육관 시설에 최대한 의견을 반영하여 짓고 있는 중이다. 학교는 지역사회와 마을과 동떨어져서는 안 된다고 생각한다. 이 때문에 우리는 진안군과 협력하여 귀농·귀촌하는 학부모들이 주거할 수 있는 공동주택을 지을 계획도 가지고 있다. 이런 계획들이 하나씩 실행된다면, 지역 어르신들이 학교를 내 집처럼 이용할 수 있고, 학교 도서관을 마을 도서관으로 활용하면서 지역과 학교가 함께 서로를 살리는 그림이 그려지지 않을까? 어떤 사람은 사례가 없어서 못한다고 한다. 물론 처음에 길을 여는 것은 어렵고도 힘든 고난의 과정일 수 있다. 하지만 누군가 한 번 길을 열어 놓으면 뒤에 따라가는 사람은 좀 더 쉽게 그 길을 걸을 수 있다. 하지만 진정한 길은 공동체 전체가 주체로 우뚝 서서 함께 노력하며 만들어 내는 것이다.

7

문화예술로
학생과 소통하기

금성초등학교 최윤철

지구를 떠나 금성으로 온 이유

2014년 금성초에는 의미있는 책이 한 권 완성되었다. 그 동안 많은 교사들이 현장에서의 경험을 바탕으로 바람직한 학교의 변화에 대한 수많은 사례들을 책으로 발간하였고, 그것들이 길라잡이가 되어 또 다른 학교혁신의 밑거름이 되고 있다. 그런데 금성초에서 발간한 책은 조금 다르다. 학교의 변화를 교사의 입장에서 기록한 것이 아니라 학부모회가 주도하여 학부모와 교사, 지역사회가 어떻게 학교를 일구어 왔는지 백서형식으로 만들었다는 것이다. 책의 제목은『지구를 떠나 금성으로 온 이유』. 한 학부모가 자신의 유년시절과 비교해서 금성에서 자라고 있는 아이들을 지켜보면서 생각한 제목이란다.

학교가 가지는 경쟁과 서열을 꼼꼼히 기록하고 그것이 한 사람의 삶의 궤적을 판단하는 프로필로 대변되는 이 사회에서 벗어나 깊은 산 속에 있는 금성초로 이사한다는 것은 지구에서 금성으로 가는 것만큼이나 어려운 선택일 수밖에 없다. 그것은 끊임없이 아이들의 나침반을 새롭게 조정해야 할 아파트통신에서 멀어지는 것이며 어쩌면 대부분의 사람들이 생각하는 수입 좋고 편안한 직업과 멀어지는 길일 수도 있다. 그럼에도 많은 학부모들이 금성을 선택하였다.

그렇게 들어온 금성에서 아이들의 모습은 어떠하며, 아이들이 금성에서 얻을 수 있는 것은 무엇일까? 학교에서 매화차를 마시며, 쑥을 캐고, 진달래도 따고 후식으로 산딸기를 따 먹고, 가을엔 은행을 주우면서 온몸으로 자연을 느끼며 신이 나는 아이들이 있는 그곳.

자신의 생각과 감정을 마음껏 표현하고 다른 이들의 표현에 귀기울일 줄 아는 태도를 일상의 삶 속에서 느낄 수 있도록 하는 활동들, 그래서 내 주변의 사람들뿐만 아니라 길가의 뭇 생명들까지도 나의 이웃으로 받아들일 수 있는 따뜻한 마음을 이야기하는 그곳.

이러한 학교는 대부분의 교사들이 한 번쯤 생각해 본 학교의 모습이겠지만 현실은 그렇지 않다는 것을 잘 알고 있다. 직접적인 교육활동보다는 수많은 계획서와 보고서, 실적 보관, 형식적인 절차에 시달리다 보면 어느덧 처음에 꾸었던 좋은 교사가 되겠다는 꿈은 사라지고 승진점수가 있는 활동, 교사가 편안한 프로그램에 눈이 가게 된다. 결국 금성으로 온다는 것은 흔히 말하는 편안함과는 거리가 멀다. 승진준비보다는 바쁘고 고단한 삶을 받아들이면서 거기서 얻는 행복을 찾겠다는 것이다.

그런데 현실은 이것만으로 끝나지 않는다. 학교 관리자는 학교교육과정에 대한 이해가 전혀 없이 학교로 들어오고, 처음 전보발령을 받은 교사들은 다른 학교와 사뭇 다른 학교의 모습에 혼란스러워한다. 아직 지구를 벗어나지 못한 교사들의 모습이다. 이러한 일들이 매년 학교 구성원들이 바뀔 때마다 반복되므로 아직 수많은 갈등들로 혼란스럽기도 하다. 그럼에도 불구하고 교사로서의 보람을 느끼고 상처 많은 아이들을 치유하는 곳, 그 속에서 행복을 찾는 교사들이 있는 금성으로 온 것은 내가 살아오면서 한 수많은 선택 중에 가장 잘 한 일이라 생각한다.

문화예술교육으로 학교를 바꾸다

지금도 우리 학교에는 일주일에 3, 4건씩 끊임없이 전학에 대한 문의가 온다. 꼬불꼬불한 산성 길을 버스로 15분가량 올라와야 나오는 마을, 사교육 시설이나 다른 문화 시설 조차 없는 작은 마을, 여름이면 비도 새고 곰팡이도 생기는 오래된 낡은 집을 개조해 살아야 하는 마을임에도 그 모든 고생을 감수하고라도 이사를 와서 아이를 우리 학교에 보내고 싶어 한다. 도심 속의 다른 학교들보다 낙후되고 오래된 시설에 공간도 부족하여 연습실도 없이 컨테이너를 개조해 밴드부 연습실로 사용하고, 악기를 보관할 장소도 없어 복도를 막아 악기 보관 교실을 임시로 만들어 사용하는 학교임에도 전학을 오고 싶다는 학생과 학부모들이 계속 찾아온다. 우리는 그것이 '문화예술 중심으로 운영되는 학교교육과정' 때문이라고 본다.

초등학교에서의 문화예술교육은 어떤 의미를 지닐까? 교육청에서 주최한 '문화예술교육 확산을 위한 학교관리자연수'에서 한 담당 장학사는 '입시교육에 찌든 아이들에게 숨통을 터 줄 수 있도록 학교에서 문화예술교육을 확대하자', '무한한 가능성을 지닌 우리 아이들을 제2, 제3의 조수미, 강수진으로 발굴하자'고 역설하였다. 하지만 학교에서의 문화예술교육은 결코 전문예술가 양성에 있지 않다. 물론 세계적인 예술가의 양성도 기본적인 학교교육이 첫 단추가 될 수 있겠지만 초등학교에서의 문화예술교육은 예술분야 전문가를 길러 내기 위한 기초단계가 아니라 소통과 향유 그 자체이다. 문화예술교육은 아이들의 감성과 요구를 자유롭게 소통시키는 통로이며, 어린이들의 신체적·정신적 성장에 기초가 된다. 따라서 초등학교에서 문화예술교육을 도입하는 이유는 이러한 교육을 통해 상상력과 감수성, 타인과 관계를 맺고 소통함으로써 긍정적인 자아정체성을 확립하기 위한 것이다.

아이들은 주어진 과제를 해결하면서 다른 친구들과의 관계 맺기를 경험하게 되고 다양한 문제 해결 방법을 체험하며, 자신의 생각과 사고를 새롭게 재구성하게 된다. 이러한 활동들을 통해 습득한 역량들이 모여서 삶의 당면 과제들을 스스로 해결해 나가는 힘이 된다. 문화예술교육을 통하여 아이들은 타인에 대한 배려와 긍정적 사고, 협력, 책임, 그리고 감사할 줄 아는 마음을 키울 수 있다. 따라서 학교 문화예술교육은 기법을 익히는 수련이나 수동적인 문화의 소비자로서가 아닌 문화의 창조자가 될 수 있는 교육과정이어야 하고, 학생과 교사가 끊임없이 변화하는 환경에 주체자가 될 수 있도록 유기적인 교육과정이어야 하며, 끊임없는 소통과 나눔의 교육과정이어야 한다.

2009 개정교육과정에서는 '미래 사회가 요구하는 창의적 인재 육성'을 위해 학생들의 학습 부담을 줄이고, 학습에 흥미를 유발시키며, 단편적 지식 이해교육이 아닌 학습하는 능력을 기르며, 지나친 암기 중심 교육에서 배려와 나눔을 실천하는 창의적 인재를 양성하는 교육으로 변화를 추구하라고 하였다. 또한 획일적으로 교육하는 방식에서 탈피하여, 모든 학교가 특성화된 교육과정을 운영하라고 주문하면서 '하고 싶은 공부, 즐거운 학교'를 만들어 가는 교육과정 개정을 추진하겠다고 하였다. 이는 그동안 늘 우리 사회에서 교육의 문제점으로 제기되고 있는 지나친 경쟁과 서열 중심에서 탈피, 나눔과 배려를 강조하여 학생들의 자기주도적 학습력을 강화하고 행복의 질을 향상시키겠다는 의지인 것이다.

학교에서는 교육과정의 변화에 따라 다양한 형태의 교과통합 프로젝트 수업의 유형이 탄생하였고, 그동안 교사 개인의 재량으로 운영하였던 프로젝트 수업이 학년 또는 학교 단위로 이루어지기 시작했다. 기존의 학교교육에서 교사의 역할은 위로부터의 교육과정을 실행하는 데 한정되어 왔으나 몇 차례 교육과정의 개편으로 교사는 교육과정의 최종적인 결정자이자 개발자로 그 역할이 확장되었다. 교사가 교육 내용과 방법을 결정하고 어떻게 실천하고 어떻게 평가하느냐 하는 것이 중요한 역할 과제가 된 것이다. 따라서 각

학교에서 일련의 교육실천 계획을 수립하고 중점교육 내용과 방법을 선택하고자 할 때 그 근거가 되는 국가 교육과정 기준과 시교육청 지침을 자세히 분석하여 교육과정 수립에 반영하는 동시에, 학교의 여건과 실태에 대한 구체적인 인식에 기초하여 세부 실천 계획을 수립하게 된다.

주제중심 통합교육과정

금성초 교육과정의 특징은 한마디로 문화예술교육을 주제로 한 통합교육과정을 운영한다는 데 있다. 학생들의 학년별 발달정도, 흥미도 등을 고려하여 각 교과에서 특정 주제와 관련된 단원들을 뽑아내고 교육과정을 재구성한 뒤 체험 위주로 수업을 진행하는 방식이다. 그 예로 생태적 감수성을 기르는 1, 2학년 숲 체험, 나를 표현하는 3, 4학년 교육연극, 자연과 더불어 살아가는 법을 익히는 5, 6학년 생태미술과 공예, 영화로 수다 떨기 등이 있는데, 학생들은 다양한 학습장면(문제 상황) 속에서 스스로가 가진 창의력, 의사소통 능력, 문제해결력 등을 확장시켜 나갈 수 있다.

• 문화예술교육 사례1 : 아이들이 운영하는 울방솔 카페

시작 : 우리 학교 주변에는 문방구가 없어 갑자기 필요한 준비물이 있으면 멀리 시내까지 나가야 하는 불편함이 있음. 마침 우리 학교에는 목공 동아리 '꽃과 나무반'과 5학년 실과 수업에 목공 부분이 있으니 이를 결합하여 아이들 손으로 직접 집을 짓고 그 집에서

금성초의 문화예술교육과정

활동 분류	운영 주체	활동 내용	활동 사례
교과	담임	교사들의 특기나 취미를 활용한 활동	문화예술중심 주제통합교육과정, 딴샘교실
	담임 외부강사 팀티칭	각종 외부 공모사업	연극, 숲체험
창의적 체험활동	교사	동아리 활동, 방과후 활동과 연계해서 운영	댄스, 밴드, 무비클럽, 요리 등
방과후교육	교사 외부강사	주지과목 방과후활동은 지양하고 문화예술 중심 활동	영화, 텃밭가꾸기, 동래야류, 숲밧줄놀이 등
지역사회	학부모, 금성 문화협동조합	학교 밖 교육활동	자연미술, 기타교실, 레고데이, 오카리나 등
집중기 활동	교사, 학부모	계절학교로 선택형 무학년제 운영	캘리그라피, 인형극, 도예, 목공, 마을 교육과정
계기성 활동	금성가족 전체	지역사회와 연계단 다양한 문화예술교육 활동	금성예술꽃축제, 꿀잼학교(다문화, 과학, 독서 주간), 지역사회 축제, 경로잔치 등

학교에서 필요한 문방구류를 판매하기로 결정.

구상하기 : 집은 목조로 짓기로 결정하고 모양과 크기 구상. 관리의 문제를 위해 창문은 달지 않고 지붕과 벽체 사이는 개방형으로 결정.

용도 확정 : 입구 양 옆의 창을 활용하여 왼쪽은 문방구, 오른쪽은 카페로 활용하기로 함. 도매로 문방구를 구입하여 판매하고, 카페는 학생과 교사를 대상으로 음료수 판매 계획.

일상적인 프로젝트(아지트 만들기)

단계	주제	관련교과	차시	단원 및 활동 내용
상상하기	내가 살고 싶은 집	실과	1차시	1. 식물과 함께하는 생활, 7. 쾌적한 주거 환경
		미술	1차시	7. 시각 문화 환경과 우리
설계하기	구상도, 설계도 그리기	실과	2차시	5. 생활속의 목제품
집짓기1	아지트 뼈대 만들기	실과	6차시	5. 생활속의 목제품
집짓기2	벽체 만들기	창체	6차시	동아리 '꽃과 나무반'
집짓기3	지붕 올리기	창체	4차시	동아리 '꽃과 나무반'
모든 것을 상상하라	아지트 활용 방안 수익금 사용처	국어	1차시	6. 깊이 있는 생각 활용은 문방구 카페로 결정, 수익금은 제3세계 어린이 돕기, 유기동물 보호센터 기부
상상을 현실로	아지트 꾸미기	미술	2차시	7. 시각 문화 환경과 우리
나도 CEO	문방구, 카페 운영	점심시간		교사 연수에 카페 운영 문방구류 판매
나눔의 실천	기부와 봉사	방과후		결산 및 기부(해피빈) 유기견 보호센터 방문 보고서

수익금 사용 : 카페를 운영하여 얻은 수익금은 학생다모임 협의를 통하여 사용 용도 결정.

• 문화예술교육 사례2 : 사람을 살리는 생태교육

왜 숲체험인가? : 흔히 숲을 거대한 실험실이나 교실이라고들 하는데, 이는 숲이 갖가지 지식을 탐구할 수 있는 훌륭한 학습장이라고 여겨지기 때문이다. 우리 금성동은 온통 숲으로 둘러싸여 있어 숲으로의 접근이 쉬운 편이나 신입생들과 숲으로 들어가 보면 생각만큼 숲을 접해 본 어린이들이 거의 없다.

숲체험이란 숲의 독특한 요소들을 최대한 활용하여 이루어지는 학습의 총체이며, 관념 속에 존재하는 자연을 현실 속에서 직접 체험하려는 시도이고, 숲을 매개로 인간의 심리와 정서를 자극하여 자연에 대한 친근함과 친화력을 갖게 하려는 노력이라고 하였다. 또한 숲체험은 생태적 감성을 기르며 이 감성은 자연환경 전체에 대한 관심을 이끌어 낼 수 있다고 하였다.

자연을 대하는 마음가짐 : 도심에서 생활하는 아이들도 세련되게 조경이 된 공원과 아파트를 통하여 자연을 접할 기회가 많아졌다고 한다. 하지만 도심에 인공으로 조성된 숲은 생명이 극히 제한된 미술작품에 지나지 않는다. 아이들이 마음껏 들어가 재구성하고 교감할 수 있는 공간이 되지 못한다는 것이다. 자연을 그리워하는 어른들에게는 도심의 정원과 공원이 과거의 추억과 안식을 주지만 어린이들에게는 그저 자신들의 생활공간의 배경일 뿐, 추억이 없다는 것이다. 추억이 없는 생활 배경은 언제든 부수고 새로 조성할 수 있고 그 속에 살아가는 사람들에게 아름다움만 제공해 주면 된다. 자연에 대한 이런 마음가짐으로 자라난 사람들은 수많은 강의 생명들을 무참히 밀어 버리고도 아름다운 강변공원을 즐길 수 있고, 숲과 갯벌을 접근성이 좋은 공원으로 조성하자는 계획을 쉽게 생각할 수 있게 된다.

모든 어린이들은 본질적으로 환경과 상호작용하고자 하는 동기가 내재되어 있지만 상호작용의 질은 환경이 어린이들을 얼마나 수용할 수 있는가에 달려 있다. 다행히 우리 학교는 학교 밖을 나서면 언제든 숲을 접할 수 있고 자연과의 빈번한 접촉을 통해 자연의 조화와 생명의 소중함을 인식할 수 있는 천혜의 조건을 지니고 있다. 우리 학교에서의 숲체험활동은 바로 기술 문명중심의 사회에서 생태학적 상상력을 복원시킬 수 있으며, 자연과 인간의 공생을 위한 길이 될 것이다.

숲에서의 교육활동 전제 조건 : 숲체험 수업은 교육적 목적에 따라 기획되어야 하지만 대부분은 놀이를 통해 제공되도록 한다. 숲을 대하는 즐거운 마음으로 활동에 참여하게 하여 보다 적극적으로 활동을 이끌어 내고 자연에 친근감을 가질 수 있도록 한다. 숲체험은 아이들에게 갖가지 어려운 상황을 슬기롭게 대처할 수 있는 정신적 능력을 가져다주고, 아이들은 이를 통해 새로운 지식을 습득하거나 건강을 증진시키고 지적, 문화적 능력을 계발할 수 있다. 숲체험은 주변 사물이나 자연현상의 변화에 대해 호기심을 갖고 민감하게 탐색하게 함으로써 심미감을 발달시키며 자연 속에서 모험과 용기를 기를 수 있어 긍정적 영향을 미친다. 저학년 시절 가졌던 숲과의 경험은 숲체험 수업이 없는 3학년에 올라가서도 자연과 멀어지지 않고 자연스럽게 나무에 올라가거나 풀숲을 헤치며 다닐 수 있는 계기가 된다.

• 문화예술교육 사례4 : 영화로 수다 떨기

영화로 수다 떨기는 아이들이 좋아하는 영화라는 주제를 교육과정의 한 영역으로 도입한 것이다. 보통 초등학교에서 영화 수업을 한다고 하면 영화와 관련된 기초 지식을 습득하거나 영화를 찍는 과정을 체험해 보는 수업을 생각하기 쉬운데, 우리 학교의 영화로 수다 떨기는 단순히 영화를 제작하거나 영상 체험을 하는 것이 아니라 영화를 언어, 탐구, 예술 등의 영역을 학습하는 교육과정으로 재구성하여 창의력, 사고력, 언어 사용 능력을 향상하는 데 초점을 맞추었다.

예를 들면, 관련 교과목의 단원을 공부하고 발전학습으로 창의성 계발을 위한 4컷 이야기 만들기, 하루 일과를 디카로 표현하기, 뉴스 만들기, 뮤직비디오 만들기, 립덥(Lip Sync와 Dubbing의 합성어) 만들기 등을 통하여 미디어를 활용한 다양한 표현력을 기른다. 그리고 또래 친구들의 영화를 보며 미디어를 읽는 눈을 키우고, 시나리오 · 콘티 · 촬영 · 편집 등의 과정을 체험하면서 미디어를 다루는 기술을 익힌다. 마지막으로 자신들이 제작한 영화 홍보하기, 포스터 꾸미기 등의 과정을 거치면서 종합적인 문화예술 활동을 경험하게 된다.

영화로 수다 떨기는 교육활동을 종합적으로 재구성 · 조정 · 통합할 수 있는 특성으로 인하여 교과와 창의적 체험활동 등 학교 교육활동 전반에 걸쳐 통합적으로 다루어질 수 있으며, 학교 실정에 따라 학년별로 설정할 수도 있고, 시기에 따라 집중적으로 운영될 수도 있다.

그러나 특히 고학년 아이들이 관심을 갖고 참여하는 미디어를 활용 수업들은 몇 가지 세심하게 주의해야 할 점이 있다. 자칫 중독으로 이어지기 쉬운 미디어를 학교 교육활동에 도입하기 위해서 미디어를 접하는 학생들의 태도와 실태, 학부모들의 이해가 반드시 전제되어야 한다. 이를 바탕으로 교과 교육과정을 재구성·조정·통합해야 할 내용이 무엇인지 생각하고, 지도 순서와 시간을 조정하거나 각종 학교 행사와 연계해야할 것은 무엇인지 등을 충분히 고려해야 해야 한다.

• **그 밖의 다양한 프로젝트 활동 사례**
 -'금샘의 전설'을 되살려라(스토리텔링 뮤지컬 만들기)
 -제주도청 '수학여행공보팀'이 되어 수학여행 상품 개발하기
 -선사시대, 삼국시대 박물관 꾸미기
 -내가 부산광역시 교육감이 된다면
 -금성대학교 입학을 위한 지원서 만들기

그 밖의 교육활동

• **동아리활동**

동아리 활동은 전교생이 한 가지 주제를 선택하여 주 4시간 활동을 하는데, 창의적 체험활동 2시간과 방과후 교육활동 2시간을 연계하여 아이들의 흥미와 관심에 따라 선택형으로 운영하고 있다.

동아리 개설은 교사와 학생, 학부모 모두 개설할 수 있는데, 일정 정도 구성원이 모이지 않으면 과감하게 폐강한다. 폐강된 동아리 담당교사는 학생들이 만든 동아리 담당교사로 옮긴다.

• 계절학교

계절학교(집중기 학습) 때는 예능을 지도하는 전문 강사를 포함하여 해당 분야의 전문가들을 불러 실제 전문가들의 연주를 들어 보고 협연도 하면서 아름다운 선율을 직접 체험하기도 한다. 이러한 과정을 거쳐 아이들은 자기가 연주하는 악기에 대한 관심을 높이고 열심히 하려는 의지도 갖는다. 학교에서 운영하는 문화예술교육은 학교의 담벼락 안에만 머무는 것이 아니다.

학교와 마을은 하나 - 참여와 나눔이 있는 교육공동체

매년 여름밤이면 우리 학교 아이들은 운동장에서 두레별로 텐트를 치고 야영을 한다. 야영을 위해 미리 식단도 짜고 장도 보고 밥하는 법도 연습하며 두레가 하나가 되어 밤을 보낸다. 금성 캠프의 날엔 아이들뿐 아니라 지역 주민들도 운동장에서 열리는 예술 전문가들의 공연을 즐기러 학교로 모인다. 어느 해엔 오케스트라 공연을, 어느 해엔 춤 공연을, 어느 해엔 모두가 월드컵 응원을 함께했다. 매년 자연스럽게 모임의 장인 캠프를 통해 공연을 열어 문화예술교육의 표현 활동은 물론 학교와 학부모, 지역 주민, 문화예술 단체들이 하나가 될 수 있는 어울림의 장을 마련한다.

커다란 가마솥을 운동장에 걸어 두고 마을과 함께하는 운동회를 열어 마을 어르신들을 모시고 잔치를 벌이기도 한다. "마을아~ 학교에서 노올자~"라고 외치며 밴드부 학생들이 신나는 음악을 연주하면 마을 어르신들이 그 음악에 맞춰 춤도 추고 노래도 부른다. 운동회에 참석한 모두가 손잡고 빙빙 돌며 다 같이 강강술래를 뛸 때면 나와 너가 따로 없이 모두 하나가 된다.

학생 하나하나가 무대의 주인공이 되어 가진 자랑을 드러내 보이는 예술꽃 씨앗학교 축제 또한 학생들만의 축제가 아니다. 교사, 학부모, 마을 주민이 함께 마을을 돌며 풍물을 치는 길놀이로 축제의 시작을 알리면 그 뒤를 마을 사람들이 덩실덩실 춤을 추며 학교로 올라와 축제 속으로 빠져든다. '금정산 아이들을 품어 마을과 만나다'란 제목처럼 학부모도, 졸업생도, 예술 강사들도, 마을 사람들도 모두 주인공이 되어 축제를 즐긴다. 학부모 공연도 있고, 졸업생의 밴드와 기타 공연도 있고, 예술 강사들의 제대로 된 공연도 있다. 마을 어르신들은 국밥을 먹으며 금정산 바람 아래 우리 학교 운동장에서 음악회를 즐긴다. 마지막엔 풍물에 맞춰 모두가 하나로 어우러진다. 학생들과 마을 주민이, 학부모와 교사가 손을 꼭 잡고 운동장을 뛰어 돌며 한마음이 되고, 그 순간의 감동을 오래오래 가슴에 담는다.

아이들이 귀가한 학교는 다시 학부모와 지역주민들로 북적이기 시작한다. 학부모 풍물교실, 아빠밴드, 금성교육연구회, 금정산교육문화협동조합, 그림자극 연구회, 금성FC 등이 그것이다. 학부모들은 아이들과 함께 전시회나 발표회에 참여해서 배운 예술적 기능을 표현할 수 있는 기회를 갖기도 했다. 이런 공간을 통해 학교와 지역이 자연스럽게 소통하며 교육공동체를 만들어 간다. 문화적 여건이 열악한 금성동이었지만 이제는 문화와 예술의 중심으로 탈바꿈하고 있다. 학교가 마을로 들어가고 마을이 학교를 지키고, 다시 모두가 서로를 살리는 공동체 문화가 일어나고 있는 셈이다.

지금은 학교뿐만 아니라 마을 역시도 하나의 문화예술을 중심에 둔 공동체를 만들어 가고 있다. 학교를 중심에 두고 마을에서 경로잔치나 막걸리 축제 등의 행사가 열리며, 학생들이 참여해 가야금과 해금, 모둠북을 연주하거나 밴드부가 신나는 음악으로 흥을 돋우는 등 수업 시간에 배운 걸 마을과 자연스럽게 나눈다. 마을에 있는 미술관도 학생들을 위해 수업을 준비하여 또 다른 경험을 제공하고, 공공벽화로 마을을 새롭게 꾸밀 때는 우리 학생들에게 함께하자고 손짓했다. 이제 학교는 마을의 중심이고 마을의 자랑이며 이것은 모두 문화예술교육이 중심이 되었기에 가능한 일이었다.

변화 – 학생, 학부모, 교사 모두의 행복

문화예술교육으로 학생들에게서 발견한 가장 아름다운 변화는 '더불어 사는 기쁨'을 아이들 스스로 알아나가고 있다는 것이다. 혼자보다 함께 연주하는 것이, 나 혼자만 잘하는 것보다 친구도 같이 잘 할 때 훨씬 아름답다는 것을 알게 되었다. 모여서 함께 연습하며 소통한다는 것의 의미를 조금씩 알아 가고 있어 얼마나 기특한지 모른다. 또한 자신의 부족하거나 모자란 부분을 부끄러워하지 않고 도와달라 손 내밀 줄 아는 자존감 높은 학생으로 잘 자라고 있으니 우리학교의 문화예술 중심 통합교육과정 운영은 성공적이라 할 수 있지 않을까?

문화예술교육으로 다양한 체험과 성공의 경험들이 쌓여 학생들의 자아존중감이 상당히 높아졌고 학생들의 행복지수 또한 매우 높아졌다. 모든 학생이 무언가 다르지만 각자 잘하는 것을 가지고 있다는 것을 알게 되었고 수학이나 영어 공부는 좀 못하지만 그런 것을 부끄러워하지 않고 노력하면 잘할 수 있다고 믿게 되었으며 언제든지 교사와 또래 친구들에게 도움을 요청한다는 것 또한 큰 변화일 것이다. 학생들 각자가 다른 학생들을 인정함으로써 교육과정 설문 결과 스스로 따돌림을 당한다거나 왕따라고 느끼는 학생이 한 사람도 없었으며 예술을 통해 소통하고 배려하는 것을 배워 나간다는 것 또한 너무나 행복한 변화이다.

학부모들도 학생들에게 다양한 재능과 강점이 있다는 것을 인정하게 되었고 사교육보다 학교에서의 교육을 신뢰하게 되었으며 학교의 모든 일에 전적인 지지를 보낸다. 학부모 강좌를 준비하고 서로에게서 배우는 학부모 수다방을 열어 좋은 부모가 되기 위해 고민하고 공부한다. 문화예술교육이 중단될까 걱정하여 졸업생 학부모를 중심으로 금사모(금성초등학교를 사랑하는 모임)를 조직하고 해금, 사진, 풍물 동아리를 만들어 학부모들이 열심히 배우고 익힌다. 계절학교를 열 때면 학부모들이 수업을 준비하며 프로그램을 개설

한다. 그러면서 늘 학교를 위해 무엇을 할 수 있을까 걱정하며 물어온다. 모든 도움과 사랑이 너무나 든든하고 고맙다.

교사들 또한 학생들을 바라보는 눈이 달라졌다. 교사들은 학생들 모두가 각자 다른 강점과 재능이 있다는 사실을 문화예술교육을 통해 매일매일 발견한다. 어느 누구도 모자라거나 부족함이 있다고 보지 않고 다만 각자 가진 호기심이나 흥미가 다를 뿐이라는 걸 저절로 이해하게 된다. 내가 만나는 모든 학생들을 긍정의 눈으로 바라볼 수 있게 되니, 당연히 교사는 학생들을 만날 때마다 행복할 수밖에.

또 다른 변화는 교사들의 문화예술에의 관심과 이해가 많이 늘었다는 것이다. 예술꽃 씨앗학교 지원으로 시작할 수 있었던 해금, 기타 등 교사 동아리 활동과 문화예술 교육에의 연수 기회, 공연이나 관람 등이 도움이 되었을 것이다. 또한 수업을 준비하며 방학 때마다 갖는 예술 강사들과의 워크숍과 교재를 재구성하는 작업을 통해 사물을 이해하고 바라보는 관점 자체에 큰 변화를 가져올 수 있었고 이는 교사로서 가지고 있는 고정관념을 깨는 데 많은 도움이 되었다.

그리고 가장 중요한 변화는 바로 수업이다. 예술 강사들과 함께하는 수업이나 수업의 모니터링을 통해 교사들 스스로 자신의 수업을 돌아보고 반성하고 변화시킬 수 있게 되었다는 점을 말하고 싶다. 학생들이 배움을 통해 행복할 수 있다는 것을 알게 되고 좋아하는 수업에 몰입하는 것을 보게 되면 교사의 숨어 있던 열정 또한 살아난다. '모든 교과 수업에서 예술적 감수성을 활용하라.' 문화예술교육에 대한 고민을 했던 교사들은 아마도 이 말을 이해할 것이다. 물론 그 실천이 힘들다는 것 또한 잘 알고 있기에 교사들이 연구하고 학습하는 분위기가 만들어졌다는 것이 어쩌면 교사들에게 있어 가장 아름다운 변화가 아닐까 싶다.

금성의 교사로 살면서 매일 잠자리에 들 때면, 아침마다 달려와 품에 안길 아이들의 환한 웃음과 행복한 모습을 떠올리며 빨리 아침이 왔으면 하는 마음이 크다. 그리고 그런 아이들이 있어 나는 오늘도 행복하다. 아이들뿐 아니라 학부모도, 교사도 모두 같이 배우고 성장하는 기쁨을 나눌 수 있어 나처럼 학부모도, 다른 모둠 교사도 행복할 것이라 믿는다. 더 행복한 금성의 순간을 그리며 나는 오늘도 새로운 꿈을 꾼다.

8
작은 학교, 농사를 짓다

거산초등학교 조경삼

거산 농사 이야기

거산의 농사는 아직 바람이 찬 3월에 시작된다. 부지런한 조 주사님이 고춧대, 비닐 등 지난해 흔적들을 치우시는 것을 보며 농사가 시작됨을 실감한다. 4월이 가까워진 어느 토요일, 밭주인 아저씨가 경운기로 밭을 가시고, 마을에서 농사지으시는 찬하 아빠가 관리기로 이랑을 만든다. 그러고 나서 생활지원단 어머니들이 달려들어 이랑에 비닐 멀칭을 하면 농사지을 준비가 마무리된다.

그렇게 준비해 주신 밭에 가장 먼저 심는 것은 감자다. 주사님이 뚫어 놓으신 구멍에 '씨감자' 노래를 흥얼거리며 잘라진 씨감자를 묻는다. 이불처럼 흙을 잘 덮어 주며 여름에 먹을 토실토실한 감자를 떠올린다. 아이들은 산책 시간마다 감자 이랑을 둘러보는데 감자 싹이 나오는 것은 생각보다 더디다.

텃밭에 가서 씨감자를 심었다. 처음에는 씨감자에 대한 노래를 불렀다. 그리고 씨감자 씨눈을 잘랐다. 왜 자르냐면 한 개에 여러 개가 나와서다. 그리고 씨감자 자른 것을 심었다. 어떻게 심었냐면 씨눈이 위에 나오게 심었다. 왜 위로 심냐면 빨리 나오기 때문이다. 그런데 내가 씨감자라면 칼로 자르면 아주 아플 것 같다. 내가 캄캄한 땅에서 혼자 서 있으면 무섭겠다. 그런데도 감자는 그걸 참는 게 아주 아주 대단하다. (2007년, 3학년 꽃잎마을, 전○○)

진달래 화전도 해 먹고, 쑥떡도 해 먹다 보면 5월이 된다. 시장에서 사 온 고추, 토마토, 오이 같은 모종과 상추, 땅콩 같은 씨앗을 심고, 논에 들어갈 모판을 만들어 비닐하우스에서 키운다. 중순쯤에는 가을에 캐 먹을 고구마 순도 놓는다. 아이들은 서로 당번을 정해 열심히 물을 준다. 심지어 비온 다음 날에도 말이다. 아이들은 아침 활동으로 자기가 키우는 작물을 자세히 보고 그리며 자라는 것을 관찰한다.

실과 시간에 텃밭에 가서 키운 채소들에게 물을 줬다. 그리고 내 감자 3개 중 1개 싹이 부러졌는데 오늘 가 보니 다른 감자의 정말 작은 잎만 한 작은 싹이 옆으로 나오고 있었다. 정말 고마웠다. 그런데 동하랑 같이 키우고 있던 토마토가 부러졌다. 전에는 조금 쓰러져 있기만 했는데 오늘 보니 정말 죽어 있었다. 왠지 미안하기도 하고 그랬다. 또 땅콩은 아직 싹이 크게 펼쳐지진 않았지만 앞으로 싹이 커서 정말 크게 펼쳐질 것 같았다. 그리고 고추도 많이 크진 않았지만 잘 자라고 있는 것 같다. 정말 채소들에게 고맙다. 특히 작은 감자 싹한테. 채소들아 정말 고마워.
(2010년, 5학년 산마을, 문○○)

5월 말, 논에서는 모내기를 한다. 6학년만 할 수 있는 논농사이기에 논물도 차갑고, 발에 닿는 느낌도 낯설지만 꾹 참고 심는다. 모내기를 마치고 먹는 참은 어느 때보다 꿀맛이다.

오늘은 6학년이 되어야만 할 수 있는 모내기 날이다. 아침부터 반바지를 입고 나가느라 추웠다. 난 논이 이렇게 들어가기가 곤란한 곳인지 몰랐다. 들어가면 온통 진흙으로 범벅이 될 것 같은. 하지만 모내기는 우리의 임무였으므로 논에 들어가야만 했다. 용기를 내서 한 발짝, 이미 내 옆에선 아이들의 비명이 들렸다. 느낌이 참, 생전 처음 느껴 보는 느낌이었다.

그렇게 우리 반 전원이 조금 요란하게 논으로 들어갔다. 모를 심는 것은 간단했다. 조금은 재미있기도 했다. 예전에는 지나가면서 그냥 힐끔힐끔 보는 것이 전부였는데 이렇게 직접 보니까 새로운 느낌도 들었다. 난 논에 생물이 그렇게 많이 사는 줄 몰랐다. 다른 초록색 이끼 같은 것도 다리에 와서 달라붙었다.

처음이자 거의 마지막일 듯한 모내기가 재미있기도 하고 새로운 경험이기도 했다. 노랗게 익을 벼들을 생각하니 벌써 뿌듯한 것 같다. 왠지 뭔가 큰일을 치른 느낌이다. (2011년, 6학년 땅마을, 김○○)

　볕이 따가워지면서 밭에서, 논에서 작물들이 쑥쑥 자란다. 잘 자랄 수 있도록 풀도 매 주고 돌봐 주지만 잠시만 못 가 보면 작물보다 키 큰 풀들을 만나게 된다. 장마가 시작되기 전에 감자를 수확해야 한다. 잘못하면 정성 들여 키운 감자를 땅 속에서 썩게 만들 수도 있으니까. 그렇게 수확한 감자는 여름방학 전까지 유용한 간식이 된다.

　텃밭에서 맛있는 감자를 캤다. 1교시에 수학을 하고 나와서 호미 들고 목장갑 끼고 텃밭에 왔다. 텃밭에는 1학년들이 감자를 캐고 있었다. 우리는 1학년이 가려고 할 때 감자를 캤다. 먼저 비닐을 벗기고 풀을 뽑은 다음에 감자를 캤다. 내가 호미로 파헤쳐 보았더니 개미알과 애벌레 개미들이 수두룩했다. 개미들이 놀랐는지 전보다 엄청 빨리 움직였다. 나는 감자를 꺼낸 후 다시 덮어 줬다. 초록 감자도 많이 있었는데 남자애들이 밭에다 던졌다. 감자를 다 캐고 교실로 들어갔다. (2007년, 3학년 꽃잎마을, 전○○)

나는 오늘 감자를 캤고 감자를 두 개 갖고 가서 씻고 교실로 들어와 수학을 했다. 선생님이 감자를 삶아 줬다. 나는 빨리 먹고 싶었다. 다 됐다. 나는 우유를 뜯으려고 했는데 안 뜯어졌다. 그래서 컵에 따라서 먹었다. 감자를 먹고 있는데 선생님이 감자 캤던 것을 몸으로 표현해 보라고 했다. 뭐냐면 나는 앉아서 하아린이에게 감자를 주는 거고 현일이는 들고 있는 것, 하아린은 내가 주는 감자를 받는 거였다. 자리에 들어갈 때 쿵쿵거리는 게 재밌었다. (2007년, 3학년 꽃잎마을, 김○○)

아이들은 여름방학에 들어가고 돌보는 이 없는 텃밭은 풀과 해충들의 천국이 된다. 보다 못한 부지런한 누군가가 우렁 각시처럼 풀과 해충들을 해결해 주지 않으면 정글이 될지도 모른다. 개학해서 텃밭에 가 보면 우렁 각시 덕분에 텃밭의 모습은 생각보다 그렇게 심각하지 않다. 감자 캔 자리에 다시 이랑을 만들고, 배추 모와 무씨를 심는다. 배추 애벌레와 풀벌레 들이 달려들긴 하지만 바람이 선선해지면서 벌레들의 기승도 한 풀 꺾인다. 가끔 고라니가 뜯어 먹기는 하지만 산짐승도 함께 살아야겠지.

9월 18일 추석이 시작되기 전에 무씨를 심었다. 그 후로 10여 일 후에 아침 활동으로 무 싹을 관찰했다. 나는 그중에 가장 크고 예쁜 것을 찾아 관찰을 했다. 무 싹은 떡잎이 크게 나 있었고 본잎은 두 떡잎이 난 줄기 가운데에 고개를 쏙 내밀고 있었다. 그중에 떡잎은 둥근 하트 모양처럼 생겼는데 잎 앞면은 연두색이고 뒷면은 앞면보다 살짝 연했다. 그리고 잎에 잎맥이 조금 보였다. 본잎은 아기 요람처럼 동그랗게 말려 있었다. 말려 있는 것으로 봐서는 잎의 테두리가 뾰족뾰족할 것 같다. 줄기는 길이가 약 6cm 정도 되는 것 같았고 겉에 아기 피부에 난 솜털처럼 부드럽고 하얀 털이 있었다.

10월 4일에도 아침 활동에 관찰을 했다. 다행히도 내가 관찰했던 무 싹은 다른 싹처럼 벌레가 먹진 않았다. 그리고 줄기가 땅에 묻혀 있었다. 떡잎 크기는 그전이랑 거의 비슷한 것 같았고 그전보다는 좀 시들해 보였다. 그 대신 그전에는 작게 말려 있었던 본잎이 자라서 매우 많이 커 있었다. 왼쪽 본잎은 약 5.5cm 였고 오른쪽 본잎은 약 5cm 정도 됐다. 또 테두리가 내 예상처럼 뾰족했다.

관찰을 끝내고 학교에 들어와 태블릿 피시로 무를 검색해 보았다. 무는 먹을 수 있는 뿌리채소이며 종류가 많고 어느 계절에나 재배할 수 있고 세계 곳곳에서 재배한다. 무는 보통 4~20cm이다. 무에는 비타민C가 많아서 겨울에 비타민 공급이 된다. 무에는 소화효소 아밀라아제라는 것이 뿌리에 많이 들어 있다. 인터넷에서 찾아보니 무가 우리 건강에 좋다는 걸 알았다. 그래서 앞으로 무를 더 즐겨 먹어야겠다. (2010년, 5학년 산마을, 변○○)

학교를 둘러싼 산 빛이 변하기 시작하면 논의 벼들도 황금물결을 만든다. 벼 벨 날짜를 정하는 것도 주사님 몫이다. 날카로운 낫의 날이 겁나 선생님들은 몇 번이고 주의를 주지만 아이들은 아랑곳없이 잘도 한다. 물론 처음에는 톱질하듯 하지만 말이다. 그렇게 벤 벼를 묶어 세워 놓으면 다 마른 후 이웃 논에 콤바인이 들어올 때 탈곡을 하게 된다. 탈곡한 벼는 주사님 댁으로 가져갔다가 정미해서 학년 말 책씻이 때 떡을 해 먹는다.

오늘 벼 베기를 하였다. 먼저 벼에 대한 간단한 설명을 듣고 근처 논으로 갔다. 우리 모둠이 제일 먼저 벴다. 낫을 들고 벼의 아랫부분을 베면 되었다. 선생님은 풀뿌리 뽑듯 쉽게 벼를 베었

다. 나는 그걸 보고 벼 베기가 쉬운 줄 알았는데 생각보다 잘 되지 않았다. 벼가 죽기 싫었나?

그래도 워낙 재미있어서 계속하고 싶었으나 선생님이 다섯 포기만 베라 해서 올라가 구경했다. 다른 애들은 열 포기씩 하기도 했다. 잠시, 불공평하단 생각이 들기도 했으나 어쨌든 금방 잊어버렸다. 우리가 한 뒤에는 낙동강, 한강, 그리고 금강 모둠순으로 했고 다시 우리가 베게 되었다. 이번에는 우리도 열 포기씩 베었다. 근데 어째 이상하게 내가 베는 벼들은 안 죽으려고 안간힘을 썼다. 낫으로 도끼 찍듯이 베는 걸 여러 번 해야 베어졌다. 그래서 시간이 좀 걸렸다. 그 다음 벤 벼를 볏단으로 만든 것을 한 줄로 세워 놓고 사진을 찍었다.

황천길 가기 싫은 질긴 벼들 때문에 팔은 아팠지만 마음은 즐거웠다. 농부 아저씨 힘든 걸 알겠다. 농부 아저씨, 감사합니다!
(2007년, 4학년 강마을, 김○○)

밭에서도 고구마를 캐고, 서리 오기 전 거둬들일 것들을 갈무리

한다. 무와 배추를 뽑는데 무는 청을 잘라 놓았다가 논에서 난 짚으로 시래기를 엮기도 한다. 그렇게 수확한 무와 배추는 집으로 가져가기도 하고, 점심시간에 쌈을 싸 먹기도 한다. 물론 무는 그 자리에서 우적우적 먹기도 한다. 6학년은 무, 배추를 실한 놈으로 남겨 놨다가 김치를 담근다. 양념을 만드는 것은 도우미 어머니가 하시지만 준비에서 무치는 것까지 모두 아이들 손으로 이루어진다. 김치가 완성되면 수육과 함께 잔치가 벌어진다.

오늘은 6학년들만 하는 김장을 하는 날이다. 겉절이, 생채, 깍두기로 모둠이 나뉘었다. 나는 깍두기 모둠이었다. 날씨가 쌀쌀했지만 무를 씻기 위해 밖에 있는 수돗가로 향했다. 온수가 나오지 않아서 어쩔 수 없이 찬물로 무를 씻었는데 손이 너무 시렸다. 무를 모두 씻고 다시 들어가서 이번엔 무의 껍질을 벗겨 내고 직사각형으로 썰기 시작했다. 무가 생각보다 잘 썰리지 않았다. 가뜩이나 칼질을 잘 못하는데 썰기까지 어려워서 무의 모양이 이상했다. 이번에는 무의 껍질을 벗겼는데 이것도 어려워서 처음에는 애를 좀 먹었다. 하지만 곧 익숙해져서 능숙하게(?) 할 수 있게 되었다.

껍질 벗겨 내기와 썰기를 무사히 마치고 이번에는 마지막 작업인 버무리기를 했다. 위생장갑을 끼고 무를 버무리기 시작했다. 무의 양이 많아서 쉽진 않았지만 이것도 역시 잘했다. 버무리는 도중에 몇 개씩 집어 먹다 보니까 혀가 아프고 속이 쓰렸다. 그래도 맛은 괜찮은 듯해서 다행이었다.

　김장이라고 마냥 어렵게 보기만 했는데 나름 재미있게 한 것 같았다. 맛도 나름 괜찮았고 다른 모둠들이 한 것도 아주 맛있었다. 다음에 또 깍두기를 담그게 되면 좀 더 잘할 수 있을 것 같다. (2011년, 6학년 땅마을, 김○○)

한 해 농사를 닫는 것도 시작을 열었던 조 주사님 몫이다. 땅 얼기 전에 비닐을 걷고, 고춧대도 뽑아 쌓아 놓는다. 지지대도 뽑아 모으고, 쓰러지지 않게 묶어 주었던 끈도 걷어 내고 나면 텃밭도 텃논도 처음처럼 다시 텅 빈 곳이 된다.

거산에서 농사짓기는 어떻게 시작되었나?

　거산초등학교는 왜 농사를 짓게 되었을까? 이유를 알려면 우선 거산초등학교에 대해서 먼저 알아야 한다. 이미 많이 알려졌지만 거산은 우리나라에서 분교가 본교로 승격한 첫 번째 사례이다. 글쓰기 모임을 함께하던 선생님들이 연계되는 글쓰기 교육을 해 보자며 의기투합하여 거산이라는 공간을 찾고 뜻을 같이하는 학부모와 96명의 아이들이 함께 전입하여 전교생 삼십여 명의 폐교를 눈앞에 둔 학교에서 아이들이 북적이는 공간으로 변모하게 된다.

　이 학교에서 기치로 내건 구호는 '참삶을 가꾸는 작고 아름다운 학교'였다. 이를 위해 내세운 것이 '환경·생태·어린이 중심의 학교 만들기, 체험 중심의 교육과정 구성·운영, 모두의 참여로 만드는 새학교 문화'였는데 농사는 지역 여건뿐만 아니라 환경, 생태, 체험 중심의 교육, 지역의 참여를 이끌어 내기에 적합한 교육 활동이자 참삶을 가꾸고 글로 표현하기에도 적합한 좋은 공부거리였다. 뿐만 아니라 분교가 처한 여러 가지 경제적 어려움 때문에 교육과정을 효과적으로 운영하기 힘들 때 천안아산환경운동연합의 도움으로 환경부의 지원을 받아 체험환경교육프로그램을 운영하게 되면서 그런 어려움을 해결할 수 있었다.

2002년 '환경체험학습'이라는 이름으로 계획된 통합적 접근의 주요 내용과 지원 체계를 살펴보면 다음과 같다.

표에서 볼 수 있듯이 텃밭은 환경체험학습 공간으로 이용되었다. 주로 2, 5학년만 텃밭 농사에 집중한 것으로 보이지만, 학년별 환경체험학습 운영 계획을 보면 다른 학년에서도 감자, 고구마 심기와

통합의 유형	활동 주체 및 내용	지원 체계
학년 간 통합	• 우리 들꽃 가꾸기 : 1, 4학년 • 텃밭 가꾸기 : 2, 5학년 • 동물 기르기 : 3, 6학년 • 벌 기르기 : 5, 6학년	학계 전문가, 지역 주민, 양봉인, 수의사 등과 연계하여 주제별 지원체계 마련
주제 간 통합	• 텃밭에서 얻은 잡초를 동물 먹이로 준비 • 동물의 배설물로 텃밭용 퇴비 준비 • 우리 들꽃 밭에서 벌을 이용한 곤충 관찰	학기 초에 주제 간 통합을 위한 기간 조정 및 역할 분담
학습 형태 간 통합	• 참여형의 준비 과정이 될 수 있도록 탐방형 학습의 주제 설정 • 참여형 학습의 과정과 결과를 표현형 학습의 소재로 활용	새로운 탐방 대상의 발굴 및 정기적인 발표회 개최

모종 심고 가꾸기 등의 활동이 이루어진 것을 알 수 있다.

5학년 계획을 보면 텃밭 농사에 대한 전반적인 활동들이 이루어지고 있다. 3월의 농사 계획 세우기와 농사 준비를 시작으로 4월의 감자 심기, 5월의 모종과 씨앗 심기, 관찰하기, 6월의 고구마 순 내기, 잎채소 수확하기, 7월의 쌈밥 잔치, 8월의 김장 채소 심기, 10월의 고구마 수확하기, 12월의 김장하기 그리고 2월의 마무리까지 일련의 흐름을 담고 있다. 현재 이루어지고 있는 모습보다 더 정교하고 다양한 내용을 담고 있다.

논농사는 2005년 이후 생태 교육의 영역으로 등장하게 된다. 논농사 역시 3월에 논농사 전반을 이해하는 공부를 하는 것을 시작으로 4월의 모판 만들기, 5월의 모내기, 6월의 김매기, 7~9월의 이삭 · 논 생물 관찰, 10월의 벼 베기, 11월의 짚풀 문화 체험 등 전반적인 내용과 흐름을 담아내고 있다.

초창기 교사들은 이벤트성 체험이 아니라 지속성을 갖는 교육을 위해 교육과정을 분석하고 관련 요소를 추출하여 환경체험학습 운영 계획을 수립하였고 이를 실천하였다. 생태 교육에 관심이 있는 '초록교실 사람들'이라는 모임의 선생님들과 천안아산환경운동연합과 함께 『자연은 내 친구』라는 초등학교 체험환경지도 교재를 만들어 내기도 하였다.

거산에서 농사짓기는 어떻게 변하였나?

초창기 교사들이 점차 임기 만료로 거산을 떠나고 2기 교사들이 찾아들게 되었다. 2008년 거산에 처음 와서 본 농사의 모습은 계획과 달리 많은 부분이 약화된 느낌이 들었다. 처음 거산에 와서 그 내면의 고민들을 알지 못한 채 겉으로 드러나는 모습만 보고 판단한 것일 수도 있겠으나 계획처럼 하나의 흐름이 되지 못하고 분절되는 느낌, 일상적이지 못하고 일회적인 느낌이 들었다. 물론 교육과정에서 요구하는 내용을 나름 소화하면서 다양한 체험활동, 독서와 글쓰기 교육, 문화예술 교육, 생태 교육으로 일컬어지는 학교의 주요 특색 사업들을 추진하다 보니 다소 무리가 되는 부분들은 통합되기도 하고, 강조되기도 하고, 삭제되기도 하면서 변모해 왔을 것이다. 또한 초기의 다양한 시도들이 현실에 부딪히면서 '고갱이'만을 남기게 되었을 수도 있다.

수업, 교과체험학습, 계절체험학습, 동아리 활동 등 다양한 체험활동을 하다 보니 아이들이 텃밭에서 일할 수 있는 시간은 점점 줄어들게 되고, '일상적인' 활동이 아닌 '행사적인' 활동이 되어 간 것 같다. 앞서 이야기한 가꾸고 기다리는 공부가 되지 못하고, 심기·관찰하기·수확하기가 행사처럼 이루어지면서 여러 고민들과 마주하게 되었다. 아이들에게 농사에 대한 오개념, 다시 말해 심어 놓고, 몇 번 자라는 것 보고, 그러면 수확할 수 있다는 잘못된 개념을 심어 주는 것은 아닌지 고민이 되었다. 또, 밭을 일구고, 이랑을 만들고, 잡초를 뽑고, 지지대를 세우고, 겨울이 오기 전 갈무리를 하는 등 더 많은 노력을 하는 사람들의 노력이 있다는 것은 생각하지 못하고 심고, 물주고, 풀 뽑고, 수확하는 자기의 노력만 생각하여, 내가 심은 것은 모두 나의 것이라고 생각하는 고학년들의 강한 소유욕을 어떻게 긍정적인 나눔으로 변화시킬 것인가 하는 고민도 깊어졌다.

물론 농사에 집중하면 이러한 문제를 해결할 수 있는 방법을 찾을 수 있을지 모른다. 하지만 거산은 정규 교육과정을 이수해야 하는 공간이고, 초등 보통교육을 실시해야 하기에 더 이상의 '깊이'를 실천하기 어렵다. 그래서 학교 교육과정 평가에서는 이런 고민들을 깊게 논의하였다. 그 결과 일상적인 공간을 정하고 거기에 더 집중하며, 프로젝트식 활동을 통해 농사에서 깊이를 더하도록 하였다. 또한 깊이 있는 공부를 하기 위해 텃밭과 논농사를 주제로 갓골생태농업연구소와 연계한 연수를 진행하였고, 교육농(農)연구소와 교육공동체 벗이 함께하는 '교사 농사 아카데미'에 참여하게 된 것도 그 연장선상에 있다고 볼 수 있다. 제대로 알지 못하면서 아이들과 텃밭 농사를 지을 수 없다는 생각에서 그런 것이다. 이런 의견에 일부 동의하면서도 '농사 기법'이 아닌 '교육적 활용'에 초점이 맞춰져야 한다는 의견이 우세하여 해마다 있는 생태 연수에서 그런 내용을 다루게 되었다. 그리하여 2011년 여름, 2012년 겨울 생태연수에서는 갓골생태연구소와 연결하여 農에 관한 내용을 연수 받게 되었다. 그때 강사로 오셨던 박형일 선생님께 이번 '농사학림' 프로그램을 소개받고 3월부터 참여하게 되었다.

3월에 만난 속 깊은 이랑과 유기물을 이용한 멀칭은 새로운 충격이었다. 비닐만 알면서 '생태교육'을 이야기하던 나에게 '순환'과 진정한 '생태'의 의미를 생각하게 하는 사건이었다. 학교로 돌아와 잠시 고민에 빠졌다. '우리 아이들이 할 수 있을까? 아버지들의 도움을 받는 게 낫지 않을까?' 하는 것이었다. 그때 2학년에서 어린이용 삽을 구매하고, 어설프게나마 밭을 꾸미는 것을 보고 생각을 바꾸

게 되었다. '작물의 집'이라는 이랑을 만드는 것부터 아이들과 함께 해야 진짜 아이들의 것이 될 수 있겠다는 생각이 든 것이다.

2학년 삽을 빌리고, 학교 예산으로 농기구 '포크'를 사서 텃밭을 만들었다. 홍성에서 했던 것처럼 흰 줄을 치고, 3.3×1의 한 평 텃밭을 나눈 뒤 한 모둠씩 맡아 텃밭을 만들었다. 두 시간 쯤 아이들의 삽질이 계속되었고 밭의 모양이 조금씩 만들어졌다. 그러고 나서 밭 위에 작년에 주사님이 모아 놓으신 낙엽들을 덮어 멀칭을 하고 날아가지 않게 나뭇가지들을 얹어 놓으니 텃밭이 완성되었다. 아이들도 자기가 만든 작물들의 집에 뿌듯한 모습이었다.

다음으로는 여름에 부모님께 대접할 요리를 정하고, 요리에 필요한 작물 중 7월에 수확 가능한 작물을 선정해 모종을 심었다. 요리는 다 달랐지만 작물은 피망, 토마토, 오이, 딸기, 당근 등으로 비슷하게 모아졌다. 멀칭을 젖히고 작물을 심은 다음 다시 잘 덮어 주었다. 비닐 멀칭을 한 곳보다 더 생기 있게 잘 자라는 모습을 보고 유기 멀칭의 효과를 실감할 수 있었다. 아침이면 텃밭에 먼저 들러 작물들이 자라는 모습을 보고 교실로 올라가곤 했는데 아이들도 가방을 맨 채 달려와 반갑게 인사하고 물을 주거나 관찰을 하곤 했다. 그 모습을 보니 흐뭇했다. 고추에 노린재가 생기자 물총을 준비해서 떨어뜨리는 아이들의 모습을 보면서 생각 없이 농약부터 찾던 내 모습이 떠오르기도 했다. 순환을 깨뜨리지 않는 해충 방제와 '제초가 아닌 억초'라는 가르침도 내 생각의 전환을 가져왔다. 그래서 아이들과 유기농약과 액비에 대해 공부하고 실제 만들기 어렵지 않

은 것을 골라 만들어 보았다. 유기 농약은 난황유와 은행잎 농약, 액
비는 깻묵, 쑥물, 계란껍질 등에서 모둠별로 한 가지씩 정해 만들었
다. 화학 농약처럼 효과가 있지는 않았지만 아이들에게도 박멸의
대상이 아닌 공존의 대상으로 벌레들을 생각할 수 있도록 하는 경
험이 되지 않았을까?

　학기가 끝나갈 때 쯤 '텃밭 잔치'를 했다. 많은 가족이 참여하였
고, 어설픈 요리는 어머님들의 손을 빌어 멋지게 바뀌었다. 텃밭 한

구석에 심었던 한련화는 멋진 데코레이션이 되어 음식을 돋보이게 하였다. 잡채, 스파게티, 피자, 김밥, 당근+토마토 주스에 어머님들이 준비하신 냉면 그리고 허브차까지 곁들여진 흥겨운 '가든파티'였고, 1학기의 텃밭 프로젝트는 그렇게 마무리가 되었다.

여름방학이 끝나갈 무렵 다시 2학기 농사를 위한 준비를 했다. 남아 있던 작물들은 다시 그 자리에 잘게 부수어져 멀칭이 되었다. 개학 후에는 아이들과 함께 어렵지 않게 담글 수 있는 김치 종류를 정했다. 그리고 거기에 맞게 무, 배추, 쑥갓, 쪽파 등을 어떻게 심을지 디자인하고, 모종을 사와 심었다. 그런 다음 농사학림에서 했던 것처럼 한랭사를 씌웠다. 그리고 여름 방학 전 만들었던 액비를 개봉하여 집에도 한통씩 보내고 일주일에 한번 씩 텃밭에 주었더니 주사님이 화학비료를 주신 무, 배추에 못지않게 잘 자라 한랭사를 밀쳐 낼 정도가 되어 걷어 주었다.

1학기보다 관심은 적었지만 여전히 월요일이면 텃밭을 살피고, 물도 주고 기록으로 남기는 모습을 보며 흐뭇함을 느꼈다. 11월 말, 어머니 두 분의 도움을 받아 수확된 무와 배추로 김치를 만들고 어머님들이 준비해 주시는 수육을 곁들여 두 번째 텃밭 잔치를 열었다. 조금 푸짐하게 준비하여 형, 동생들과 나누고 집에 계신 부모님들도 맛보시라 보내 드렸다.

이후 농사도 비슷하거나 또 다른 모습으로 지어졌다. 전 학년 공동 경작지엔 감자를 심을 것이고, 5월에 고구마 순을 낼 것이고, 고추를 한 줄 심을 계획이며, 밭 둘레엔 옥수수를 심을 것이다. 5학년

학년 통합 텃밭 운영 계획

공동경작 – 감자 4고랑				
공동경작 – 고구마 6고랑				
공동경작 – 고추 1고랑				
유치원 텃밭	1학년 텃밭	2학년 텃밭	5학년 텃밭	6학년 텃밭
통로				
텃밭입구 꽃밭	하우스	통로	3학년 생태학습장 (텃밭+곤충)	통로 4학년 생태학습장 (텃밭+식물)

이 담당하기로 한 논농사는 예년과 비슷하지만 논 생물 조사가 강
조되는 것이 다른 점이다. 논둑 식물, 물에 사는 생물, 거미와 곤충
등을 조사하였다. 2015학년도부터는 약간 모습을 바꾸었다. 공동경

작지를 없애고 학년별 경작지를 크게 나누어 갖고 계획 단계부터 각각의 계획으로 진행되는데 '자발성'을 끌어내기 위한 방법으로 앞의 4학년 운영 방식에서 가져온 아이디어이다.

거산 학교에서 농교육의 의미

앞에서 말한 바와 같이 학교에서 농사는 여러모로 매력적인 공부이다. 하지만 깊이 있는 고민 없이 선뜻 뛰어들었다간 여러모로 힘들어지는 공부이기도 하다. 거산에서의 '농사'는 작년에 했으니까 올해도 별 생각 없이 따라 하는 교육 활동이 아니다. 남들이 좋다니까, 특별해 보이니까 하는 활동은 더더욱 아니다. 흙의 소중함을 아는 것도 필요하고, 생태계의 순환을 이해하는 것도 중요하지만 무엇보다 '참삶을 가꾸는 거산 교육'을 만들어 가는 데 보탬이 되고, '내 삶의 주인은 나, 더불어 사는 우리'를 실천하는 데 꼭 필요하기에 이루어지는 활동이다. 그렇기 때문에 시간이 흐르고, 구성원이 바뀌어도 세부적인 모습은 바뀌지만 본질은 변하지 않고 지속되는 것이다.

9
책 읽는 즐거움, 온작품 읽기

남한산초등학교 윤승용

다가서기

남한산초에서 몇 해 전부터 '온작품 읽기' 수업을 해 오고 있다. 처음엔 이름이 '완전텍스트수업'이었다. 왜 완전텍스트라 이름 붙였을까? 아이들과 나누는 작품들이 불완전했기 때문일 것이다. 교과서에 실린 작품은 완전한 작품이 아니었다. 온전히 실을 수 없어 부분을 발췌했거나 때론 개작한 작품을 아이들과 나누어야 했다. 이를 안타깝게 생각한 선생님들은 시간을 내어 직접 아이들에게 작품을 읽어 주는 시간도 가졌다. 하지만 늘 부족했다.

선배 선생님들은 여러 차례 회의를 했고, 일주일 정규수업 시간 중에 두 시간을 온전히 한 권의 책으로 활동하는 시간을 생각하게 되었다. 교과서에 나온 작품의 온전한 내용을 아이들과 나누기로 한 것이다. 꼭 교과서에 나온 작품만이 아니었다. 교과목표에 어울리거나 더 효과적인 작품을 찾아 나누기도 하였다.

기록을 찾아보니 이 수업이 제안된 해는 2008년이었다. 당시 몇 해 동안 진정한 공부의 형식과 내용은 무엇인가, 이를 담는 그릇으로서 '수업'은 어떤 모습이어야 하는가에 대한 논의에 논의를 거듭하였다고 한다. 그동안 있어 왔던 독서교육에 대한 반성도 이 논의에 함께했다고 한다. 그렇게 하여 함께 합의한 수업 형태가 바로 한 권의 책을 모두 읽고 진행하는 '온작품 읽기' 수업이었다. 이는 해를 거듭하며 조금씩이지만 거듭나고 있으며 지금은 매 학기 초, 함께 읽을 책 목록을 알려 주고 매주 모든 학년이 함께하는 시간으로 자리 잡았다.

'사람'이라는 말에는 '삶'과 '앎'이라는 의미가 섞여 있다고 한다. 하나의 생명으로 살아가는 것과 함께 세상에 대한 안목을 넓혀 가는 것도 사람이라는 의미가 들어 있는 것이다. 세상을 보는 눈은 하나가 아니다. 수학의 눈, 경제의 눈, 음악의 눈, 미술의 눈, 말의 눈……. 학교에서 배우고 가르치려고 하는 '지식'은 어쩌면 여기서 말하는 '눈'과 가장 잘 닿아 있다. 더 나아가 여러 가지 눈은 서로 연결되어 하나의 대상을 보는 보다 큰 눈이 되어야 한다. 따로 떨어져 있는 눈은 그 자체로 의미를 가질 수 있으나 그 편협함을 피할 수 없기 때문이다.

이런 면에서 학교에서 다루는 지식은 보다 종합적으로 다루어져야 한다. 수업의 기본 교재인 교과서 수준에서 지식을 다룰 경우, 종합적이고 통합적인 안목을 기르는 데 무리가 있다. 지식이 낱개로 쪼개어져 있고, 차시 수업 목표에 적합한 부분 텍스트를 중심으로 짜여 있기 때문이다. 지식을 기계적으로 전달하는 데 효과적인 방법이겠으나, 부분의 합은 전체가 아니기에 늘 훈련만 있을 뿐이다.

'온작품 읽기'는 이에 대한 대안으로 자리매김할 수 있다. 온전한 책 한 권을 모두 읽고 같이 질문하고 찾아보는 수업은 그 자체로 큰 대안 역할을 한다. 수업의 흐름이 자연스레 맥락을 가져 종합적, 통합적 효과를 내기 때문이다.

독서교육의 측면에서도 '온작품 읽기 수업'을 바라볼 수 있다. 지금까지의 학교 독서 교육은 일상적으로 이루어지는 수업과 동떨어져 있었다. 아침활동 시간에 읽기, 몇 권 읽었는지 기록하기, 독후감 쓰기, 도서관 활동, 독서클럽 활동, 책 읽어 주기 등 독서와 일상 수업은 늘 별개로 움직였다. 다시 말해, '하면 좋은 것, 많이 읽으면 좋은 것' 정도 수준에서 양적인 독서, 흥미 위주의 독서만 반복해서 강조하는 면이 없지 않았다. 하지만 독서를 양으로, 흥미 위주로 접근하면 여러 좋지 않은 점과 마주하게 되는데, 그중 하나가 책이 주는 여러 가치를 발견하지 못한다는 것이다. 아이들은 주로 판타지와 단편 지식을 만화적으로 구성해서 전달하는 책을 스스로 골라 읽는데, 이 때문에 책이 지닌 여러 가치 중에서 극히 일부분밖에 누릴 수 없게 되는 것이다. 독서의 밑바탕이 되어야 할 여러 문학작품을 비롯한 역사, 과학, 사회, 전통 등의 소재는 외면받기 쉽다. 책을 고르는 기준인 '재미' 자체가 외재적인 것이기에 금방 더 큰 재미를 주는 다른 것으로 대체되기도 쉽다.

학교에서 양적인 권장 말고는 지속적이고 꾸준한 독서교육이 힘든 까닭은 무엇일까? 우선은 교과구조로 꽉 막힌 수업의 구조에서 찾을 수 있다. 다시 말해 이를 뚫지 않으면 질적인 독서교육을 담보할 수 없다는 말과 같다. 국가에서 내려준 교육과정에서조차 교과서 위주의 수업 방식은 지양하라고 한다. 교과서를 제작해 모든 아이들에게 배부했지만 교과서는 하나의 자료일 뿐이라고 그 위상을 내려놓았다. 국어과의 경우, 교과서에 작품 전체를 싣지 못했으므로 작품 전체를 읽도록 권장하고, 작품 전체의 맥락과 함께 학년별로 성취해야 할 기준을 가르치도록 하고 있다. 다른 교과에서도 학습독서라는 말로 관련 도서 읽기를 권장한다.

하지만 현장 교실에서 교과서 위주의 수업은 쉬 바뀌지 않는다. 이는 교과와 연계하여 한 권의 책이라도 온전히 읽고 나누기에는 시간적인 여유가 없다는 데 있고, 교육과정에 맞게 정선된 책 목록에 대한 연구도 미진하기 때문일 것이다. 물론 여러 출판사에서 해마다 교과 연계 도서목록을 소개, 안내하고 있지만 가르치는 교사 입장에서 두루 헤아리기에는 무리가 있다. 그러므로 한 해, 한 해 책을 다루면서 아이들과 교사들의 고민 속에 목록과 다루는 방식 등을 쌓아 가야 한다.

'온작품 읽기'는 틀에 꽉 막힌 구조를 조금이나마 풀어 볼 수 있는 작은 출발점 구실을 한다. 매 학기 도서목록을 작성하면서 전년도 것을 참고하여 새로 만든다. 책을 고른 동료 교사와 이야기를 주고받는 것은 기본이다. 어떻게 활용되었는지, 수준은 적당했는지에 관해 회의를 하고 목록을 다시 짠다. 대부분의 책은 문학작품 중심이고 가장 크게 국어과와 연계를 맺고 있다. 조금씩이지만 다른 교과와 관련하여 목록에 들어가기도 한다. 문학작품을 위주로 뽑았다고 하더라도 국어과에만 국한하여 활동이 이루어지는 것은 아니다. 예를 들어『오메 돈 벌자고?』(박효미, 창비)의 경우 인물의 심리와 배경에 집중하여 문학 수업도 가능할 뿐만 아니라, 사회 경제 단원과 관계를 맺고 풀어낼 수도 있다. 구수한 전라도 사투리로 대화가 오고 가기 때문에 사투리와 표준어에 대한 공부도 교사의 기획에 따라 전개될 수 있다.

생각거리

온작품 읽기가 학교 모든 교실에서 이뤄지고 있다 보니 자연스레 동료 선생님들과 이야깃거리로 올라올 때가 많다. 책 한 권을 한 블록에 나누는 게 가능한 것인가? 수업의 흐름은 어떻게 가져가야 하는가? 독후감을 쓰게 하는 것은 좋은 것인가? 한 달에 한 권 정도를 길게 가져가는 것이 좋지 않겠는가? 선정된 책이 아이들 읽기 수준에 맞는 것인가? 학년마다 집중해야 하는 초점은 무엇일까? 책 읽기 힘을 어떻게 길러 줄 수 있을까? 이어지는 질문에 서로의 경험을 나누고 조금씩 다져 가지만 부족함이 많다. 그래도 몇 가지 정리된 생각들이 있어 함께 나누고자 한다.

• 온작품 읽기와 독서감상문

책을 읽고, 읽고 난 후의 생각을 글로 옮겨 보는 공부만큼 깊은 공부는 없을 것이다. 그래서인지 일찍부터 독서감상문을 교육과정 내용으로 잡아 놓고 아이들에게 가르치고 있다. 3학년부터 시작하여 본격적으로 가르치게 되어 있는데, 먼저 드는 생각은 너무 과한 것은 아닌가 하는 것이다. 일정한 형식이 있을 것 같지도 않은데 형식을 강조하는 모양새를 취하고 있어 안타깝기까지 하다. 그것도 교과서의 이곳저곳에서 독서감상문에 대해, 독서감상문을, 독서감상문으로 가르치는 내용이 나와 쉽게 그 흐름을 잡을 수 없다.

함께 읽는 책이 있고 책을 읽고 난 느낌, 생각이 자연스럽게 독서감상문으로 나눠지면 어떨까 싶다. 굳이 어떤 형식을 정해 놓지 않고 길든 짧든 책에 대한 소감을 적어 보는 경험 자체를 중요하게 생각하는 게 좋겠다. 조금 더 나아가 쓴 글 모두를 함께 공유하면 더욱 좋겠다. 왜 쓰는지도 모르고 쓰는 것보다 그 '쓸모'를 찾아 주자는 말이다.

독후감을 '책 소식지'를 만드는 방법으로 나누기도 한다. 금요일에 수업이 있으니 목요일 저녁에 올린 독후감을 모아 소식지 모양으로 꾸며 다음 날 수업에 들어가며 함께 읽는 시간을 갖는다. 이 과정에서 다른 친구들은 어떻게 읽었는지, 어떤 부분에 집중했는지, 재미있었거나 감동적인 곳은 어디였는지 서로 서로 책 읽은 결을 느낄 수 있는 시간이다.

함께 읽은 책의 독후감은 교사에게도 '쓸모'가 있다. 책의 내용이 아무리 좋다고 하더라도 아이들과 닿지 않으면 아무 소용이 없기에, 교사는 독후감을 통해 읽은 수준을 가늠할 수 있을 뿐만 아니라 모두 함께 풀어 볼 이야깃거리도 찾을 수 있게 된다. 또 독후감을 통해 어떤 물음을 던져야 할 것인지, 어떤 활동으로 함께할 것인지에 대한 여러 아이디어를 얻기도 한다.

'쓸모'를 찾아 준다고 해서 아이들이 힘들어 하지 않는다는 것은 아니다. 한 권의 책을 읽고 짧든 길든 글로 나타내는 작업은 어렵다. 그래서 그런지 '책을 다른 이와 나누기 전에 독후감을 쓰는 게 어떤 의미가 있느냐?'를 주제로 선생님들과 의견을 나눈 적이 있다. 책을 읽고 쓰는 글은 사회적 글쓰기가 되어야 한다는 취지의 문제 제기였다. 혼자 읽고 혼자 쓰는 글은 한계가 분명하다는 것이다. 아이들이 부담 없이 글을 쓰고 생각 알갱이를 잡아 글을 쓰기 위해서는 수업에서 충분히 다룬 후 쓰게 하는 것이 좋다는 것이다. '온작품 읽기'의 취지 중 하나가 '꾸준히 글을 읽히자'였기 때문에 '혼자 읽고 혼자 쓰기'로 고통을 주는 것보다 같이 읽었으니 같이 쓸 거리를 찾아 글을 써 보는 형태가 아이들에게 더 쉽게 다가간다는 것이다. 모두 같은 책을 비슷한 시기에 읽고 나누는 경험 그 자체를 쌓게 해야지, 독후감을 써야 하는 '힘듦'을 꾸준히 줄 필요가 있느냐 하는 문제 제기다.

혼자 글을 쓰라고 했을 때 아이들이 가장 힘들어 하는 것이 '쓸 거리'다. 한 권의 책을 읽었다 하더라도 쓸 거리를 혼자 찾아내는 것은 쉬운 일이 아니다. 그렇다 보니 대부분의 아이들은 줄거리 쓰기에서 크게 벗어나지 못하거나 책 안에 깊이 들어가지 못하는 단순 느낌 정도에서 마무리하여 제출하는 경우가 많다. 그러므로 책을 바탕으로 충분히 내용을 나누고 질문을 주고받으면서 들었던 여러 생각이 아이들에게 '쓸 거리' 찾기의 부담을 줄여 줄 수 있다. 현재까지 기본 과정이었던 '책 읽기 - 독후감 쓰기 - 수업'이라는 틀을 '책 읽기 - 수업 - 독후감 쓰기' 형태로 바꾸는 게 낫다는 의견이 많았다.

'혼자 읽고 혼자 쓰기'가 어려운 것은 사실이다. 그것도 일주일에 한 번씩 꼬박꼬박 다른 책으로 써야 하니 그 고통은 클 수밖에 없다. 하지만 꼭 힘들다고 해서 어렵다고 해서 피해야만 하는 것일까? 책을 읽고 깊든 얕든, 길든 짧든, 옳든 그르든 온전히 그 과정을 겪게 하는 것은 꼭 필요한 일이라 생각한다. 이는 일 년에 많아야 서른 번 정도를 하는 것이다. 이 과정을 되풀이하는 것 자체가 사회적 글쓰기가 되는 것은 아닌가 하는 반문도 있었다. 이를 위해 따로 학습지를 만들어 도움을 주기도 한다. 혼자 글을 읽고 독후감을 쓰기 전에 학습지를 통해 자기의 경험, 생각, 느낌, 배경지식을 미리 점검, 정리하고 그 속에서 글감을 잡아 글을 쓰게 하자는 의도이다.

먼저 쓰게 하느냐, 수업 후 쓰게 하느냐에 따라 글의 질은 분명히 다르다. 두 가지 형태가 가지는 장단점이 분명히 있다. 독후감을 수업 전에 먼저 쓰게 했을 경우, 교사는 아이들이 어느 수준에서 책을 읽어 냈는지 파악할 수 있을 뿐만 아니라 사전 질문을 마련하

〈OOO을 읽고〉_ 학습지 예

- **명장면 , 명대사**

  책 내용 중 가장 기억에 남는 내용을 3가지 이상 적고 그 이유를 간단하게 써 보세요. 마음에 드는 부분, 마음에 들지 않는 부분, 감명 받은 부분, 말도 안 된다고 생각하는 부분, 재미있는 부분, 재미없는 부분 등 어떤 식으로든 인상적인 부분을 적고 이유를 쓰세요.

- **책을 본 첫 느낌**

  책 이름, 출판사, 저자를 적고 이 책을 처음 봤을 때 느낌을 적어 보세요. 제목, 책 표지에서 예상한 것, 내 느낌 등.

- 책 속 내용과 비슷한 경험이 있다면 써 보세요. 비슷한 상황을 생각해서 써도 됩니다.

- 이 책을 쓴 사람은 어떤 사람이고 왜 이 책을 썼을까 상상해서 써 보세요. 그리고 그에 대한 내 생각도 덧붙여 써 봅시다.

- 책을 읽으면서 떠올랐던 책, TV프로그램, 뉴스, 음악, 영화 등등이 있으면 적어 보세요. 우리 교실이나 우리 사회의 모습을 연결해서 써도 좋아요.

- 책을 읽고 나서 깨달은 점이 있으면 적어 보세요.

는 데도 도움을 받을 수 있다. 또한 온작품 읽기를 하는 기본 취지 중 하나가 혼자 책을 깊이 있게 읽어 내자는 것이므로, 혼자 읽어 내고 자기의 생각을 담아 내는 과정을 겪게 할 필요가 있다고 생각한다.

물론 함께 나누고 난 후 쓴 글의 수준이 분명 높을 수밖에 없다. 하지만 그 수준의 깊고 얕음이 꼭 그렇다고 볼 수 있느냐 하는 문제도 있다. 수업 후에 쓰는 글의 경우 교사의 의도가 강하게 들어갈 개연성도 있는 것이다. 주제를 탐구하는 경우, 여러 이야기가 오고 갈 것이지만 대부분이 아이의 개성 넘치는 생각이기보다 한쪽으로 방향 지워진 생각이 풀어질 가능성이 크다. 이는 우리가 바라는 책 읽기의 모습이 아니다. 그러므로 독후감을 먼저 쓰게 하는 게 옳다, 수업 후 쓰게 하는 게 옳다로 생각할 것이 아니라 어떤 방식으로 독후감을 활용할지를 먼저 선택하고, 그에 따라 방식을 선택하면 된다고 생각한다.

수업 전에 쓴 독후감은 아이들이 책을 어떻게 읽어 내고 있는지, 책에서 어떤 경험을 떠올리는지, 스스로 발견하고 들어간 의미는 무엇인지를 스스로의 힘으로 풀어낸 것이다. 그런 것을 적는 것이다. 그러므로 수업 전에 쓴 독후감에서는 아이들의 저마다 가진 다른 눈을 발견할 수 있다. 수업 후에 쓰는 독후감은 생각이 나누어지고 풀어지는 과정과 다른 이의 의견을 듣고 난 후에 쓰는 것이라 이를 통해 아이들은 다시 책을 보는 기회를 가질 수 있다.

모든 학년에서 모두가 이런 과정을 겪게 하는 것은 어떨까? 하지만 이것은 무리라는 판단이었다. 3학년 초기에 책을 읽고 난 후 독후감을 쓰는 방법과 여러 가지 독후감의 형태를 경험하고, 책을 읽고 자기의 생각이나 느낌을 글로 나타내었을 때 느낄 수 있는 정리와 확산의 기쁨을 충분히 느낀 다음, 이를 시작으로 조금씩 쌓아 나가다가 이후 6학년에서 더욱 강화해야 한다고 결론을 내렸다.

아이들의 독후감을 읽다 보면 줄거리만 읽어 내고 단순히 '재미있다, 재미없다' 정도로 책을 대하는 경우가 많다. 글쓴이의 생각, 등장인물의 대화에서 느껴지는 감정의 흐름, 지금 내가 딛고 서 있는 현실에 대한 자각, 나와의 만남 등 한 권의 책에서 만날 수 있는 세계는 크고 넓다. 줄거리 정도만 함께 알아보고 흥미위주의 독후 활동이 이뤄져서는 안 되는 까닭이다.

다소 어려운 일이지만 우리는 아이들이 책을 만날 때 좀 더 깊숙이 들어가길 바란다. 그 바탕에 독후감이 큰 자리를 차지하고 있다. 그렇다고 해서 독서감상문이 무엇인지, 어떻게 쓰는지 알려 주지 않고 책을 읽은 느낌을 쓰라고 강요하지 않는다. 길든 짧든 쓴 독후감은 소식지 형태로 인쇄하여 수업 전에 나누는 시간을 두고 서로의 생각을 읽어 내는 과정이 있다. 가져온 생각은 아무리 작아도 함께 이야기 나누고 이는 자연스럽게 수업 과정에서 풀어진다. 글말로 표현한 자기 생각이 다른 이와 나눠지는 과정 자체가 독서감상문의 쓸모를 알려 주고, 그 과정에서 느리지만 천천히 책 읽기의 깊이는 더욱 깊어진다.

• 책 읽기의 힘, 질문하기

책에서 생각을 끌어내는 방법으로, '질문하기'가 있다. 스스로 질문을 만들고 그 질문에 나름의 답을 해 보는 것이다. 여기에서 멈추지 않고 다른 이와 나눈다면 자기가 생각하지 않았던 것을 깨닫기도 한다.

책을 읽는다는 것은 여러 의미로 쓰인다. 소리 내어 읽는 것도 읽는 것이고 글의 내용만 알아도 읽는 것이다. 내용이 나를 잡아끌면 읽고, 잡아끌지 않으면 읽기를 멈추는 '선택독'도 읽는 것이다. 하지만 여기서 멈추면 책이 주는 여러 소중함을 놓치기 쉽다. 책이 우물이라면 똑같이 읽고도 많은 물을 길어 올리고 시원하게 마시는 사람도 있고, 겨우 목만 축일 정도로 읽는 사람도 있다. 함께 읽는 책인 만큼 손잡고 책 안으로 깊이 들어가는 경험이 쌓이면 좋겠다.

깊게 읽기 위해서는 천천히, 차분하게 읽어야 한다. 찬찬히 살피며 읽어야 한다는 말이다. 달려가면 보이지 않는 것이 많기 때문이다. 책과 함께 여행하는 그 길 위에서 천천히 걸으며 바람을, 구름을, 풀을 느낄 수 있어야 한다. 그러기 위한 하나의 방편이 '질문하기'이다. 이는 멈추고 질문하고 스스로 답을 말하거나 적어 보는 것을 말한다. 던진 질문을 다른 이와 나눌 수 있으면 더욱 좋다.

질문하는 방법을 알려 주기 위해 그림책 『친구가 필요하니?』(헬메하이네, 중앙출판사)를 3학년 아이들과 나누었다. 책 제목부터 책이 아이들에게 질문을 던지고 있었다. 읽어 주기 전에 책이 던진 질문에 대한 생각을 물어 보았다. "심심하지 않다. 숙제를 같이 할수 있다. 자기의 고민을 털어놓을 수 있다. 초대할 수 있다"라는 이유로 친구가 필요하다고 한다. 필요하지 않다고 생각한 아이는 없었다.

한 장을 넘기자, 주인공의 엄마 생각이 나온다. 다른 알을 볼 때는 "다 똑같은 알이다"라고 생각한다. 그런데 직접 자기가 알을 낳고 나서는 아주 소중하게 여긴다. "첫 장면에서 찾을 수 있는 질문은 무엇이 있을까?"라고 물었다. "왜 다른 것은 소중하게 보이지 않고 자기 알만 소중하게 보일까?"라는 질문을 수정이가 찾아준다. "이 질문에 답은 없지만 깊고, 얕은 것은 있다"고 말한 후, 아이들에게서 이야기를 들어보았다. "선생님께서 힘들게 얻어야 기쁘다고 했잖아요. 그것과 마찬가지로 자기가 힘들게 낳은 것이니 그렇습니다"라는 민준이의 말이 기억에 남는다. 한 가지 질문에 많은 이야기가 오갔다.

이야기를 이어 읽어 주었다. 주인공 리하르트는 자기의 힘이 세지자 엄마도 들고, 황소를 때려눕히기도 한다. 토끼도 타고 다니고, 누구하고나 싸워 이긴다. 같은 또래의 까마귀하고도 싸운다. 리하르트는 모두를 이기고 스스로를 자랑스러워한다. 그러던 어느 날 자기 주위에는 아무도 없음을 알게 된다. 시간이 흐르고 우연히 만난 늙은 까마귀에게 "어떻게 하면 친구가 생기냐?"고 묻는다. "너를 이기는 사람이 너의 친구가 될 것이다. 리하르트를 리하르트와 싸우게 하라"라는 말을 남기고 늙은 까마귀는 떠난다. 이 말의 의미가 무엇일까? 이어지는 내용도 그림과 함께 읽어 주었다. 자신의 부리와 발톱이 싸우고, 오른 날개와 왼 날개가 싸운다. 머리와 가슴이 싸운다. 꽤 긴 시간이 지나고 리하르트는 지친다. 그것을 본 다른 까마귀는 진지한 눈빛을 보내고, 함께 하늘을 날아오른다. 리하르트에게 친구가 생긴 것이다.

여기까지 읽어 주니 아이들이 여러 질문을 생각해 내 묻는다. 그 중에 "너를 이기는 사람이 너의 친구가 될 것이다. 리하르트를 리하르트와 싸우게 하라"라는 말이 가지는 뜻에 대한 질문이 많았다. 같이 답해 보기로 했다. 정연이 대답이 일품이다. 자신의 잘못이나 욕심을 찢어 내야 친구를 사귈 수 있다는 의미란다. 아이들이 "와!" 하며 고개를 끄덕였다. '그래 그 말일 거야' 하는 소리다. 자기도 그 말을 하고 싶었다는 아이도 있었다.

책 읽으며 찬찬히 질문을 던지고 그 질문에 대답해 보는 경험을 쌓으면 쌓을수록 작품을 읽어 내는 깊이도 깊어질 것이라 믿는다. 혼자 읽을 때도 그렇지만 같이 읽을 때도 질문하고 함께 찾아보는 경험은 여기에 더 큰 힘을 줄 수 있다. 그래서 아이들이 찾은 질문을 수업 시간에 모아 내고 연결시켜 주는 것이 '온작품 읽기'의 핵심이 아닐까 생각한다. 여기에 더해 책의 핵심을 꿰뚫는 질문을 교사가 미리 준비하고 나누는 과정도 함께하면 아이들에게 더 큰 힘을 줄 수 있겠다.

『내겐 소리를 듣지 못하는 여동생이 있습니다』를 읽고 : 나는 주인공의 동생이 사는 게 힘든 줄만 알았다. 하지만 그게 아니었다. 어쩌면 그 아이가 우리보다 사는 게 더 즐거울 수도 있다. 길을 가다 보면 다리가 불편한 사람이나 몸이 불편한 사람을 보면 힘들 것 같지만 활짝 웃고 있다.

오늘 아침에 읽은 책에서는 뇌성마비를 앓고 있는 아이가 운동회 날 참석해서 꼴찌 하지만 "조금 늦어도 괜찮아. 조금만 힘내"라고 했다. 난 이 말 한마디가 좋았다.

그 주인공의 동생은 몸짓, 발짓으로 자기의 생각과 감정을 전한다. 우리처럼 화나면 싸우고 소리 지르지 않고 몸짓, 발짓으로 표현하며 차근차근 설명하는 방법도 좋은 방법인 것 같다. 내 친구가 장애가 있다면 난 아마 그 친구를 징그럽다고 피했을 것이다. 내가 만약 귀가 안 들린다면 답답했을 것이다.

이 책을 통해 장애가 있는 사람은 특히 더 잘해 줘야 한다고 했다. 어제 저녁 엄마가 "엄마 학교에서 공부 못하는 언니가 있는데 그 언니는 공부는 못해도 자기 자랑을 잘해. 그리고 활짝 웃고 있지. 오늘 자기 자랑 50개 쓰라고 했는데 금방 썼더라"라고 했다. 그 언니는 자기자랑 50개를 금방 쓰니 삶이 즐거운 언니일 것이다. 공부를 못해도 걱정이 없는 그 언니가 부러웠다. 공부 못하는 언니가 부럽다니 나도 놀랐다. 소리를 듣지 못하는 그 아이를 앞에다 두고 그 아이를 놀린다면 보통 사람들은 못 들으니까 괜찮다고 생각할 것이다. 그러나 아니다. 그 아이도 감정이 있는 아이다. 말 못하는 어린 애를 보고 비웃듯이 해도 그 어린애는 가만히 있지 않을 것이다.

　듣지 못하는 그 아이가 말도 더듬거린다. 그러나 파랑새만큼 은 파 랑 새 또박또박 말했다. 파랑새가 희망이라는 뜻도 담겨 있지 않은가. 처음엔 그냥 발음하기 쉬워서 그렇겠지 생각했지 만 '파랑새'보다 쉬운 낱말이 더 많다. 나비, 사자 등. 그 아이는 특별한 아이라고 한다. 듣지 못해서 특별한 아이라고 생각할 수 있지만 '파랑새(희망)'만 특별히 잘 말해서 특별한 아이일 수도 있다. 희망이란 뜻만 잘 말하니까 특별한 아이라고 할 수 있다. 비록 동생이 장애를 갖고 있지만 자매간의 사랑이 깨지지 않았 으면 좋겠다. (3학년, 이어진)

책과 함께하는 여행[32]

　학기 초 골라 놓은 책을 아이들에게 알려 줄 때 설레는 마음을 어 찌할 수 없다. '잘 읽어 낼 수 있을까?'에서부터 '아이들 사이에서 어 떤 이야기가 오갈까?' 또 '어떤 일이 일어날까?'까지, 기대 섞인 마 음을 내려놓을 수 없다. 같은 학년에 같은 책을 선정해도 읽는 이와 시간이 다르기에 풀어지는 이야기는 매번 다르기 때문이다. 책을 읽고 난 아이들에게서 나오는 말 한마디에서 새로운 이야기가 나오 기도 하고, 교사인 내가 그때마다 다르게 읽어 내기에 그러할 것이

---

32) 2012년 남한산초등학교 산마을학급문집에서

다. 나오는 주인공이 크게 보이기도 하지만 줄거리와 크게 상관없는 한 장면이 크게 보이기도 한다. 책 내용의 곁가지가 크게 다가와 수업의 중심을 차지할 때도 많다.

처음엔 '에이, 수업을 잘못 이끌었어' 하면서 책 주제와 엇나간 활동이나 대화가 오고 간 수업을 망친 수업이라고 생각했다. 하지만 그렇지 않다는 것을 요즘 조금씩 깨닫고 있다. 책을 함께 읽고 이렇게 나눌 수도 저렇게 나눌 수도 있는 것이다. 책을 읽은 솔직한 마음에서 시작하여 진솔한 이야기를 주고받는 그 자체를 소중한 시간으로 채울 수 있다. 읽으면서 나와 다른 이를 떠올리는 시간이 주는 무게에 고마움을 가져야 한다고 생각한다.

책 읽기를 함께하는 데 가장 큰 과녁은 '즐기기'이다. 스스로 찾아 읽고, 책읽기를 즐기며 할 수 있다면 갈무리를 하는 정도일 것이다. '즐기기'라는 말은 공부로 접근하기보다 놀이로 다가간다는 말이 되겠다. 책이 놀이가 된다면 충분히 그 안에 들어갈 힘이 생길 것이다. 함께 읽은 책을 소재로 이야기를 나누고, 책이 주는 여러 놀이를 함께 즐긴다면 우리 아이들에게 책 읽기의 힘은 자연스레 생기리라 믿는다.

'온작품 읽기'에 대한 여러 의미를 접어 두더라도 한 해 동안 반 아이들과 서른 권의 책을 공유한다는 것은 그 무엇과도 바꿀 수 없는 기쁨이 있다. 같은 친구들과 6년 동안 180여 권의 책을 공유하고 쌓아 가는 기쁨은 더할 것이다. 사람과 사람이 만나 대화가 오고 가기 위해서는 공통된 그 무엇이 있어야 하는데 함께 나눈 책은 훌륭한 공통분모 역할을 한다. 더 나아가 한 권의 책이 일 년 내내 힘들게 공부한 그 어떤 것보다 나을 수 있다. 어떤 글의 일부분이 아니라 책 전체에 담긴 세계와 내가 가진 마음이 만나 일으키는 가락은 어쩌면 공부의 본질에 더 가깝기 때문일 것이다.

10
아이들의 배움의 힘을 키우는 수업

대월초등학교 박상혁

　오늘은 6학년 남○○ 선생님의 수업 공개가 있는 날이다. 수업 공개의 풍경이 늘 그렇듯 일상적인 시간들이 흘러가고 있던 중에 큰 변수가 일어났다. 아이들이 "선생님, 우리 이렇게 수업하면 어떨까요?" 제안을 해 온 것이다. 순간 선생님의 표정에는 당황한 빛이 역력했다. 관리자와 선생님들 모두가 지켜보는 가운데 선생님이 준비한 수업의 내용을 바꾸기가 쉽지 않았을 것이라 생각한다. 일반 수업이라면 바로 그렇게 했으리라 생각하지만 공개수업이라 그런지 망설이는 기색이 역력했다. 그때 뒤에서 참관하던 선생님들이 손으로 동그라미를 그리며 아이들의 의견을 받아 주라는 긍정의 신호를 보냈다. 남○○ 선생님이 아이들의 의견을 받아들여 수업을 다시 진행하자 선생님들의 소리 없는 격려가 이어졌다. 결국 수업은 예정된 시간보다 두 배 가까이 지나서 마칠 수 있었다. 수업 협의회 자리에 오신 선생님의 표정은 약간 상기되어 있었고 무척 유쾌해 보였다. "아이들의 제안을 받았을 때 바로 그렇게 하고 싶었는데 관리자 분도 계시고 공개 수업이라서 어떻게 해야 할지 정말 망설였어요. 하지만 아이들이 원하는 수업을 하니 아이들도 무척 즐거워하고 저도 즐거웠어요. 제 마음속에 있던 한계를 넘어선 것 같아 통쾌하기까지 해요. 제가 망설일 때 지지해 주신 선생님들께 감사드립니다."

오늘의 수업 공개는 수입초등학교 선생님들의 마음속에 의미심장한 화두를 던져 준 자리가 되지 않았을까? (2011년의 어느 날)

거의 모든 학교에서 수업을 공개하고 협의회를 진행한다. 하지만 교사들은 수업 공개를 그리 달가워하지 않으며, 수업 공개에 큰 의미를 부여하지 않는다. 수업 공개를 마치고 이루어지는 협의회 또한 의미 없고 형식적인 느낌이 강하며 수업 공개를 통해 교사가 성장한다고 생각하는 사람도 별로 없다. 이 때문에 수입초등학교는 다양한 방법을 통해 의미 있는 수업 공개를 진행하고자 노력했지만, 늘 뭔가 부족한 느낌을 지울 수가 없었다. 협의회는 수업이 진행되는 과정에서의 의문과 수업 방법에 대한 의견들을 나누는 수준을 벗어나기 어려웠다. 이 문제에 대한 협의를 이어 나가면서 우리가 '어떻게'에 대한 고민에서 머무르고 있다는 사실을 깨달았다. '왜' 수업을 하는지에 대한 답을 찾지 못하고 수업에 대한 이야기를 나누고 있었던 것이다. 초등학교에서 추구하는 가치가 현실적으로 실현되려면 결국은 수업에서 풀어내야 한다는 데 서로의 의견이 일치되었다. 이후 꽤나 긴 시간을 통해 '우리가 추구하는 수업은 무엇인가?'에 대한 협의가 이루어졌고, 결국 아이들의 삶을 가꾸기 위해서는 아이들의 배움의 힘을 키우는 수업을 해야 한다는 결론에 도달하였다. 아이들의 배움의 힘을 키우기 위해서 아이들의 배움기획력을 높이는 수업, '왜'라는 질문이 있는 수업, 느린 흐름으로 가는 수업, 아이들의 삶과 만나는 수업, 만남이 있는 수업, 배움에서 소외되는 아이가 없는 수업, 의미 있는 경험이 있는 수업, 모두에게 표현의 기회를 주는 수업, 배움을 스스로 정리하는 수업 등의 세부 가치를 설정하였다. 이후 선생님들의 수업에 변화가 오기 시작했고 수업 협의회 시간이 길어져 저녁을 먹고 다시 시작해야 할 정도로 이야깃거리가 풍부해졌다.

현재의 학교 문화를 대표하는 단어를 정하라고 한다면 '폐쇄성'이라고 말하고 싶다. 교사와 교사 사이에는 높다란 벽이 쌓여 있고, 서로의 교실을 들여다보는 것을 달가워하지 않는다. 이러한 문화에서는 커뮤니티가 정상적으로 일어날 수 없으며 교사의 성장도 없다. 문제를 공유하고 함께 풀어 가는 속에서 서로의 성장이 일어난다. 나는 지금 수업초등학교를 떠나 다른 곳에 있지만 이곳에서의 경험을 통해 좀 더 나은 교사로 성장할 수 있었다.

아이들의 배움 기획력을 키우는 수업

지식이라는 개념이 달라진 현대 사회에서 지금까지 교사들이 가르쳐 온 객관적 지식은 배움을 위한 재료이지 배움 그 자체가 될 수 없다. 교사는 이러한 객관적 지식들을 학생들이 활용하고 탐구하는 과정에서 문제를 해결할 수 있도록 도움을 주는 존재가 되어야 한다.

나는 아이들과 수업에 들어가기 전에 주제나 질문을 정하고 그것을 해결하는 데 필요한 시간과 이것을 통해 배워야 할 성취기준을 제시하여 아이들이 수업을 스스로 기획하는 시간을 가진다. 아이들의 다양한 의견들을 정리하여 의미 있게 배치하면 그 자체가 프로젝트 수업 계획이 된다. 아이들은 자신들이 기획한 수업이라는 생각에 참여하는 자세부터 달라진다.

초등학교 3, 4학년 교사들이 가장 어려워하는 과목은 사회다. 지역화를 담아내야 하는데 수업자료도 부족하고 교과서의 내용도 너무 보편적이라 사용하기에 적합하지 않다. 교과의 목적에 맞게 수업을 하려면 많은 노력이 필요하다. 이러다 보니 아이들도 사회를 그다지 좋아하지 않게 된다.

다음쪽의 표는 4학년 사회과 지방자치를 배우기 위해 아이들이 기획한 프로젝트 기획안이다. 아이들은 지방자치에 대해 전혀 모르겠으니 핵심만 잘 간추려 알려 달라는 부탁과 함께 교사인 내게 3시간의 수업권을 주었고 나는 지식적 요소를 정리하여 아이들이 이해하기 쉽게 3시간의 수업을 진행했다. 이후 수업은 아이들이 기획한 방향으로 흘러갔고 아이들은 지역의 문제를 조사하기 시작했다. 스스로 질문지를 만들어 학교 앞을 지나가는 사람들에게 물어보거나 부모님들의 의견을 받아 오기도 하고, 마을에서 의원을 하는 부

시기	교과	단원		학습 주제	차시총합
6월	사회	2. 주민 참여와 우리 시도의 발전		'우리가 지역의 주인'	17
	학습 내용	시작	2	Brain storming, 유목화, 주제망 작성, 학습활동 계획 세우기	
		전개	3	지방 자치에 대한 이해	
			4	지역의원 모의 선거	
			6	지역의 문제를 조사하기 위한 방법 알기	
				지역의 문제 조사하기	
				지역 문제 해결을 위한 제안서 만들기	
		정리	2	도의원과의 만남 '질의응답 및 지역 문제 제안하기'	

모님을 둔 ○○는 병원을 방문한 손님들에게 질문지를 나누어 주고 받아 내는 방식으로 꽤나 많은 양의 질문지를 모아 왔다.

질문지에 나온 내용들을 바탕으로 아이들은 마을을 위한 제안서를 만들었고 이 문제를 해결해 줄 수 있는 지역의원을 교실로 모시고 오라는 매우 부담되는 요구를 해 왔다. 마침 학부모들 중에 도의원이 한 분 있어서 그분을 교실로 모시고 프로젝트의 마지막 수업을 할 수 있었다. 아이들을 마냥 귀엽다는 표정으로 의견을 듣던 도의원이 갑자기 종이와 펜을 달라고 한다. 이 아이들의 입에서 마을의 오랜 민원들이 쏟아져 나오기 시작한 것이다. 각 모둠이 제안서를 발표할 때마다 도의원은 일일이 제안에 대한 답변을 해 주기 시작했다. 해 줄 수 있는 것과 해 줄 수 없는 것, 그리고 그 이유는 무엇인지에 대해서 말해 주었고, 아이들은 도의원이 한 이야기에 대해 질문을 쏟아냈다.

지역의 문제 해결을 위한 제안서

1. 우리 지역에 고등학교를 만들면 좋겠습니다. 왜냐하면 우리가 사는 곳에는 초등학교와 중학교는 있는데 고등학교는 없기 때문입니다. 저는 초등학생이지만 중학교를 졸업한 형, 누나들이 고등학교를 가려면 멀리 가야 됩니다. 그러면 형, 누나들이 편하게 학교를 다닐 수 없을 거예요. 그러니 서종면에 고등학교를 세워 주세요.

2. 버스가 많이 다녔으면 좋겠고 도로에 물청소를 해 주면 좋겠습니다. 도로에서 흙이 날려서 눈이 아프고 교통이 편리하지 않습니다. 교통이 편리해지면 멀리 사는 사람들이 훨씬 더 편리해질 수 있습니다. 버스 정류장과 다니는 버스를 늘려 주고 도로에 물청소를 해 주면 좋겠습니다.

3. 우리 지역에 병원을 세워 주세요. 우리 지역에 사는 주민들이 아플 때 멀리 있는 병원을 가야 해서 많이 불편해요. 그리고 병원이 멀리 있으면 아픈 할아버지, 할머니 분들이 가는 것이 너무 힘들어요.

4. 서종면에는 종합문화센터가 없습니다. 수입리 주민들이 문화센터를 가려면 양평이나 남양주까지 가야 합니다. 수입리에 문화센터를 지어 주셨으면 좋겠습니다.

5. 차를 타고 가다 보면 비가 올 때 도로에 물이 많이 고인 것을 볼 수 있습니다. 차가 지나가며 물도 튀기고 다니기도 불편합니다. 배수구 설치를 꼼꼼히 하면 차가 다니기 편할 것 같습

니다.

6. 길을 가다 보면 인도가 없는 곳이 있어서 다니기 불편해요. 인도가 없는 곳에 인도를 놓아 주세요. 인도가 없으면 차도로 다녀야 하기 때문에 위험해요.

7. 유기견들을 보호할 수 있는 센터를 마련해 주세요. 다니다 보면 유기견처럼 보이는 개들이 돌아다니는 것을 볼 수 있습니다. 개들이 다시 새로운 주인이나 자기 주인을 만나려면 유기견 보호 센터가 필요합니다.

8. 수입리에 공원을 만들어 주세요. 수입리 주민들은 산책을 하거나 운동을 할 수 있는 곳이 부족합니다. 수입리에 산책이나 운동이 가능한 작은 공원을 만들어 주세요.

9. 수입리에 마트를 지어 주세요. 마트를 가려면 멀리 나가야 돼서 물건을 살 때 불편해요. 마트를 지어 주면 많은 사람들이 편리할 것 같습니다.

지역 발전을 위해 항상 애쓰시는 분들께 감사드립니다. 수입 초등학교 4학년 학생들이 제안합니다.

수업을 마친 후 아이들은 자신들이 우리가 왜 마을의 주인인지, 마을의 주인으로서 어떤 일을 해야 하는지 알게 되었다고 말했다. 도의원이 해결해 주기로 한 민원이 지켜졌는지 확인하고 오는 아이들도 있었다.

교사들은 '아이들이 과연 이것을 할 수 있을까?'에 대한 의문들을 자주 가진다. 이런 의문으로 인해 아이들을 수업의 주체로 세우기를 주저한다. 하지만 아이들은 교사들의 생각보다 훨씬 더 뛰어나다. 2학년 아이들과 '여름' 프로젝트를 계획하며 마지막 활동을 뭐로 정할지 이야기를 나누던 중 한 아이가 '여름 발명품 전시회'를 하자는 제안을 했다. 여름 발명품을 만들려면 여름이란 계절의 특성을 잘 알고 있어야 한다. 아이들을 배움의 주체로 세우는 일은 아이들에 대한 믿음에서 출발한다.

'왜'라는 질문이 있는 수업

우리의 교실에서 나타나는 문제 중 하나는 질문이 사라졌다는 데 있다. '왜'라는 의문이 생길 때 아이들은 그 문제에 관심을 가진다. 삶은 질문의 연속이고 이러한 질문들을 해결해 나가는 힘을 가질 때 스스로의 삶을 가꿀 수 있다. 흔히 말하는 프로젝트수업(PBL)은 주제나 문제를 중심으로 수업을 풀어 나간다. 내 경험으로 볼 때 주제를 중심으로 풀어 나가는 것보다 질문을 중심으로 수업을 풀어 나갈 때 아이들의 흥미는 더 높아진다. 수입초등학교는 '질문 만들기'라는 이름의 수업을 다양하게 전개하고 있다.

수입초등학교는 모든 학년이 한 학급으로 구성돼 있지만 4학년만 두 반이다. 덕분에 같은 학년이 있다는 즐거움과 함께 수업에 대해 이야기를 나눌 기회가 많아 든든하다. 아이들 수가 많지 않아 과학 과목은 두 반을 합쳐서 수업을 하면서 나는 보조교사의 역할을 맡는다. 신○○ 선생님은 '모습을 바꾸는 물'이라는 주제로 '질문 만들기' 수업을 하기로 하셨고 난 보조교사의 역할을 하면서 아이들이 수업하는 것을 관찰할 수 있었다.

아래의 표는 수업이 진행되는 중 한 모둠을 관찰하고 정리한 것이다. 4명의 아이들은 서로 각자의 질문을 만들고 그중에 하나의 질문을 선정했다. '냉장고에 물을 넣으면 위에서부터 얼까? 아니면 아래에서부터 얼까?'라는 질문이었다. 먼저 가설을 설정하고 실험을

문제 중심 프로젝트 (질문 만들기)

활동 분류	모습을 바꾸는 물
질문 만들기	- 각자 다른 물(소금물, 설탕물, 연못물, 강물)을 같은 조건에서 증발시키면 증발 속도는 같을까? - 얼음은 위에서부터 얼까? 아래에서부터 얼까? - 단단히 얼은 얼음에 유성 매직으로 그림을 그릴 수 있을까? - 물을 얼리면 부피에 변화가 있을까?
탐구질문 선정	얼음은 위에서부터 얼까? 아래에서부터 얼까?
가설 설정	얼음은 위에서부터 언다.(2명) 얼음은 가운데에서부터 언다.(1명) 얼음은 아래에서부터 언다.(1명)
실험 준비물	투명한 플라스틱 그릇, 그릇을 덮을 수 있는 샬레, 시계
실험 시 유의점	플라스틱 그릇을 잘 막아 찬 기운이 통하는 곳이 없게 한다. 유리로 된 그릇은 깨질 수 있으므로 플라스틱 그릇을 사용한다. 실험 결과를 얻을 수 있도록 짧은 확인 시간을 정해서 확인한다. 실험 결과가 빠르게 나올 수 있도록 물의 양을 적게 한다.
실험 과정	1. 플라스틱 그릇에 물을 30ml를 담는다. 2. 샬레로 그릇의 윗부분을 덮는다. 3. 냉장고의 냉동실에 넣는다. 4. 10분 간격으로 물의 어는 모습을 확인한다.
실험 결과	물은 아래서부터 언다.

기획하던 중 한 아이가 변인통제에 대한 이야기를 한다. 물을 담은 용기의 위를 다른 곳과 동일하게 막아야 한다는 이야기를 한다. 나도 어떤 결과가 나올지 무척 궁금해진다. 실험의 결과는 '물은 아래에서부터 언다'였다.

모둠마다 다양한 질문들이 나오고 그 질문을 해결하기 위해 실험을 기획하고 결과를 찾아내는 과정 속에서 과학과 교육과정에서 요구하는 성취 기준들이 자연스럽게 달성되는 것을 볼 수 있었다.

6학년 아이들이 각자의 질문을 만들어 양평시장 견학을 간 적이 있었다. 아이들이 시장의 상인들과 대화를 나누며 대형마트 건설로 인한 시장 상인들의 우려를 공감하고 교실로 돌아와 '양평에 대형마트가 필요한가?'라는 주제의 토론 수업을 기획했다. 나는 이 모습을 보며 이 아이들에게 일어나는 이 같은 배움이 학교에서 가르쳐야 할 살아 있는 배움이 아닐까 하는 생각이 들었다. 스스로 질문을 만들고 그것을 해결하는 아이들, 자신의 삶을 가꾸는 아이들로 성장할 수 있도록 돕는 것이 학교의 역할이 되어야 한다.

느린 흐름으로 가는 수업

선생님들과 수업에 대한 이야기를 나누다 보면 공통적으로 드러나는 사실이 있다. 수업 준비를 많이 한 수업일수록 실패할 확률이 높다는 것이다. 왜 그런 일이 발생하는지 생각해 볼 필요가 있다. 교사는 자신이 준비한 내용을 제한된 시간에 모두 풀어내기 위해서 자신도 모르게 수업에 속도를 내기 시작하는 경우가 많다. 하지만 아이들은 그 흐름을 따라가지 못하고 수업에 대한 흥미를 잃어버리고 만다. 교사는 열심히 준비한 수업에서 이런 현상이 발생하면 좌절하고 힘들어 한다.

제인 톰킨스는 '고통받는 사람들의 교육학'에서 교사가 수업을 하는 이유에 대해 신랄하게 지적하고 있다.

> 우리가 수업을 하는 이유는?
> -학생들에게 내가 얼마나 똑똑한 교사인지 보여 주기 위해서
> -학생들에게 내가 얼마나 지식이 풍부한지 보여 주기 위해서
> -학생들에게 내가 얼마나 열심히 수업을 준비하는지 보여 주기 위해서

제인 톰킨스에 따르면 교사들이 수업을 중시하는 진정한 이유는 학생들의 공부를 도와주려는 것이 아니라 학생들이 나를 훌륭하게 생각하도록 유도하려는 것이라고 한다. 이런 이유 때문에 교사들이 힘들고 괴롭다고 말한다.

얼마 전 한 신규 선생님의 수업을 참관한 적이 있다. 젊은 선생님답게 열정적으로 수업을 준비했고 톡톡 튀는 아이디어들이 수업 곳곳에서 엿보였다. 하지만 어느 순간부터 아이들이 수업을 따라가지 못하고 교사 혼자 열심히 수업을 진행하는 풍경이 연출되고 있었다.

수업에는 기다림이 필요하다고 말한다. 그러나 현재 40분 단위로 주어지는 수업 시간은 아이들의 질문과 기다림을 기대하기 어렵다.

작은학교교육연대 소속 학교들이 수업 시간을 80분으로 운영하는 것은 아이들을 배려한 수업을 하기 위해서다. 수업은 아이들을 위해서 존재해야 한다. 학교에서의 시간과 공간은 교사가 아닌 아이들을 중심에 놓고 고민해야 한다. 수업이 느린 흐름으로 갈 때 아이들은 서로 관계 맺고 자신의 생각을 만드는 여유를 가질 수 있다.

아이들의 삶과 만나는 수업

수업을 할 때 가장 좋은 텍스트는 아이들의 삶과 공감이 있는 텍스트다. 자신의 경험이 수업의 내용과 일치할 때 아이들의 눈은 반짝이기 시작하고 서로 말을 하고 싶어 하는 상태가 된다. 작은학교교육연대의 많은 학교들이 '주말 이야기 나누기'를 국어 교과에 통합시켜 실행하고 있다. 수입초등학교도 월요일 아침 자습 시간에 '주말 이야기 나누기'를 진행했는데, 모든 아이들의 자신의 이야기를 하다 보니 매번 시간을 넘겨 수업 시간을 침해하는 결과를 가져왔다. '주말 이야기 나누기'에 대한 고민이 시작되던 시기에 '작은학교교육연대'의 겨울 워크숍에서 남한산초등학교의 윤승용 선생님이 국어교과를 재구성해서 '주말 이야기 나누기'를 국어교과에 성취기준 중심으로 통합시켜 운영한다는 이야기를 듣고 월요일에는 말하기, 듣기 중심으로 '주말 이야기 나누기'를 실시하고 수요일에는 도서실로 가서 작품 읽고 주어진 과제를 해결하는 수업을 진행했다. 국어 교과의 지식적 요소들은 금요일에 다룸으로써 '주말 이야기 나누기'를 수업 안으로 끌어들일 수 있었다.

이 시간에 아이들은 모두가 앞에 나와서 자신의 이야기를 하고 다른 친구의 이야기를 듣는다. 무척 지루한 시간이 되리라 생각이 들 수도 있지만 아이들은 그렇지 않다. 이 과정에서 아이들은 말하기, 듣기, 쓰기를 힘든 과정이 아닌 놀이처럼 즐기면서 할 수 있다는 생각을 가진다. 옆집에 사는 친구가 이야기를 할 때에는 '에이 나도 같이 했는데' '내 이름도 말해 주지' 등의 자연스런 추임새들도 나온다. 아이들은 자연스럽게 말하고 쓰면서 표현의 힘을 길러 나간다. 내가 친구들의 이야기를 경청해야 친구들도 내 이야기를 잘 들어준다는 자연스러운 배움도 함께 일어난다.

교과를 통합하는 목적에는 여러 가지가 있을 수 있지만 가장 중요한 목적은 분절된 교과를 통합하여 아이들의 삶과 엮어서 수업으로 풀어내기 위함일 것이다. 학교가 아이들이 생활하는 공간을 배움의 대상으로 세우고 아이들의 경험을 존중할 때 아이들은 그 안에서 배움의 주체로 우뚝 설 수 있다.

만남이 있는 수업

오늘은 1~2교시 전담이 든 날이다. 아이들과 아침 만남을 마치고 교실에서 잠시 쉬고 있는데 위에서 리코더 소리가 들렸다. 바람이나 쐴 겸 위층으로 올라가 보니 작년에 내가 가르쳤던 아이들이 리코더 연주 수업을 하고 있었다. 이 녀석들이 얼마나 성장했나 보고 싶은 마음에 담임선생님께 양해를 구하고 교실로 들어가 자연스럽게 수업을 참관하게 되었다.

모둠 별로 주어진 곡을 연습하여 합주하기 시작했는데 한 모둠의 연주가 석연치 않았다. 다른 모둠에 비해 너무 느린 속도로 리코더를 연주하기 시작했다. 잠시 후 그 이유를 알 수 있었다. 그 모둠에 얼마 전 전학 온 아이가 있는데 다른 친구들에 비해 모든 것이 느린 친구였다. 기특하게도 이 녀석들은 그 아이의 연주 속도에 맞추어 합주를 하고 있는 것이었다.

순간 마음이 뭉클해지면서 이 녀석들이 이쁘게 성장했다는 마음에 옆에 있는 담임선생님이 너무 고마웠다. 교사는 아이들의 성장을 보는 순간 가장 기쁘다는 말이 실감나는 순간이었다.

사또 마나부 교수는 배움은 만남이라고 말한다. 사물(대상)과의 만남, 타인과의 만남, 자신과의 만남이 이루어지는 수업이 배움이 일어나는 수업이라고 말한다. 아이들을 수업의 중심에 세우려면 가장 기본이 되는 것이 있다. 그것은 관계다. 교사와 아이와의 관계, 아이와 아이와의 관계가 신뢰를 바탕으로 친밀함을 가지고 있을 때 아이들이 수업의 주체로서 참여할 수 있는 여건이 형성된다.

누구나 학창시절 기억에 남는 선생님들이 있을 것이다. 재미있거나 수업을 잘 한다는 이유 등 다양한 이유로 선생님들을 기억하지만, 그러한 선생님들의 공통점은 학생들과 소통하고 관계를 가지려고 노력한 분들이라는 것이다. 교사가 아이들과 관계를 맺으려고 노력하는 교실에서 아이들 간의 관계도 좋아진다. 관계가 잘 형성된 교실에서 아이들은 편안함을 느낄 것이고 수업도 안정적으로 이루어진다.

한 프레네 학교 교사는 "선배 교사가 후배 교사에게 해 줘야 할 말은 어떻게 해야 한다는 '기교'가 아니라 아이들을 '어떤 시선으로 바라보며 어떻게 아이들과 관계를 맺어야 하는지'에 관한 것이다." 라고 말한다.

협동학습에서 말하는 시스템화된 협동도 필요하지만 진정한 의미의 협력이 일어나려면 학교가 '돌봄과 나눔의 공동체'가 되어야 한다. 이러한 공동체에서의 만남은 하나하나가 아이들의 배움으로 연결될 것이다.

배움에서 소외되는 아이가 없는 수업

교실에서 수업을 할 때 교사는 마음 한 구석에 늘 미안한 마음을 담고 수업을 한다. 교실에 앉아 있는 아이들의 평균 수준에 맞춰 수업을 할 수 밖에 없는 현실로 인하여 언제나 수업에서 소외되는 아이가 발생하기 때문이다. 특히 기초 학력이 부족한 아이들은 수업 중에 멍하니 앉아 있거나 수업을 방해하는 행동을 하기도 한다. 미안한 마음이 들어서 그 아이 앞에 앉는 순간 교사는 블랙홀에 빠지게 된다. 한 아이를 챙기기 위해서 다른 모든 아이들을 봐 주지 못하는 상황에 직면하기 때문이다.

수입초등학교 교사들은 이런 상황을 해결하기 위한 해결책을 모색하던 중 학부모 보조교사를 채용하기로 결정했다. 학부모님들 중에서 아이들 교육에 관심이 많은 두 분을 고용하여 정말 소정의 강사비를 지급하고 주지 교과를 중심으로 수업 보조 교사로 활용하게 되었다. 처음에는 '서로 불편한 동거가 되지 않을까?' 하는 우려 섞인 목소리들도 있었지만 두 분은 학부모라기보다는 교사의 입장에서서 수업의 협력자로서의 역할을 너무도 잘해 주셨다.

학부모 보조교사는 교사가 수업을 진행하고 있을 때, 수업을 잘 따라 오지 못하는 아이들의 곁에서 이 아이들이 함께할 수 있도록 도와주고, 교사가 이 아이들을 지원할 때는 다른 모든 아이들이 교사가 제시한 과제를 진행할 수 있도록 해 주셨다. 시간이 지날수록 교사와 아이들 모두 수업에 대한 만족도가 올라갔다.

일본의 아키타 현 아이들의 학업 능력이 매우 우수하게 나온 이유가 지자체에서 보조 교사를 지원하여 수업에서 소외되는 아이들이 없도록 하였기 때문이라는 기사를 본 적이 있다. 보조 교사가 수업에 들어오면서 아이들에게 미안한 마음을 갖는 횟수도 많이 줄어들었다.

배움에서 소외되는 아이들을 줄이기 위해서는 기초학력 부진이 발생하지 않도록 해야 한다. 핀란드에서는 초등학교 저학년(1, 2학년) 시기에 인력과 재정을 집중적으로 투자하여 기초학력 부진 학생이 발생하지 않도록 한다. 저학년에서 탄탄한 학습 능력을 갖춘 아이들은 쉽게 기초학력 부진으로 가지 않는다. 능력 있고 훌륭한 교사를 저학년에 우선 배치하는 핀란드처럼 우리도 저학년의 기초학력 신장을 학교 운영의 중요한 요소로 잡고 저학년에 우선 투자를 하면 어떨까? 그런 날이 오기를 희망한다.

의미 있는 경험이 있는 수업

나에게 학교에서 사라져야 할 단어를 고르라면 '1학기 현장학습', '2학기 현장학습'을 고를 것 같다. 현장학습은 배움의 과정에서 필요에 의해 진행되는 것이지, 한 학기마다 한 번씩 가야 하는 게 아니라고 생각하기 때문이다.

수입초등학교는 혁신학교로 지정되어 배정된 예산의 상당액을 학급교육과정 운영 지원비로 배정하였다. 그 당시 교사들이 현장학습을 나가는 것을 꺼리는 이유로는 수요자 부담으로 현장학습을 준비할 때 거쳐야 할 절차가 부담스러웠기 때문이었다. 그러나 학급에 교육과정 운영비가 배정되자 수요자 부담이 발생하지 않아 복잡한 절차를 거칠 필요가 없어졌고, 이는 교사가 필요에 따라 수시로 현장학습을 나갈 수 있는 기반이 되었다. 나는 그해에 약 11번 정도 현장학습을 나간 걸로 기억한다. 아이들과 프로젝트 수업을 기획하면서 그런 수업을 하려면 어디에 가야 하는지 이야기를 나누고 그 내용을 프로젝트 학습 계획에 포함시켜 교육과정을 운영하였기 때문이다.

2학년 아이들과 '그림자 인형극' 공연을 하기로 결정하고 춘천 인형극 축제 기간에 맞춰 인형극도 관람하고 인형 박물관도 방문하고 난 후 아이들과 인형극을 만들어 전교생들을 대상으로 공연도 하였다. 2학년 아이들이 하기 힘든 음향이나 그림자 인형 제작은 학부모님들이 지원해 주셨다.

공연은 성황리에 끝났다. 우리 반뿐만 아니라 학교 곳곳에는 프

월	통합주제	그림자와 친구해요	
9	통합교과	슬생, 즐생, 국어	차시 : 18차시
	통합내용	인형극장 견학 및 인형극 관람하기 애니메이션, 인형 박물관 견학 책을 읽고 등장인물의 생각과 느낌 나누기 책을 읽고 대본 만들기 그림자 인형 만들고 공연하기	

로젝트를 마친 학급의 공연이나 전시를 알리는 포스터가 심심치 않게 붙는다. 『강아지똥』을 뮤지컬로 만들어 공연하면서 노래의 작곡자인 백창우 선생님을 초대해서 '굴렁쇠아이들'의 공연을 함께 체험하게 해 주었던 3학년 선생님의 프로젝트도 인상적이었다. 배움 속에 자연스럽게 체험이 녹아들어 갈 때 아이들에게 의미가 될 수 있다. 그렇지 않다면 아이들은 그냥 하루 재미있게 놀다 온 정도로 현장학습을 인식하게 될 것이다.

물론 앞의 이야기들은 보통 학교에서 실행하기 쉽지 않은 부분들이 있다고 생각한다. 하지만 교육과정 재구성을 통해 아이들에게 의미 있는 체험의 기회를 제공하는 방법들을 고민해 볼 필요가 있다.

모두에게 표현의 기회를 주는 수업

일반적인 교실의 수업 풍경을 떠올려 보자. 발표하는 아이가 대체로 정해져 있다. 이 아이들은 자신이라도 발표하지 않으면 수업이 잘 되지 않는다는 것을 알고 있다. 그나마 이런 아이들은 수업과정에서 자신과의 만남(자기내면화)을 경험하는 아이들이다. 대체적으로 이런 아이들은 선행학습의 경험을 가지고 있는 아이들이 많다. 나머지 아이들은 수업 시간에 앉아는 있지만 그 수업에 참여하지 않았다고 볼 수 있다. 만약 이 아이들에게 "오늘 수업을 마치기 전에 모든 아이들이 발표하도록 하겠다"라고 교사가 선언한다면 그 순간 교실은 집단적으로 혼란에 휩싸이게 된다.

수입초등학교는 아이들의 표현력 향상에도 관심을 기울여야 한다는 데 의견을 모았다. 80분 수업은 모든 아이들이 수업의 마지막 단계에서 자신의 배움을 발표할 수 있는 시간을 제공한다. 처음에는 쉽지 않지만 아이들은 차츰 자신과의 만남(자기내면화)에 대한 경험을 쌓아 가면서 자신에 대해 표현하는 것을 두려워하지 않게 된다.

아이들을 배움의 중심에 세우고자 한다면 기존의 목표-달성-평가의 단계로 이루어지는 '계단형교육과정'을 벗어나 주제-탐구-표현의 단계로 진행되는 '등산형 교육과정'으로의 전환이 있어야 한다. 그리고 모든 과정에 아이들이 참여하게 해야 한다. 아이들은 표현 단계에서 배움을 정리하고 배움을 자신의 것으로 만든다. 표현을 통해 즐거움을 느끼는 예술처럼 아이들도 자신의 생각과 느낌을 표현하는 재미를 알게 된다.

오래전 양평에 있는 12학급 학교에 근무할 때의 일이다. 당시 그 학교에는 학급문집을 만드는 선생님들이 몇 분 계셨다. 당시, 학부모들은 "학급문집을 만드는 선생님은 좋은 선생님이고, 그렇지 않는 선생님은 좋은 선생님이 아니다"라고 했고, 나는 교직원 회의 때 이 일에 대해 이야기했다. 학교문집을 만들어 모든 교실의 이야기를 담아내고 학급문집 또한 그 안에 담아내자는 제안을 한 것이다. 우리 사회는 항상 말한 사람이 책임을 지게 한다. 당연히 학교문집을 만드는 일은 내 일이 되었다. 문집에 추천사를 넣어야 하는데 교장선생님, 동창회장, 학운위 위원장, 학부모 회장 모두 글쓰기를 꺼려 했다. 결국 나는 문집 안에서 교장선생님, 동창회장, 학운위 위원장, 학부모 회장이 되었다. 최소한 12년 이상 국어 교육을 받은 분들이지만 표현의 기회를 갖지 못한 결과가 아닌가 생각한다.

우리 아이들이 학업을 마치고 사회로 나가는 순간 가장 필요한 것이 표현 능력이다. 이력서는 쓰기 능력이 필요하고, 면접은 말하기 능력이 필요하다. 이러한 표현 능력이 아이들의 생존에 필수적인 능력임에도 불구하고 학교는 많은 아이들을 방치하고 있다.

배움을 스스로 정리하는 수업

학습이란 學(배우다) 와 習(익히다)가 더해진 말이다. 즉 배우고 익히는 것을 학습이라고 한다면 지금 우리 아이들에게 習(익히다)을 할 수 있는 시간이 주어지는지 묻고 싶다. 습은 배움의 대상(사물)을 만난 후, 거기에서 의미 있는 것들을 찾아 정리하고 자신에게 다시 물어 보는 과정이라 생각한다. 아이들에게 스스로 배움을 정리하는 시간을 줄 때 그 배움이 의미를 갖는다.

작은학교교육연대의 많은 학교들이 각종 배움노트를 제작하여 활용하고 있다. 이 배움노트에 그날의 배움을 정리하고 표현해 내면서 배움을 스스로 정리한다.

　위 사진은 6학년 ○○의 배움노트의 일부다. 대부분의 사람들은 이 사진을 보고 ○○가 성실하고 수업에 열심히 참여하는 아이라고 생각할 것이다. 학창 시절의 깜지처럼 정성스럽게 채워진 배움노트를 보면 당연히 그런 생각을 하게 될 것이다. 하지만 ○○는 장난도 심하고 과제도 그리 열심히 해 오는 친구가 아니다. 담임선생님이 배움노트를 보고 ○○에게 "오늘은 무슨 일로 이렇게 열심히 썼니?"라고 물었다. 그러자 "어제 역사 수업이 너무 재미있었고 더 많은 것을 알고 싶어서 집에 가서 사전하고 인터넷을 찾아 공부해 봤어요"라고 답해서 선생님을 놀라게 하였다. 배움노트를 가득 채우고 모자라서 포스트잇까지 붙인 ○○에게 이 수업의 내용은 쉽게 잊히지 않을 거란 생각이 들었다.

　아이들에게 지식을 쏟아붓기만 하지 말고 스스로 정리할 시간을 주는 것, 아이들이 배움의 힘을 키우는 데 큰 도움이 될 것이다.

11
참삶의 양식을
가꾸는 수업
-포괄적 문제해결학습-

백원초등학교 김주영

1. 수업이 바뀌어야 학교가 바뀐다

작은학교교육연대 회원학교를 비롯해 각 시·도의 학교혁신 바람을 타고 많은 학교들이 한자리 모임(다모임)을 통해 민주적인 의사결정 과정을 경험하고, 계절학교를 비롯한 다양한 체험활동으로 즐겁고 깊이 있는 배움을 가질 수 있도록 학교교육과정의 변화를 시도하고 있다. 생태적이고 아이들 눈높이에 맞는 공간을 구성하는가 하면 협력적이고 자율적인 활동이 이루어질 수 있도록 공간적, 제도적 환경을 개선하여 학생들의 학교생활 만족도를 높여 가고 있다. 또한 민주적인 학교 경영과 교사들을 교육의 주체로 세우기 위해 적극적으로 노력함으로써 교사들의 만족도도 크게 향상시키는 등 참삶을 가꾸는 행복한 학교를 만들기 위해 눈물겹게 노력하고 있다.

뿐만 아니라 학교 교육활동의 대부분을 차지하는 수업에서는 수많은 교사들이 개별적으로 다양한 콘텐츠를 개발하거나 배우는 등 많은 노력을 하는 것은 물론이고 학교단위로 정기적인 워크숍을 가지며 공동으로 수업을 연구하기도 하고, 기존의 패러다임을 벗어나 새로운 시각으로 수업을 바라보는 여러 학자들을 초청해 수업 방법을 개선하고자 지난한 노력도 해 오고 있다. 그러나 아이들은 여전히 배움으로부터 도망치려 하고 있다. 모든 생명체가 그러하듯이 사람도 삶을 영위하기 위해 끊임없이 배움을 추구할 수밖에 없다. 즉 배움은 생물학적 필요에 따르는 본능이다. 그런데 지금 우리 아이들은 왜 배우는 것으로부터 멀어지려고 하는가? 아이들을 배움으로 되돌아오게 할 수 없을까? 아이들의 배움의 본능을 깨울 수는 없을까?

이러한 고민을 풀어내기 위해 상주남부초 교사들의 노력을 살펴보려 한다. 상주남부초 교사들은 먼저 일상적인 수업들을 공개하고 함께 문제를 해결하기 위해 수업협의를 시작했다. 물론 공개를 위해서 특별히 준비한 '보여 주기'식 수업이 아니라 일상적인 수업들을 함께 보고 수업협의를 시작한 것이다. 하지만 수차례의 수업협의는 '이런 상황에서는 이렇게', '저런 상황에서는 저렇게', '그런 내용이면 이런 방법으로 접근하면 좋을 것 같다'는 등 거의 과거 '장학지도'식 협의 이상이 될 수 없었으며, 교과서 내용을 잘 전달할 수 있는 방법, 단위 수업 시간이 목표에 접근할 수 있는 효과적인 방법 찾기 등 지식을 효과적으로 전달하는 수업 만들기에 급급했다. 국가수준교육과정이 요구하는, 그 요구에 적합도록 만들어진 교과서를 가르치고 있는 것이다. 다시 말해, 교사들은 자기들이 가르치고 싶은 것을 가르치고 아이들에게 그것을 배울 것을 강요하고 있는 것이다. 그러한 노력들도 결국은 지금 아이들의 삶과는 상관없는, 도대체 왜 배워야 하는지 알 수 없는 지식 익히기를 요구하고 있었다. 루소는 그가 쓴 『에밀』의 서문에서 '어른들은 어른이 알아야 할 것에만 마음이 빼앗겨, 아이가 무엇을 배우는 것이 바람직한가 하는 문제는 고려조차도 하지 않는다. 그들은 항상 어린이들에게서 어른을 찾으려 하며, 어린이가 어른이 되기 전에는 어떠했는가는 생각조차 하지 않는다'고 지적한다. 교육이 아이들의 입장에서 바라보지 못하고 있다고 비판한 것이다.

아이들은 알고 싶은 것, 그들에게 흥미 있고 그들에게 필요한 것을 배우는 것이 아니라 선생님이 가르치는 것을 배울 수밖에 없다. 그러니 아이들에게 수업시간은 힘겨운 시간일 수밖에 없으며, 학교는 미래를 위해 참고 견디는 감옥이나 진배없다. 아이들이 배움으로부터 도망치려고 하는 현상은 어쩌면 당연한 결과가 아닐까?

학습 목표를 달성하기 위해 상벌과 경쟁, 미래를 위해 지금의 노력은 불가피하다고 협박하거나, 맥락 없는 노래와 율동을 가르치고, 게임을 하고, 사탕 등을 보상으로 주는 등 호객행위를 한다. 또 역할극이나 체험학습을 하기도 하고, 무슨 무슨 교수방법의 수업을 리모델링하기도 하면서 갖은 노력을 다해 왔다. 하지만 이러한 방법들은 은연중에 아이들의 경쟁심을 조장하고 사탕의 달콤함에만 관심을 가지게 할 뿐 아이들에게 배움에 대한 진정한 흥미를 가지게 할 수는 없었다. 또한 이는 작은 것을 소중히 생각하고 더불어 살아가는 협동의 삶을 추구하는 학교상과는 모순일 뿐만 아니라 아이들은 수업 속에서 늘 피동적일 수밖에 없었고, 수업 시간은 그저 견디는 시간일 뿐이었다.

협박과 호객행위, 리모델링 등 외재적 동기로서는 아이들의 배움에 대한 진정한 흥미를 구할 수 없으며, 바람직한 지적 성장도 기대하기 어렵다는 것이다. 또한 이러한 외재적 동기는 주로 개인적 성취에 대한 보상으로 이어질 수밖에 없어 지나친 경쟁심을 조장하여 도덕성의 성장에 장애가 될 가능성이 높다는 것이다.

그 동안 학교를 새롭게 디자인하기 위해 수많은 노력을 기울여 왔다. 그러나 학교교육의 핵심은 수업이다. 수업을 바꾸지 않으면 포장지만 바꾼 것에 지나지 않는다. 학교가 인간중심의 바람직한 배움의 공간으로 바뀌기 위해서는 수업을 바꾸어야 한다.

2. 참삶의 양식을 가꾸는 수업

사람들이 자기 삶에 만족하면서 산다는 것은 자기 흥미에 따라 사는 것을 말한다. 그러므로 한 공동체의 구성원으로서 행복을 느끼기 위해서는 끊임 없이 자기 흥미를 가꾸기 위해서 노력하는 삶을 살아야 한다는 뜻이기도 하다. 이러한 삶은 저절로 만족도가 높고 도덕적일 수밖에 없다. 이러한 삶이 진정 참된 삶이다. 이런 삶은 학교 밖의 어른들만 추구할 것이 아니라 우리 아이들도 그렇게 살 수 있도록 해야 한다. 우리 아이들이 그렇게 살 수 있는 여건을 만들어 주는 것은 교사들의 책무이기도 하다. 그러므로 우리 교사들은 아이들의 학교에서의 시간이 온전히 '자기 삶'이 되도록 하기 위해서 특별한 프로그램이 아닌, 일상적인 수업시간을 통해 이러한 여건을 만들어 주어야 한다. 아이들이 학교에서 보내는 대부분의 시간이 수업 시간이니 말이다.

그 동안 상주남부초 교사들은 사토 마나부의 배움의 공동체, 발도로프 교육, 프레네 교육 등 지식이 아니라 삶을 가꾸는 교육 운동들을 함께 탐구해 보기도 하고, 아이들이 어떠한 배움을 얻고 있는지 수업을 질적으로 바라보는 '아이 눈으로 수업 보기' 등의 방법으로도 얕게나마 접근해 보았다. 그러나 대부분의 수업 방법과 내용들이 우리나라 교육현실에서는 일반화시키기가 어려울 것으로 판단되었다. 그러던 2007년 말, 우연한 기회로 조용기(대구교육대학) 교수를 만나면서 듀이의 철학에 기반을 둔 프로젝트 학습에 대해서 새롭게 접근하게 되었다.

2-1. 프로젝트 학습

2008년도부터 저학년(1, 2, 3학년)을 대상으로 국어와 수학과를 제외한 교과에서 단원의 벽을 허물고 주제를 중심으로 통합을 시도했다. 그리고 공부할 거리, 즉 수업시간에 할 일을 아이들 스스로 결정하게 했다. 아이들은 자신들이 하고 싶은 일, 자신에 관한 일로 공부할 거리를 정했고, 그에 맞게 다양한 활동을 했다. 그러자 아이들은 활동에 몰입하였고 쉬는 시간과 수업시간이 구분되지 않는 모습을 보이기도 했다. 교사들은 이러한 모습에 고무되어 2009학년도 교육과정을 준비하면서 이 문제에 대해 좀 더 적극적으로 고민하기 시작했다. 수업 워크숍을 열어 기본적으로 공유할 철학적인 배경이나 수업의 방향성에 대해서 더 깊이 있게 논의하고 봄 휴가 기간에 학년별로 교육과정을 완성하면서 학년별로 프로젝트 학습 계획을 수립했다. 그리고 2009년부터는 프로젝트 학습을 1, 2, 3학년뿐 아니라 고학년까지 확대하여 저학년 주당 약 12시간, 고학년 주당 4~8시간으로 구성하여 운영했으며, 매주 목요일에 수업 워크숍을 열어 진행되고 있는 프로젝트를 점검하고 조용기 교수의 지도를 받으면서 수업의 방향과 방법을 수정해 갔다.

이렇게 진행되어 온 프로젝트 학습은 아이들이 배우고 싶은 것을 중심으로 수업 내용을 구성함으로써 아이들이 흥미를 느끼고 수업에 적극 참여하게 하여 활동에 몰입하도록 하였고, 아이들이 배우고 싶은 것을 배울 수 있게 하여 배움의 즐거움을 느낄 수 있도록 하였다. 이 프로젝트 학습은 매우 좋은 평가를 받았다.

하지만 아이들이 스스로 정하는 프로젝트에 교과별, 단원별로 요구되는 교육과정을 녹여 내는 것이 큰 부담이 되었고, 현재 우리의 역량으로는 당해 학년에서 당해 학년의 교육과정 내용을 다루어 내는 것이 불가능했다. 물론 1학년 입학에서부터 6학년 졸업 때까지 아이들이 성장하는 정도에 따라, 변화되는 흥미에 맞추어 초등학교 국가수준 교육과정 목표에 접근하고자 하는 장기적인 계획을 세웠다. 하지만 평가 시기와 내용, 방법까지 획일화되어 있는 일제고사 그리고 그 일제고사의 결과에 따라 학교와 학교장을 평가하는 기관평가나 학교장경영평가 등으로 인해 교과서에서 벗어나는 것이 큰 부담이 되었다. 무엇보다도 프로젝트 학습에서 중요한 것은 프로젝트가 아이들의 진정한 자기 흥미로부터 출발해야 하고, 일련의 과정에서 깊이 있는 사고 경험을 축적하며, 동료들과의 협력적 활동의 즐거움을 얻고, 교육과정이 요구하는 성취 기준들에도 접근해야 하는데 그러기엔 교사들의 역량이 턱없이 부족하였다.

이러한 사정은 상주남부초뿐만 아니라 다른 대부분의 학교도 비슷하다 보니 많은 학교에서 교과지도는 교과서를 중심으로 진행하면서 특별한 프로젝트를 별도로 진행하거나 일부 교과에서 관련된 내용을 묶어 프로젝트를 운영하기도 한다. 이렇게라도 아이들을 배움의 주체로 세우려고 애쓰는 모습들에서 희망을 얻기도 하지만 아직도 일반적인 수업은 지식 전달이 중심이 되어 아이들의 삶이 되지 못하고 있다.

2-2. 포괄적 문제 해결 학습

캐츠(L. Katz)나 킬페트릭(W. H. Kilpatrick)의 프로젝트 접근법은 지식과 기능을 익힌 후 그것을 응용하도록 주제를 선정하고 과제를 해결하거나, 스스로 과제를 선정하고 다양한 활동들을 조합하여 자기목적성이나 자기활동성을 강조함으로써 학생들이 즐겁게 학습 활동에 임하게 하는 수업이다.

이러한 형태의 프로젝트 학습은 프로젝트 주제를 선정하고 관련된 교과의 영역에서 내용과 표현 방법, 수업 시간을 가져오는 형태로 운영되고 있으며, 갖가지 조사와 표현이 서로 맥락을 가지고 있고, 여러 사람들과 함께하는 공동의 프로젝트 덕분에 협력활동이 활기차게 일어난다는 점에서 의미가 있다. 그러나 너무 다양한 영역에서 다양한 활동들로 구성되다 보니 깊이 있는 사고활동으로 이어지기가 어렵다. 따라서 새로운 지식을 발견하고 생산하는 즐거움을 느끼기보다는 활동 그 자체에 대한 재미로 끝나는 경우가 대부분이다.

상주남부초(지금은 많은 교사들이 합류하여 함께 연구해 오고 있다)에서는 학년별로 제시된 국가수준교육과정을 수행해야 하는 현실적인 여건과 기존 프로젝트 학습이 갖고 있는 문제점들을 해결하기 위해 교과서 한 단원의 내용을 포괄하는 문제를 중심으로 수업을 진행하는 포괄적 문제해결학습을 해 오고 있다.

가. 포괄적 문제해결학습이란

포괄적 문제해결학습은 듀이적 문제해결학습으로 기존의 여러 아동중심 학습이론들과 달리 단순히 새로운 방법론이 아니라 목적론이다. 지식습득이라는 기존의 목적을 보다 효율적으로 달성하기 위한 또 하나의 방법론이 아니라, 지식습득 대신 '자기 삶'이라는 새로운 목적을 지향하는 대안적 목적론이다. (조용기·김현지, 2015)

포괄적 문제해결학습은 국가수준교육과정에서 요구하는 성

취 기준을 중심으로 한 단원의 대부분의 차시를 포괄할 수 있는 핵심문제를 선정하여 단원 전체를 이끌어 나가는 접근방법이다. 일반적인 수업의 형태와 특히 다른 점은 보통의 수업처럼 40분 단위 차시마다 목표를 설정하고 도입, 전개, 정리, 평가까지 이어지는 분절식 수업이 아니라 단원 전체를 하나의 주제로 하여 단원의 핵심개념에 대한 맥락을 이해하도록 하는 수업이라는 점이다. 수업안을 구성하는 데 있어 가장 중요하게 고려할 점은 아이들의 흥미, 즉 내적 동기를 바탕으로 학습에 몰입할 수 있는 거리를 끊임없이 제공할 수 있도록 하고, 학습의 과정이 다양하고 깊이 있는 사고활동의 과정이 되도록 하며, 수업 전반에 걸쳐 상호 협력을 할 수 있도록 하여 아이들에게 학습은 머릿속에 넣어야 할 지식이 아니라 삶의 과정이 될 수 있도록 하는 것이다.

포괄적 문제해결학습은 지식습득이 아닌 자기 삶으로서의 학습이다. 흥미를 통한 학습이 아닌 흥미로서의 학습이고, 사고 밖에서는 할 일이 없는 학습이며, 협동이 별식이 아닌 주식인 학습이다. (조용기 · 김현지, 2015)

1) 즐거움을 '통한' 배움이 아니라, 배우는 것이 즐거워야 자기 삶이다

수업시간에 학습 목표가 제시되고 이것은 꼭 알아야 한다는 방법으로 접근할 때, 아이들에게 학습목표는 '이것은 내가 꼭 알아야 되는 것이구나!' 하는 의무감으로 다가갈 것이다. 그러나 바람이 몹시 부는 날 "야들아 바람은 왜 불겠나?"라고 묻거나 산, 강, 들만 표시된 지도를 보여 주며 "사람들은 어디에 모여 살겠나?"라고 묻거나 "야들아 벌에 쏘였을 때 암모니아를 바르면 부기가 가라앉는데 왜 그렇게 되겠나?" 하고 물으면 그저 가소로운 듯이 이런저런 대답들을 한다. 그런데 좀 더 원리에 가까운 생각을 하도록 질문을 하면 대부분의 아이들은 원리를 탐구하는 과정으로 저절로 들어간다. 이렇듯 무엇인가가 궁금해지고 그 궁금증을 해결하기 위해 스스로 찾아가게 되는 것이 흥미이다.

듀이(2007)는 학습에서의 흥미를 지식 습득의 한 방편이기보다는 이상적인 삶의 핵심으로 보았다. 무엇을 흥미로 한다는 것은 그 일과 내가 하나가 된다는 것, 즉 나를 "온전히" 산다는 것을 의미한다고 하였다. 또한 무엇을 하든, 어떤 종류의 인생을 살든, 우리는 그것을 흥미로 하지 않으면 안 되며, 흥미 추구가 곧 도덕적 삶의 바탕이 되고, 흥미 추구에의 몰입이 곧 '예술'이 되며, 포괄적 흥미 혹은 이상에 사로잡힐 때 '종교'가 되듯이 교육은 곧 흥미의, 흥미에 의한, 흥미를 위한 활동이라고 강조하였다. 이는 단순히 공부를 즐겁게 해야 한다는 것이 아니라 오히려 공부가 곧 즐거움이라야 한다는 것이다. 즐거움을 '통한' 배움이 아니라 배우는 것이 즐거워야 자기 삶인 것이다.

조용기(2007)는 흥미는 교육의 수단이기보다는 목적, 즉 교육의 전부로 보아야 한다고 강조하고 있으며, 흥미는 차라리 인간적 삶의 핵심으로 흥미를 빼놓고는 교육이든 삶이든 그 논의가 불가능하다고 하였다.

진정한 흥미의 원리는 학습할 내용과 행위를 성장하는 자신과 동일시하는 데 있으며, 진정한 흥미는 아이 자신의 성장 방향을 가리키며 아이가 자기 자신이려고 하면 절대적으로 요청되는 무엇이다. 일단 이런 동일시 상황만 확보되면 우리는 순전히 의지에 호소할 필요도 무엇을 흥미롭게 만들려고 애쓸 필요도 없다.(조용기, 2007)

이런 의미에서 우리가 흔히 아이들의 흥미를 유발하기 위해 도입하는 행동주의적 외재적 동기유발로서의 흥미, 즉 상과 벌, 스티커를 중시하는 흥미 위주의 교육은 흥미를 목적이 아니라 수단으로 생각하는 경우이며 진정한 흥미라고 볼 수 없다.

2) 교육적 성장을 위한 노력의 가치는 사고의 자극에 있다

무엇인가 불확실한, 의심스러운, 또는 문제가 되는 것이 있을 때 사고 활동이 일어난다. 즉 사고는 무엇인가 의심스러운 점이 있는 사태에서 일어나기 때문에 사고는 탐구의 과정, 조사의 과정, 연구의 과정이다. 따라서 학생들에게 제시하는 사태가 반드시 사고를 일으키는 그런 종류의 것이어야 한다는 것이다. 물론 그 사태에서 해야 할 일이 기계적이거나 변덕스러운 것이 아니어야 한다는 것, 다시 말하면 무엇인가 새로운 것(불확실한 것, 문제가 되는 것)이 있으면서도 이때까지의 습관과 충분히 연결을 맺고 있어서 효과적인 반응을 불러일으킬 수 있어야 한다는 것이다. 앞서 예로 든 '야들아 바람은 왜 불겠나?', '사람들은 어디에 모여 살겠나?', '야들아 벌에 쏘였을 때 암모니아를 바르면 부기가 가라앉는데 왜 그렇게 되겠나?' 등의 질문을 받은 아이들은 자기도 모르는 새에 사고 과정으로 들어가게 된다.

듀이는 『민주주의와 교육』에서 학교 교육의 목적을 기술의 습득, 정보의 획득, 사고하는 훈련으로 볼 수 있는데, 사고와의 관련을 떠나서 습득된 기술은 그것이 사용되어야 할 목적에 관한 인식과 단절되어 있으며, 사고에 입각한 행동과의 관련을 떠난 정보는 죽은 정보요 마음을 짓누르는 짐이라고 했다. 또한, 그런 정보는 지식의 모사품이며 지력의 혜택을 받아 성장하는 데에 가장 심각한 장애가 된다고 언급하고 있으며, 수업과 학습의 방법을 꾸준히 개선해 나가는 직접적인 통로는 오직 사고를 정돈하고 증진시키는 데 있다고 말하고 있다.

학생들에게 무엇인가 '배울 것'을 주는 것이 아니라 무엇인가 '할 일'을 주며, '할 일'이라는 것은 반드시 '사고'를 하지 않으면 할 수 없는 그런 종류의 일이다. 그렇게만 하면 학습은 저절로 따라 온다고 했으며, 좋은 가르침이란 기존의 능력에 호소하되 새로운 자료를 도입함으로써 그 능력이 새 목적을 위해 재조직되게 하는 가르침이다. 이 재조직은 사고, 즉 지성적 노력을 요구한다. 어느 경우에나 노력의 교육적 의의, 즉 교육적 성장을 위한 노력의 가치는 사고의 자극에 있다.

3) 협동은 학습의 수단이 아니라 그 목적 혹은 색깔이 되어야 한다

포괄적 문제해결학습에 익숙해진 아이들은 문제가 있으면, 수업 시간 이외의 상황에서도 마찬가지로 함께 모여 이야기를 나눈다. 다시 말하면 협동이 익숙해진 해결 방법이다.

듀이는 아이들의 수동적 '흡수'를 강요하는 학습방법이라면 모든 수업이 도덕성 발달에 역행할 수 있다며 모든 교과 수업이 동시에 도덕적 색깔을 띠어야 한다고 강조했다. 이에 협동이라는 도덕성 항목을 대입하면 협동학습은 협동에 관한 학습이 아니라 '협동적' 학습이고, 한두 학습에 적용되는 협동적 학습이 아니라 모든 교과, 모든 활동에 적용되는 그야말로 협동이 그 전반적 색깔이 되는 협동적 학습이 되는 것이다.

조용기(2005)는 종종 협동학습을 수단적 의미로 오해하여 협동학습을 조장하는 수단으로 상이나 벌과 같은 외적 보상에 크게 의존하는 경우가 있는데, 이는 그룹 간의 경쟁심을 조장할 가능성이 높다고 말한다. 보상이 동기 유발의 효과를 가지는 한, 그것은 협동적이라기보다는 경쟁적이라고 볼 수 있다는 것이다. 그 보상에 의존하는 협동은 보상이 사라지면 협동이 지속되어야 할 필요가 사라지게 되고, 학교를 벗어나 협동할 이유가 없어진다는 우려를 안고 있다. 그러므로 협동은 학습의 수단이 아니라 그 목적 혹은 색깔이 되어야 한다. 모든 교과 수업을 통하여 협동에 접근함으로써, 협동을 아이들의 일반적인 삶의 양식으로 자리 잡도록 해야 한다고 강조하고 있다.

나. 포괄적 문제해결학습의 과정

안내하는 포괄적 문제해결학습 과정은 규정화된 것이 아니라 그동안 수업을 설계할 때 요구되는 것들을 나열한 것이다. 필요에 따라 가감할 필요가 있다. 실제 학습을 지도하며 가설을 설정하고 검증하는 과정을 수행하면서 원리와 법칙들을 발견하는 즐거움을 얻을 수 있도록 하는 것은 매우 중요하다. 발견의 기쁨을 얻는 것은 곧 새로운 흥미를 얻는 과정이기도 하기 때문이다.

1) 단원 재구성

가) 국가수준 교육과정 내용 분석

수업 설계를 하기 위해 가장 먼저 하는 작업은 단원의 주요 내용을 철저하게 분석하고 그 단원에서 가장 핵심적인 개념들을 파악하는 것이다. 어떤 형태의 수업이든 교사가 단원의 내용을 폭넓게 이해하고 있어야 좋은 수업안을 만들 수 있을 것이기 때문이다.

이때 교육과정과 지도서를 철저하게 분석할 필요가 있는데 학생의 관심사와 주제 해결 중심으로 활동하면서 자칫 필수 학습 내용을 빠뜨리지 않도록 하기 위해서이다. 교육과정, 지도서, 교과서를 동시에 펼쳐놓고 분석하면 수월하다.

나) 학급실태 파악하기

핵심내용 추출과 함께 우리 반 아이들의 관심과 흥미가 어디에 있는지 파악해야 한다. 우리 아이들이 유난히 재미있어 하는 내용이나 활동, 가정환경, 문제해결능력 등을 사전에 파악해 두어야 한다. 이는 나중에 활동 모둠을 편성하거나 포괄적 문제를 선정할 때 참고가 된다.

다) 핵심개념 파악하기

단원의 핵심개념은 교과의 최상위 개념이자 학생들이 교과학습을 통해 도달해야 할 궁극적인 학습 목표이다. 국가 수준 교육과정의 분석과 교과서, 교사용 지도서 등을 통해 핵심개념에 어떻게 접근하면 좋을지 고민해야 한다. 어떤 포괄적 문제를 어떻게 제시할지 설정할 때 핵심개념이 그 근원이 된다.

라) 포괄적 문제 만들기

듀이는 "학습을 유발하기 위하여 계획된 사태나 경험에 대하여 우리가 물어야 할 가장 중요한 질문은 그것에 담긴 '문제'의 질이 어떠한가 하는 것이다"라고 했다.

핵심개념을 파악하고 나면 다음 과제는 단원의 개념들을 포괄할 수 있는 포괄적 질문을 찾는 것이다. 수업은 질문으로부터 시작한다. 지금까지의 경험에 비추어 보면 질문이 어떠한가에 따라 수업의 질이 판가름 난다고 봐도 될 것 같다. 단원 전체의 내용을 아우르면서도 아이들이 쉽게 파악할 수 있는 질문을 만들어 내는 것이 무엇보다도 힘든 작업이다.

마) 세부문제 만들기

아이들은 거의 대부분의 일에 대한 선개념 혹은 오개념들을 이미 가지고 있다. 질문 만들기가 되고 나면 이 질문에 대해 아이들이 가질 수 있을 것으로 예상되는 선개념과 오개념을 파악한다. 사실 아이들이 가지고 있는 선개념 혹은 오개념들이 수업 내용을 이루는 것이다. 예상되는 오개념들을 순서를 지어 활동 내용으로 배치하고 세부 질문을 만드는 과정으로 수업안을 만드는 것이다. 이런 과정은 수업을 아이들 자신의 일로 만들어 준다.

포괄적 문제를 해결하기 위해 해야 할 활동들을 자연스러운 흐름으로 계획해 보게 된다. 이것은 교사가 예상하는 흐름이다. 학생들의 관심사에 따라 활동 내용과 활동 순서에 변화가 있을 것을 예상해야 한다.

2) 학습지도의 실제

가) 문제의 자기화

도입이 단원 전체의 분위기를 좌우한다. 따라서 도입 단계에서는 아이들이 생생한 '자기문제'로 인식하게 해야 한다. 단순히 공부하는 시간이 아니라 자신의 삶을 사는 시간이 되도록 서두에서 그 계기를 만들어 주어야 한다. 그러기 위해서는 1)문제가 구체적인 형식으로 진술되어야 아이들의 호기심을 자극하기가 쉽다. 2)교사 자신도 이 문제에 대한 진정한 호기심을 보여야 한다. 3)다양한 상황에 대비해 아이들이 제시할 만한 가설을 미리 예상해 보고 다음에 던질 추가 질문을 준비해 두어야 한다.

나) 모둠별 가설설정과 근거탐색

제시된 포괄적 문제에 대해 모둠별로 토의를 통해 가설을 설정해 보게 한다. 포괄적 문제해결학습은 가설을 설정하고 검증하는 과정이라 해도 과언이 아니다. 이 단계에서는 자료를 최소화하여 답을 찾아 가도록 하면 상상력이 한껏 발휘되고 비판적이고 창조적인 사고가 발휘된다. 교사들이 유념할 것은 1)질문에 대해 접근이 어려울 경우에 대하여 준비해 둔 추가 질문을 통해 사고 활동을 돕는다. 2) 단순히 가설을 설정하는 것이 아니라 근거 있는 가설을 세울 수 있도록 하고 정답보다는 설득력 있는 가설을 격려해 준다. 3)논의에서 소외되는 아이들이 없는지 살피고 그들이 논의에 참여할 수 있도록 독려성 질문을 던지기도 한다.

다) 모둠별 가설의 전체검토

모둠별 토의 결과를 바탕으로 학급 전체가 함께하는 토의 과정이다. 이 단계에서 아이들은 자기들의 가설의 타당성을 설명하고 다른 모둠의 질문들에 대응하면서 더욱 활발한 사고 활동을 하게 된다.

라) 가설검증 및 문제해결

모둠발표가 끝나면 가설검증에 들어간다. 단원의 성격에 따라 아이들이 직접 실험을 통해 검증하는 경우도 있고, 교사가 정답을 안

3) 포괄적 문제해결학습 수업안(예시)

핵심 개념	산과 염기 [생활 속에서의 산과 염기의 이용 사례-벌에 쏘였을 때(암모니아 등)→용액 분류(산과 염기)→산과 염기의 성질→산과 염기의 여러 가지 반응→산과 염기의 중화 반응→다양한 지시약 만들기→생활에서 산과 염기 이용하기]			
학습 단계	학습 내용 (학습 형태)	교수·학습 활동	차시	자 료(●) 실 험(○) 관 찰(·) 유의점(★)
도입	문제 탐색	• 일기 읽기 교사가 쓴 여름계절학교 첫날 일기를 읽어 보자. – 일기 내용 파악하기 – 의문점 찾아보기	1/9	❶자료 1
포괄 적 문제 제시	모둠 토의1	• 포괄적 문제 제시하기 왜 벌에 쏘이면 암모니아를 바를까? 일기 내용에 보면 보건선생님은 벌에 쏘인 부분에 암모니아를 발랐다. 암모니아를 바른 후 아이들의 부어 오른 부분이 가라앉았다. 왜 그럴까? – 암모니아가 벌의 독을 중화시켰다.(무슨 이유로 벌의 독이 중화되었을까?) – 벌의 독은 산성인데 암모니아는 염기성이라서 중성이 되었다.(강한 산성과 강한 염기성은 모두가 독극물이다. 둘을 섞으면 진짜 독성이 사라질까? 그럴까?) – 암모니아는 모든 독을 중화시킨다. 모든 병은 암모니아로 치료할 수 있을까?(아니다. 병에 따라 다른 약들을 쓴다.)		
세부 문제 1	모둠 토의2	• 암모니아가 벌독을 중화시킨다는 것을 어떻게 증명할 수 있을까? 암모니아와 벌독을 섞어 본다. 그런데 벌독을 구하기가 어렵다. 어떻게 할까? (증명할 수 있는 방법을 모둠별로 토의해 보자.) – 벌독과 암모니아와 같은 성질을 지닌 용액을 각각 다양하게 찾아 그것들을 서로 섞어 본다.		❷여러 가지 용액, 지시약, 리트머스 시험지 등 최대한 다양한 용액을 준비한다.
	실험 과제1	• 암모니아와 벌독은 각각 어떤 성질인가? (지시약을 활용하여 정리해 보자.) – 용액의 성질을 알아보는 방법 중 지시약을 이용하는 방법이 있다. 지시약으로는 페놀프탈레인 용액, 리트머스 시험지, BTB 용액 등이 있다. – 자료❸을 지시약으로 사용하여 벌독과 암모니아의 성질을 조사해 보자. 벌독은 모둠별로 배부한 리트머스 시험지의 반응으로 확인한다.) – 실험결과 발표	2-3/9	❸벌독에 색이 변한 리트머스시험지, 암모니아수

세부 문제 2	개념 정리	• 개념 정리 – 푸른 리트머스 시험지를 붉게 변화시키는 용액을 산성이라고 하고, 붉은 리트머스 시험지를 푸르게 변화시키는 용액을 염기성이라고 한다.		★산과 염기는 서로 반대되는 성질을 지니고 있음을 발견하게 한다.
	실험 과제2	• 여러 가지 용액들을 지시약을 활용하여 산성과 염기성으로 분류하여 보자. 벌독과 암모니아가 없을 때 어떤 용액을 이용할 수 있을까? – 암모니아와 같은 성질을 지니고 있는 용액에는 어떤 것들이 있는지 모둠별로 조사해 보자. – 암모니아의 성질은?(붉은 리트머스를 푸르게 바뀌게 하는 등) – ❷를 활용하여 암모니아와 같은 성질을 지니고 있는 용액 찾기(다른 성질을 지니고 있는 용액 찾기) – 벌독과 같은 성질을 지니고 있는 용액에는 어떤 것들이 있는지 모둠별로 조사해 보자. – 벌독의 성질은?(푸른 리트머스를 붉게 등) – ❷를 활용하여 벌독과 같은 성질을 지니고 있는 용액 찾기(다른 성질을 지니고 있는 용액 찾기) – 모둠별로 조사 결과 정리하기 – 조사결과 발표하기 • 산성 용액의 성질 자세히 조사하기(정리하기) • 염기성 용액의 성질 자세히 조사하여 정리하기		★강염기나 강산은 사용하지 않도록 한다.
세부 문제 3	모둠 토의3	• 산성비에 대한 피해 사진 관찰하기 – ❹로 보아 대리석으로 만든 문화재와 금속이 부식되고 식물들이 말라 죽는 까닭은 무엇일까? – 모둠별로 토의해서 결과를 발표해 보자. ① 오래돼서 저절로(왜 하필 대리석으로 만든 문화재만 부식되고 있는가?) ② 산성비 때문에(그렇게 생각하는 까닭은 무엇일까?)	4-6/9	❹산성비 피해 사진 PPT
	실험 과제3 (산과 금속의 반응)	• 산성비로 인해서 문화재와 금속이 부식되고 식물이 말라 죽는 현상을 실험으로 검증해 보자. – 모둠별 실험 계획세우기 – 실험준비물 마련하기 – 실험하기 – 실험 결과 발표하기		★ 예상되는 준비물 미리 준비해 두기(대리석, 여러 가지 금속, 산성 용액)
세부 문제 4	전체 토의2 (중화 반응)	• 포괄적 문제 상기 산과 염기를 섞으면 중성이 될까?(중화반응) • 산과 염기를 섞으면 중성이 될까?(벌독에 암모니아를 바르면 중화가 될까?) • 자료❺를 이용하여 강산인 묽은 염산과 강염기인 묽은 수산화나트륨 용액을 알맞게 섞어 중성인 용액을 만들어 보자. – 어떻게 하면 중성인 것을 확인할 수 있을까? • 섞은 용액을 가열하여 보자.		❺묽은 염산과 묽은 수산화 중화반응

정리1		– 어떻게 되었을까? – 증발하고 남은 물질은? – 중화가 되었는가? • 중화된 물질은 독성이 없어진 것인가? 벌에 쏘인 아이들에게 보건선생님께서 암모니아를 바른 까닭은 무엇일까? – 산성인 벌독을 중화시키기 위해 염기성 용액인 암모니아수를 바른 것이다. • 결론 : 벌독은 산성인데 염기성 용액을 바르면 벌독을 중화시킬 수 있다.		❻정리 PPT

연관
문제
3
	실험
	과제5
	(여러
	가지
	지시약
	만들어
	용액
	분류
	하기)
		• 리트머스 시험지나 페놀프탈레인용액이 없을 경우 이용할 수 있는 지시약
		• ❼을 이용하여 여러 가지 지시약 만들기
		  – 양배추 지시약 만드는 방법 알아보기
		  – 양배추 지시약 만들기
		  – 다양한 색깔의 꽃을 이용해 지시약 만들기(장미꽃, 나팔꽃, 도라지 꽃, 달개비꽃, 할미꽃 등)
		  – 만든 지시약을 이용하여 여러 가지 용액을 분류하여 보자
		
		– 다양한 산성과 염기성 용액과 지시약의 반응을 표로 정리하기
			7-9/9	❼양배추, 장미꽃, 나팔꽃, 도라지 꽃, 달개비꽃, 할미꽃 등, 여러 가지 용액

정리2
 	
평가
	
	단원
	평가
		• ❽을 활용하여 용액의 성질 정리하기
		
		• 시금치는 염기성 토양에서 잘 자란다. 텃밭에 시금치를 잘 가꾸려면 토양을 어떻게 하면 될까?
		  – PH측정기를 활용하여 텃밭의 산도를 측정하고 ❾를 이용하여 산도를 확인해 보자.
		  – 산도가 7 이하인가 7 이상인가?
				❽교과서, 실험관찰
				
				❾PH측정기, 석회, 암모니아, PH그래프

내할 수도 있다. 아이들은 이 과정에서 앞서 치열하게 고민한 내용이라 그 결과에 대해 대단히 집중하며 새로운 발견을 할 때나 자기들 가설이 인정될 때 큰 희열을 느끼게 된다. 또한 이 결과로 인해 새로운 의문이 제시되기도 하여 학습이 지속되기도 한다.

산과 염기 단원 수업 자료 1

2010년 7월 21일 날씨 : 맑음

여름계절학교 첫날

여름계절학교 첫날 일기예보에 비가 온다고 해서 선생님들 모두가 걱정했으나, 다행히도 비는 오지 않았다. 첫날 프로그램이 '숲트레킹'은 해오름부터 씨영금까지 무학년으로 모둠을 편성하고 숲속을 함께 걸으면서 숲속의 보물찾기(동물의 흔적 찾기, 나무껍질 탁본뜨기 등) 활동을 하는 프로그램이다.

지난 주 토요일 휴일임에도 불구하고 모든 선생님들이 갑장산을 사전 답사를 하고 트레킹 코스를 정했다. 8개의 코스를 선정하고 모둠별로 활동하도록 할 계획이었다. '숲트레킹' 담당자로서 어제 다시 코스를 답사해 보았다. 그런데 2개의 코스가 너무 가까워 모둠별 활동에 방해가 될 듯했다. 새로운 코스 하나를 만들 필요가 있었다. 미끄러운 길과 위험한 나뭇가지를 정리해 새로운 코스를 만들었다.

아침 일찍 갑장산으로 향했다. 트레킹코스 입구를 표시하고 새롭게 만든 코스도 한 번 더 둘러볼 겸. 입구표시와 코스 답사를 마무리할 때 쯤 아이들이 숲속학교로 등교했고, 곧 숲트레킹을 시작했다. 모둠별로 담당교사를 배정하여 아이들의 뒤에서 안전지도를 하기로 했다. 새로 만든 코스는 다른 선생님들이 잘 모르기 때문에 내가 맡은 모둠 아이들의 이 코스로 트레킹하도록 했다. 사람들의 흔적이 거의 없는 숲길은 너무너무 신비로웠다. 계획된 활동을 모두 실시하고 산을 내려오는 길이었다.

몇 차례를 답사하면서 안전을 확인하고 또 확인한 터라 별 걱정 없이 내가 앞장을 서고 학부모 도우미를 뒤에 세워 산을 내려오는 길이었다. 거의 다 내려 왔다. 선두에 있던 아이들은 큰길까지 나오기도 했다. 그런데 갑자기 뒤에 따라오던 여학생들이 비명을 지르기 시작했다. 비명소리를 듣고 놀라 뒤돌아 올라갔다. 몇 명의 여자아이들이 한꺼번에 비명을 지르고 있었다. 뒤에 있던 학부모들도 달려왔다. 벌어진 상황으로 벌집을 건드렸다는 판단이 들었다. 서둘러 아이들을 아래로 내려 보내고 가장 어린 해오름의 성다은이를 업고 큰길로 내달렸다. 보건 선생님을 불렀다. 상황을 설명하자 조현미 보건 선생님은 서둘러 자기 차에 벌에 쏘인 아이들을 태웠다. 씨영금에 이서연, 해오름에 성다은, 꽃피움 이하나, 터일굼 이지원 네 명이다.

보건 선생님은 아이들을 학교로 데려오자마자 보건실에 눕히고, 얼음을 올려 두었다. 서연이와 하나는 크게 붓지 않았지만 다은이와 지원이는 얼굴이 크게 부어올랐다. 특히 다은이는 그 큰 눈이 보이지 않을 정도였다. 보건 선생님은 곧바로 과학실 열쇠를 찾았다. 암모니아수가 필요하다는 것이다. 급히 암모니아를 찾아 보건 선생님께 전달했다. 보건 선생님은 암모니아를 솜에 묻혀 아이들의 벌에 쏘인 부분에 발랐다. 병원에 가야 하지 않겠느냐고 보건 선생님께 이야기를 했지만 크게 걱정하지 말라는 것이다.

아이들 곁에서 안절부절하며 2시간 정도를 보냈다.

그렇게 울고불고 하던 아이들이 생글거리고 있었다. 어느 샌가 다은이의 큰 눈이 정상으로 돌아와 있었고, 지원이의 얼굴도 많이 가라앉았다. 하나와 서연이도 벌에 쏘인 흔적이 감쪽같이 사라졌다. 정말 신기할 정도다.

보건 선생님의 슬기로움으로 큰 위기를 넘겼다.

힘겨운 하루였다. 내년에 좀 더 철저한 답사가 필요할 듯.

○○○의 일기

3) 포괄적 문제해결학습이 주는 시사점

아이들의 변화를 평가할 구체적인 도구를 마련하지 못하여 교사가 정성적으로 관찰한 결과를 토대로 포괄적 문제해결학습이 주는 시사점을 몇 가지 정리해 보았다.

가) 일부 만족스럽지 못한 경우도 있었지만 단원 전체의 내용을 포괄할 수 있고, 일상생활 속에서 아이들이 흥미를 가질 수 있는 문제를 해결해 가는 과정은 단원 전체의 수업이 끝날 때까지 아이들의 흥미를 붙들어 놓을 수 있었고, 아이들은 수업 시간 내내 주어진 문제 해결에 몰입하고 있는 것을 관찰할 수 있었다.

나) 포괄적 문제를 해결해 가는 과정은 자연히 활발한 토의를 가

져 왔고, 모둠원들은 서로가 가진 경험들을 재조직하면서 각자가 가진 오개념들이 부서지는 경험을 하고 있었다. 아이들은 이를 통해 수업 시간 내내 긴장하고 협력하는 모습을 보여 주었다.

다) 교사는 포괄적 문제를 해결해 나가는 과정에서 끊임없이 아이들의 사고를 자극할 수 있는 질문들을 이어 갔다. 아이들이 교사의 질문과 상호간의 토의 과정에서 많은 사고 활동을 하고 있다는 것을 아이들이 쓴 글을 통해 알 수 있었다.

라) 포괄적 문제를 중심으로 수업을 준비하고 진행하면서 교사 스스로가 교과와 내용에 대한 자신만의 교육과정을 만들어 갈 수 있을 것으로 기대된다.

마) 포괄적 문제를 중심으로 수업을 준비하고 진행하는 과정이 아이들의 진정한 흥미를 바탕으로 하기 때문에 저절로 아이들이 수업의 중심이 되고, 교사는 말 그대로 안내자가 되어 감을 느낄 수 있었다.

3. 참삶의 양식을 가꾸는 수업 시간을 만나게 되리라 기대한다

수업은 인큐베이터 속에서 벌어지는 일이 아니므로 언제 어떤 상황이 일어날지 정확히 예측하기가 어렵다. 수업이 항상 교사의 설계도에 따라 정확하게 수행되기가 어렵다는 것이다. 그럼에도 불구하고 아이들이 진정한 흥미를 가질 수 있도록 힘써 준비하고 노력하는 것이 교육하는 삶을 살아가는 교사의 책무가 아닐까?

아이들이 삶을 가꿀 수 있도록 하는 수업을 생각하면서 몇 가지 제안을 하고자 한다.

1. 모든 수업이 도덕적이어야 한다고 생각한다. 단위 시간의 학습 목표 달성에 급급한 나머지 지나치게 경쟁을 조장한다거나 사행심을 갖게 만들고 있지는 않은지 항상 주의를 기울일 필요가 있으며, 상호 협력(지적, 기능적)을 통하여 공동의 문제를 해결하는 과정을 경험하게 해야 한다.

2. 아이들 스스로 배우려고 덤벼들도록 해야 한다. 다시 말하면 아이들이 외재적 보상에 따라 배우려고 하는 것이 아니라 진정한 흥미, 즉 내재적 동기를 가질 수 있도록 준비해야 한다는 말이다.

3. 교육을 하는 중요한 이유 중 하나가 아이들의 지적 성장이다. 지적 성장은 많은 지식들을 이해하고 암기하는 것이 아니라 지식을 재구성하고 분석하는 사고 능력을 기르는 것이다. 따라서 수업 시간 내내 끊임없이 사고 활동을 자극하는 것이 매우 중요하다.

포괄적 문제해결학습은 지식습득에 수업의 목적을 두고 효율적으로 달성하기 위한 방법론이 아니라 수업시간에 '자기 삶'을 살게 하는 목적론이다. 즉 포괄적 문제해결학습은 단순한 단원 재구성이 아니라 아이들의 진정한 흥미를 유발하고, 다양하고 창의적인 사고

활동을 끊임없이 제공하며, 공동의 과제를 해결하기 위해 상호 협력을 경험하게 하는 수업을 만들고자 하는 노력의 과정이다.

아직은 현실적인 여건을 고려하는 반쪽짜리 연구 과정이지만, 아이들을 수업의 중심에 세우고자 하는 여러 선생님들의 힘과 지혜를 모으면 아이들도 교사도 더불어 행복한 참삶의 양식을 가꾸는 수업 시간을 만나게 되리라 기대한다.

참고 문헌

사토 마나부, 손우정 역, 『수업이 바뀌면 학교가 바뀐다』, 에듀케어, 2006.
조용기, 『교육의 쓸모』, 교육과학사, 2005.
조용기, 『존재론적 흥미』, 2007.
존 듀이, 이홍우 역, 『민주주의와 교육』 교육과학사, 2005.
존 듀이, 조용기 역, 『흥미와 노력 그 교육적 의의』, 교우사, 2010.
존 듀이, 조용기 역, 『교육의 도덕적 원리』, 교우사, 2011.
조용기, 김현지, 『포괄적 문제해결학습』, 교우사, 2015.

12
삶을 가꾸고 성장과 배움을 지원하는 평가

대월초등학교 박상혁

익숙해져 있는 사물을 낯설게 하면 그 사물의 본질이 보인다

2005년 '작은학교교육연대'가 결성된 이후 꽤 오랜 시간이 지났다. '공교육 정상화'라는 화두를 가지고 진행해 온 작은 실천들은 혁신학교라는 큰 변화와 만나 우리의 교육을 변화시키고 있다. 15회에 걸쳐 이루어진 워크숍에서 다루었던 '교육과정과 수업, 평가의 일체화'라는 말이 이제는 많은 교육청에서 정책으로 추진되고 있다.

하지만 작은학교교육연대 워크숍에서도 평가라는 영역은 늘 어렵고 극복하기 힘든 대상이었다. 15회의 워크숍을 진행하고 각자의 학교에서 실천해 온 과정을 짧게 표현해 보라고 하면 '익숙해진 것들을 낯설게 보기'라고 말하고 싶다. 편해지고 익숙해지면 더 이상 자기 자신에게 질문하지 않는다. 우리가 편함을 내려놓고 익숙하게 생각하는 것들을 낯설게 보기 시작할 때 비로소 '정상적이고 상식적인 평가'에 다가설 수 있는 길이 보이기 시작한다.

교사를 길들인 익숙함들

변화와 혁신을 요구하는 시대에 교사들은 여전히 평가를 어려워하고 있다. 이에 우리는 '정상적 혹은 상식적'인 평가를 어렵게 하는 익숙함에는 어떤 것들이 있는지 생각해 볼 필요가 있다.

교사가 전문가라면 교사의 판단은 무엇보다 존중되어야 함에도 불구하고 한 학기, 혹은 1년에 한 번 실시하여 수치로 표현되는 20~25문항의 평가 결과가 교사의 교육적 판단보다 우선하는 경우를 종종 본다. 교사들 또한 객관화된 수치로 나타나는 정량평가에 익숙해져서 그 결과를 편하게 받아들인다. 숫자는 언제나 정확하고 객관식 정량평가는 신뢰할 수 있다는 신화화된 믿음이 이러한 현상을 일으킨다.

  -80점과 79점의 차이는 무엇인가?

  -80점을 맞은 아이는 40점을 맞은 아이보다 두 배나 학습능력이 뛰어날까?

  -0점을 맞은 아이는 학습 능력이 하나도 없다는 것을 의미하나?

위의 질문에 답할 수 있으려면 문항의 평가 결과가 길이나 무게와 같은 단위로 균등하게 측정하고 비교할 수 있는 비율 척도의 의미를 가질 때 가능하다. 하지만 교육 평가에서 사용하는 점수는 비율 척도로 해석하기 어렵다. 그러나 우리는 이를 모두 비율 척도로 가정하여 '가, 감, 승, 제' 하여 처리한다. 교육의 결과는 수치로 나타낼 수 있는 것보다 수치로 나타낼 수 없는 것들이 훨씬 많다는 것을 알고 있음에도 불구하고 정량화하기 어려운 것들을 평가의 대상에서 제외한다. 이런 상황에서 서술, 논술형 평가, 교사 평가와 같은 정성평가들은 오히려 불편함을 느끼게 된다.

평가의 사전적 의미는 '대상의 가치를 매기는 일'이다. 그럼 우리가 평가를 하는 대상이 무엇인지를 분명하게 할 필요가 있다. 평가란 학생의 배움의 정도를 알고 더 나은 배움의 길을 열어 주기 위한 척도가 되어야 한다. 평가의 대상은 학교와 교사의 교육 활동이어야 하고 그 결과 또한 학생이 아닌 교사와 교육과정, 그리고 학교와 학부모가 함께 책임져야 하는 것임에도 불구하고 평가의 결과는 모두 학생 개인의 책임이 되어 버린다. 결과가 나오면 그 다음 필요한 교육적 조치가 취해져야 하지만 평가결과를 공지하는 것으로 교사의 역할이 끝나는 경우가 많다. 병원에서 의사가 환자를 진단만 하고 알아서 치료하라고 한다면 환자는 어떻게 반응할까? 우리 학생들처럼 혼자서 힘들어하고 고민하지 않을까?

학교는 학교의 교육목표를 달성하기 위한 교육과정과 수업을 운영하고 그 결과를 확인하기 위한 평가를 실시해야 한다. 이는 평가권이 학교와 교사에게 있다는 것을 말한다. 하지만 우리나라는 국가가 모든 학교의 평가를 획일화시키고 독점하는 '네이스' 체계를 운영하고 있다. 이는 단위 학교에서 학교 나름의 평가를 운영하고

자 할 때 큰 걸림돌로 작용한다. 작은학교교육연대 소속의 학교들이 자체통지표를 개발하여 사용하는 것도 이를 극복하기 위한 노력의 일환이지만 이는 교사의 업무과중을 가져오기도 한다.

경쟁이 학습 효율을 높인다는 오래된 명제도 극복해야 할 과제다. 경쟁보다는 협력적 환경에서 더 좋은 학습 결과를 가져온다는 연구도 있듯 학교의 환경이 협력적 환경으로 변해야 한다. 어느 혁신학교 연수에 강사로 갔을 때 일이다. 한 선생님이 질문을 했다. "우리 반 아이들에게 협력학습을 시키려고 하는데 아이들이 전혀 협력하지 않는데 어떻게 지도하면 되나요?" 나는 그 선생님께 되물어 보았다. "선생님께서는 주위의 동료 선생님들과 공동의 문제를 해결하기 위해 얼마나 협력하나요?" 소통과 협력의 문화가 없는 우리들이 학생들에게 협력하라고 요구하고 있는 현실이 우리 교육의 현 주소가 아닌지 생각해 본다.

질문하기 - 왜 평가하는가?

지금의 교육 현실을 들여다보면 목적과 수단이 뒤집어져 있는 현상을 자주 만나게 된다. 우리나라는 '대학수학능력시험'이라는 고부담 평가가 존재한다. 이 '대학수학능력시험'은 교육의 목표와 가치를 달성하기 위한 수단이 되어야 할 평가를 목적처럼 취급하게 만들고 수많은 왜곡을 만들어 낸다.

교육 평가가 학습자의 학업 성취를 판단하기 위해 시험 문제 출제와 채점에 머무르고 학습자에게 가치를 부여할 수 없을 때, 교육의 본질을 벗어나 버린다. 이러한 평가는 교육에서 추구하는 가치와 상반된 결과로 나타난다. 평가의 결과가 중요시되고 기계적으로 해석되는 순간 위기가 찾아온다. 결과 중심의 평가는 필연적으로 주입식 수업을 초래하고 교육과정을 편협하게 만들며 평가할 수 있는 능력에만 교육의 초점을 맞추고 교사와 학생의 창의성과 자발성을 제한한다. 평가가 학생의 성장을 지원할 수 없게 되며 교사의 전문적 판단을 손상시킨다.

우리는 이런 위기를 너무 오랜 시간 동안 방치해 왔다. 평가는 선발을 통해 다수의 아이들을 패배자로 만드는 것이 아니라 모든 학생들이 각자의 재능을 최대한 개발할 수 있도록 도와주는 것이어야 한다.

평가는 교육의 평가다. 평가의 대상은 학생이 아니라 가르치고 배우는 일이 되어야 한다. 우리는 보다 나은 교육을 위해 평가하는 것이지 평가하기 위해 가르치는 것이 아니다. 평가의 결과가 교사의 수업개선과 직결되도록 하는 것이 평가의 기본이다. 교사의 전문성은 교육 기획력과 평가로부터 나온다. 평가를 통해 좀 더 잘 가르치고자 하는 의지가 나와야 하며, 교사는 이러한 마음가짐과 노력 속에서 성장한다. 평가 결과가 교육활동을 성찰하는 일에 활용되지 못한다면, 왜 평가하는지를 다시 물어야 한다. 평가는 교사의 끊임없는 자기성찰과 반성의 행위이기 때문이다.

낯설게 바라보기 - 어떻게 평가해야 하는가?

평가란 학생들이 보다 성공적으로 학교생활 및 교과학습을 할 수 있도록 돕고, 나아가 학생의 특성과 적성을 파악하여 그의 진로와 진학 및 직업 선택에 올바른 정보를 제공해 줌으로써 교육의 궁극적 목표인 행복한 삶을 살아갈 수 있도록 돕는 것이어야 한다.

결국 평가의 결과는 학생의 학습 결손 발견 및 학생의 진학과 진로의 자료로 활용되어야 한다. 결국 평가는 학생들이 배움을 통해 성장하고 자신의 삶을 가꿀 수 있도록 지원해야 한다.

이를 위해서는 익숙한 것들을 내려놓고 낯선 것들을 받아들이기 위한 노력이 필요하다. 수업과 함께하는 평가, 교육과정이 추구하는 목표에 부합되는 평가, 학생의 참여가 있는 평가, 학생의 변화와 성장을 지원하는 성장형 평가, 자기 생각을 만드는 평가가 이루어져야 하며 이 모든 평가는 결과가 아닌 과정 중심의 교사별 평가가 되어야 한다.

가. 수업과 함께하는 평가

많은 교사들이 수업과 평가를 분리해서 생각하는 경향이 있다. 이러한 경향으로 인해 평가는 교사들에게 무척 부담스럽고 성가신 존재가 된다. 학기 말이 되면 교사들이 통지표를 작성하기 위해 분주한 것도 이와 같은 이유다.

평가는 수업과 함께 이루어져야 한다. 평가하면 흔히 떠오르는 것은 '시험지'다. 그러나 작은학교교육연대 회원학교 상당수는 다양한

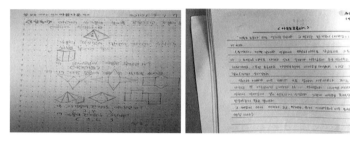

남한산초등학교 수학노트   운양초등학교 글쓰기 노트

배움노트를 자체 제작해서 사용하고 있다.

　수업과 평가가 함께 이루어지기 위해서는 수업시간에 이루어지는 모든 활동이 평가라고 생각되어야 한다. 수업시간 중에 학생들에게 주어지는 과제는 학생들의 노트를 보면 알 수 있다. 교사는 배움노트를 통해 학생의 학습 정도를 파악하고 적절한 피드백을 제공한다. 이러한 활동들은 주로 수업시간을 통해 이루어진다. 교사는 따로 평가지를 만들어 평가할 필요가 없다. 배움노트가 평가지의 역할을 수행하기 때문이다.

　배움노트는 학생들이 수업시간에 공부한 내용을 자기 언어로 정리하고 표현할 수 있도록 함으로써 자율적 학습능력을 향상시키고 사고력 및 글쓰기 능력을 향상시키는 효과를 가져 올 수 있다.

　학습(學習)이란 '배우고 익힌다'는 의미를 가진 한자어다. 우리 학생들에게 과도하게 많은 배움의 시간이 주어지지만 스스로 배운 내용을 익히고 내면화하는 시간은 그리 많이 주어지지 않는다. 이것이 학습의 효율성을 떨어트리는 원인이 된다. 배움노트는 학생들이

수입초등학교 배움노트

배운 내용을 익히고 그것을 내면화하는 기회를 제공한다.

현재의 평가는 교과서로 대표되는 교육내용을 토대로 각 교과의 영역을 정하고 그 내용을 대상으로 평가한다. 이는 차시별로 '목표 · 달성 · 평가'를 단위로 하는 '계단형' 교육과정에서 기원한 것으로 배움과 경험은 협소하고 획일적이며, 평가는 간단하지만 일원적인 한계를 가지고 있다. 앞으로의 평가는 '주제 · 탐구 · 표현'을 단위로 하는 '등산형' 교육과정으로 디자인될 것이다. 우리는 수업 속에서 학생들을 평가할 때 학생들의 표현에 중점을 둘 필요가 있다. 또한 각 차시의 한계를 넘어서 통합적으로 평가를 바라봐야 할 것이다. 이를 위해 교육과정 재구성이 요구되는 것이다. 결국 평가는 효과적 교수-학습의 일부분이어야 한다.

나. 교육과정이 추구하는 목표와 일치된 평가

현행 교육과정 운영의 가장 큰 문제를 지적하자면 교육과정에서의 목표와 운영내용, 수업, 그리고 평가가 제각각이라는 것이다. '교육과정-수업-평가의 일원화'가 강조되고 있는 이유가 여기에 있다.

2014. 6학년 2학기 주제2 '안녕, 대한민국' 재구성 계획표와 수업시간에 수시평가로 행복채움노트 (배움노트)에 실시한 평가와 피드백 (아시안게임, 기상캐스터 되어 보기 대본, 뉴스 제작하기 대본) - 평가 계획에 의거하여 수업시간에 공책에 쓴 글이 평가가 될 수 있다는 것을 인정하는 순간, 교사와 학생은 평가에 대한 편견과 불안이 사라지고 배움과 평가가 함께하는 행복한 시간이 될 것이다. 〈대월초등학교〉

'교육과정-수업-평가의 일원화'가 가능하려면 먼저 교사들이 학교교육과정이 추구하는 가치와 목표를 정확히 인식하고 있어야 한다. 90%가 넘는 교사들이 학교교육목표를 인지하지 못하고 수업을 하는 현실을 정상적이라고 볼 수 있을까? 가치가 공유되지 못한 학교에 교사가 20명이 있다면 그 학교에는 20개의 교육과정이 혼란스럽게 존재하고 있다고 봐야 한다. 관리자와 교육과정 담당자의 손안에 있는 교육과정이 모두의 교육과정이 될 때 '교육과정-수업-평

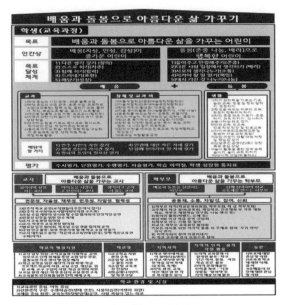

수입초등학교 교과과정

가의 일원화'가 시작된다.

수입초등학교에서는 학교의 교육목표와 교육과정 운영, 수업과 평가의 일원화를 위하여 학교 교육과정을 한쪽에 담아냈다. 또한 교육목표를 달성하기 위한 학교 구성원들의 약속과 역할도 담아냄으로써 모두가 참여하는 학교를 만들기 위한 토대를 구축하고자 하였다.

수업과 평가는 학교가 추구하는 목표를 달성하기 위한 수단이 되어야 한다. 학교 교육과정과 수업이 하나로 공유된 상태에서 배움이 일어난다. 목표와 가치를 지향하는 수업의 질이 그렇지 않은 수업보다 더 높다. 수업을 통해 학교가 추구하는 목표와 가치가 학생들에게 어떻게 반영되고 성취되었는지를 평가할 수 있어야 한다.

다. 학생의 참여가 있는 평가

'배움중심수업'은 학생을 주도적인 학습자로 설정한다. 교사가 학생들을 배움의 주체로 세우고자 하다면 먼저 학생들을 믿을 수 있어야 한다. 학생들은 우리가 생각하는 것보다 더 현명하고 창의적이다. 수업의 주체를 학생으로 세우고자 마음먹었다면 학생을 평가의 참여자로 인정하는 것이 필요하다. 아이들의 글을 읽어 보면 각자의 수준은 달라도 아이들이 자신의 배움과 성장을 돌아보는 밝은 눈을 가졌다는 것을 발견할 수 있다.

먼저 노력할 것은 발표할 때 목소리를 더 크고 발음을 정확하게 하는 것이다. 또 글씨를 더 정성들여 쓰는 것이다. 한 가지 더 폭력을 쓰지 않는 것이고, 뿌듯한 것은 행사부로 가서 우리 반 행사를 꾸며 준 것이다. 그리고 독서감상문을 쓰거나 다른 글을 써서 글 쓰는 능력이 늘어난 것이다. 또 내가 '부서원으로 나를 뽑아 줘'에서 글을 쓰고 발표해서 내가 하고 싶은 것을 한 것이 뿌듯했다. 또 기억에 남는 것은 텃밭 식물 그리기다. 그때 땡볕 아래서 땀 흘리면서 한 안 좋은 기억이 떠오른다. 처음 그릴 때 완전 망쳤다. 그리는 데 힘들었다. 이상하게 생긴 그림이 나왔다. 그래도 선생님이 도와줘서 나아졌다. 또 기억에 남는 것은 수학 시험 볼 때다. 많이 틀릴까 봐 조마조마했다. 근데 수학 시험지를 보니 '곱셈과 나눗셈'은 다 맞았는데 '큰 수'에서 엉뚱한 문제를 틀렸다. 실수지만 왠지 충격 받은 느낌이었다. 어쨌든 많이 안 틀려서 다행이었다. 내가 잘 한다고 생각하는 것은 음식을 골고루 먹는 것이다. 매일 점심 먹을 때 음식을 다 먹어서 식판을 다 비운다. 또 체육을 잘하지는 않지만 매일 적극적으로 참여하여 최선을 다한다. 그리고 수업시간에 맞춰서 들어온다. 메시가 부를 때 바로 들어온다. 1가지 더, 내 자리를 청소하고 필요한 것만 둔다. 4학년이 돼서 시간이 더 빨리 가는 것 같다. 1학기 재미있었다. (수입초등학교 4학년 학생의 자기 서술 평가)

조현초등학교에서는 통지표에 교사와 학생의 평가를 함께 기재하고 있다. '학생들이 자신을 객관적으로 평가할 수 있을까?'라는 우려가 있을 법도 하지만 내용을 보면 학생들이 자신에 대해 냉정한 평가를 내리고 있음을 알 수 있다.

교사와 학생, 그리고 학생의 학습 동료가 함께 평가에 참여하는 것도 '학생 참여형 평가'의 좋은 방안이 될 수 있다. 학생들은 교사

조현초등학교 통지표 - 교과학습 발달상황

교과	평가 영역	평가주제	학생				교사			
			매우 잘함	잘함	보통	좀더 노력	매우 잘함	잘함	보통	좀더 노력
국어	듣기 말하기	중요하거나 인상 깊은 내용을 메모하며 듣기			○				○	
	읽기	글을 읽고 대강의 내용 간추리기			○				○	
		글에 대한 반응과 경험을 다른 사람과 나누기		○				○		
	쓰기	알맞은 낱말을 사용하여 설명하는 글쓰기			○				○	
	문법	높임법을 알고 언어예절에 맞게 사용하기		○				○		
	문학	문학작품에서 재미있거나 감동적인 부분에 대해 표현하기			○				○	

조현초등학교 학습 자기 평가

활동 분류		활동 내용	활동 사례
디딤돌 학습	국어 (소리 내어 책 읽기)	처음에는 읽기 싫고 선생님이 읽어 주시면 된다고 생각했는데 틀리면 넘어가기에서 긴장하고 읽어서 도움이 된다.	
	수학 (사칙연산)	나눗셈할 때 꽤 쉬운 기호인 것 같다고 생각했다. 그리고 집에서 엄마가 거기에도 곱셈이 들어간다고 해 신기했다.	
	리코더	20곡 이상 연주하기	통과 (○ , ×)
	줄넘기	1(모둠발 100회 넘기)~8단계	( )단계 통과
발전학습		나의 주제 : 내가 살고 싶은 집 만들기	
		만들긴 했는데 생각보다 어려운 것 같다. 내가 문을 만들 때 사고를 쳐(문을 떼 버림) 지금 힘이 든다. 하지만 열심히 할 거다.	
통합 학습	옛날과 오늘날 (민속촌)	조를 짜서 우리끼리 다닌다고 생각하니 넘 신이 났다. 그런데 생각과 달랐지만 옛날에 이런 것을 하였구나 하고 생각했다. 여러 가지를 배웠다.	
	양평의 인물 (화서 이항로)	미션을 할 때 ○○가 별자리 수가 몇 개인지 알아 정말 대단했다. 그리고 이항로 선생님은 임금님이 5번 바뀔 때까지 살았다고 이야기한 게 제일 기억에 남는다.	
생태학습		난 논에 들어가는 게 재미있다. 근데 무서움이 온다. 거머리나 무언가가 문다고 겁을 주기 때문이다. 난 모심는 것보다 떡 만들기가 좋다.	
문화예술학습 (무용)		난 무용이 너무 재미있다. 내가 어릴 때부터 발레, 리듬체조 이런 것을 좋아해 많이 열심히 한 것 같다.	
어울마당		1학년부터 쭉~3학년까지 하였는데 그렇게 재미있진 않다. 난 친척 사촌 중에 아무도 언니가 없는데 어울마당을 했을 때 친한 언니가 있게 되어 좋다.	

의 평가보다 같이 학습하고 있는 친구의 평가에 더 귀를 기울인다.

배움은 타인과의 만남을 통해 그 깊이를 더할 수 있다.

라. 학생의 변화와 성장을 지원하는 평가

현재의 결과 중심 평가는 많은 문제점을 안고 있다. 과정을 묻지 않고 결과만으로 학생들을 바라보는 평가는 학생들을 종합적으로 보지 못하고 단편적인 부분을 전체화할 수 있는 오류를 범할 수 있다. 획일화된 결과를 설정해 놓고 학생들을 몰아가기보다는 배움의 전 과정을 통해 학생을 종합적으로 판단할 수 있는 평가가 필요하다.

평가의 한 단면을 살펴보면 우리는 교과의 한 차시를 평가하고, 그 아이를 단정하는 오류를 자주 범한다. 예를 들자면 3월 쓰기 평가를 한차례 실시하고 그 결과를 그대로 간직하고 있다가 학기말에 통지표에 입력한다. 3월 이후 학생의 성장은 그 속에 담아낼 수 없으며 학생의 노력에 의해 쓰기 능력이 성장하였어도 그것은 평가에 반영되지 않는다. 이를 개선하기 위하여 평가는 수시로 이루어져야 하며 학습이력철을 통해 지속적으로 관찰할 수 있는 평가가 필요하다. 또한 교육과정 목표 체계의 평가 또한 각 학년 간 분절적으로 이루어지기보다는 일관된 흐름 속에서 한 아이의 성장을 바라볼 수 있는 평가 체계가 만들어져야 한다.

내가 수입초등학교에서 2학년 담임을 할 때, 한 아이가 전학을 왔다. 당시 나는 매주 월요일 1~2교시를 블록으로 묶어서 '주말이야기 나누고 쓰기'를 하고 있었다.

다음 쪽 상단의 사진은 그 아이에게 주말에 있었던 일을 글로 쓰라고 했더니 마지못해 쓴 글들이다. 이 아이를 대상으로 쓰기 평가를 진행한다면 아마도 좋은 평가가 나오진 않을 것이다. 그러던 어

느 날, '주말이야기 나누고 쓰기' 수업을 하던 중에 이 아이가 혼잣말을 하는 걸 듣게 되었다. 자신의 옆집에 사는 친구가 주말에 있었던 이야기를 할 때, 이 아이가 "나도 같이 했는데"라고 혼잣말을 하는 것이었다. 나는 이 아이에게 "그럼 너도 나와서 이야기 해 봐"라며 아이의 참여를 끌어냈고 아이는 소곤거리며 자신감 없는 목소리로 자신의 이야기를 다른 친구들 앞에서 말하게 되었다. 그 후 아이는 친구들 앞에서 자신의 이야기를 하는 것을 좋아하게 되었고 자연스럽게 글쓰기에도 즐겁게 참여하게 되었다.

아래의 사진은 두 달 정도가 지난 후 아이의 글쓰기 노트다. 어느새 아이는 글쓰기를 좋아하게 되었고 이 글쓰기 노트에는 두 달간

의 아이의 성장의 기록이 담겨 있다.

우리는 모든 아이들을 똑같은 출발선에 세우고 목표를 향해 뛰어가게 하는 것은 아닐까? 성장 참조형 평가는 학생들의 개별성을 존중하고 각자 다른 출발선을 정하고 얼마만큼 성장했는지를 보는 평가다. 이 아이에게 맞지 않는 수준의 출발선을 정해 주고 정해진 목표에 도달하도록 채근했다면 이러한 성장이 일어날 수 있었을까? 아이의 현재를 이해하고 작은 성과들을 격려해 주는 과정 속에서 아이의 성장이 일어나도록 돕는 것, 이것이 성장을 지원하는 평가라고 생각한다.

마. 자기 생각을 만드는 평가

거의 모든 학교의 교육목표에서 창의성이라는 단어를 발견할 수 있다. 이러한 교육목표에 부합하려면 학생들이 자신의 생각을 만드는 평가로 전환되어야 한다.

'주제·탐구·표현'을 단위로 하는 '등산형' 교육과정을 운영하자면 결과를 미리 설정하고 학생들을 획일적으로 몰아가며 서열을 매기는 일제 고사식 평가 방법으로는 제대로 된 평가를 시행하기 어렵다. 시험지에 정답이 정해져 있고 이를 ○, X로 표기하고 점수가 수량화되는 기존의 평가는 필연적으로 학생들 간의 경쟁을 유발시킬 수밖에 없다. 수업 속에서 학생들은 서로 다른 경험을 통하여 배움을 내면화한다. 같은 주제를 가지고 수업을 하더라도 경험을 달리하면 다양한 결과가 나오게 된다. 각자에게 내면화된 결과들이

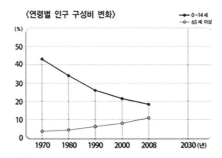

수입초등학교 사회과 논술형 평가자료

〈연령별 인구 구성비 변화〉

위 그래프를 통해 2030년에는 어떤 일이 일어날지 상상하여 써 보시오.

다를 수밖에 없는 것이다. 배움의 과정에서 학생들의 답이 하나가 아니라 여럿이 될 수 있음을 인정하고, 지식을 얼마나 습득했는가를 볼 것이 아니라, 그것을 어떻게 활용하는지를 볼 수 있어야 한다. 그러려면 단답형 평가보다는 서술·논술형 평가가 더 효율적이며, 이는 객관식 평가보다 더 폭넓은 역량을 측정할 수 있다. 자기 생각을 만드는 평가는 교사와 학생 모두에게 자유를 부여하나 기존의 선택형 평가는 학생에게 답을 선택할 자유만을 부여한다. 단답형, 선택형 평가는 학생들을 교사가 제시하는 객관적인 지식이나 정보를 수동적으로 받아들이는 존재로 만든다.

평가 결과의 공유와 활용

상시평가 및 담임별 평가로 평가 형태가 전환되면서 발생하는 가장 큰 고민 중 하나가 바로 '어떻게 피드백을 학생, 학부모들과 공유하고 평가의 결과를 학생 성장 및 특성 발견 자료로 활용할 수 있을까?' 하는 것이다.

교육은 학교와 가정 그리고 사회의 공동 사업이다. 학부모와의 공동 노력 없이 교사 혼자의 노력만으로는 기대하는 만큼의 교육 목적을 달성하기 어렵다. 교사와 학부모는 교육이라는 수레의 두 바퀴를 구성하고 있다. 이 두 바퀴는 상담과 가정 통신문을 활용한 상시적 소통 구조를 마련하여 아이의 성장을 위한 동반자가 되어야 하며, 이를 위해서 평가 결과 통보의 시기와 방식을 더 다양화할 필요가 있다.

대월초등학교에서는 선생님들이 함께 이야기를 나눈 결과 '행복채움 이력철'을 만들어 1년에 4회에 걸쳐 분기별로 가정에 통지하기로 했다. 쉽게 설명하자면 수업시간에 나온 모든 결과물(노트, 포트폴리오 제작물 평가지, 수행평가지, 지필평가지 등)을 모두 모아서 가정에 통지하는 것이다. 물론 각 학습지와 노트에는 수업시간에 각각의 학생들에게 즉각적으로 해 준 피드백이 함께 있다.

대월초등학교 밴드 활용 사례

1학년 1반 밴드

교육활동사진,
주간학습안내, 알림장

알림장을 통한
학부모와의 소통

체험활동 사진 공유로
가정학습과 연계

1학년   2학년(반별로 특색이 있음)

3, 4학년군   5, 6학년군

선생님이 해 준 피드백도 있고, 동료 친구들이 해 준 피드백도 있고, 학생 스스로 한 피드백도 있다. 피드백은 학생에 따라 다르다. 같은 내용이어도 피드백이 있는 친구도 있고 없는 친구도 있다. 피드백 내용도 다양하다. 수업시간에 함께 피드백이 이루어지므로 선생님들이 시험시간에 몰아서 가정에 싸가지고 가서 하지 않아도 된다. 행복채움 이력철 첫 장은 선생님이 바라본 학생에 대한 이야기(주로 정의적 영역 및 관찰평가 내용)와 학생 스스로의 반성과 다짐의 내용이 함께 들어간다. 이러한 통지 양식은 학년군별로 상의해서 각각 특색 있게 구성된다.

남한산초등학교는 오래전부터 통지표에 대한 고민을 해 오고 있다. 아래의 글은 남한산초등학교 교육과정에서 일부를 가져온 것으로 '통지표란 어떠해야 하는가?'에 대한 질문을 던지고 있다.

평가의 근본 구실은 누가 누가 잘 하나에 있지 않다. 자기가 걷고 있는 길을 짚어 보고 앞을 헤아리는 안목을 주는 구실이 평가의 근본이라 생각한다. 현재 학기에 한 번씩 나가는 통지표는 그 구실을 충분히 하는지 짚어 보자. 한 학기 동안 얼마나 쌓았고 아이와 부모에게 주는 조언 정도의 구실을 하고 있다. 또한 한 학기, 한 해보다 6년이라는 긴 흐름을 보자는 취지에서 통지표를 모으게 하고 있다. 그 역할이 충분한가. 아이를 성장하게 하는가. 학년마다 성취기준이 있으면 상, 중, 하(지금은 서술형)로 구분지어 전달하는 것보다 Pass or Not 정도의 통지가 수시로 이뤄지면 어떨까. 현재 배부되는 통지표는 '그래서 어떻게 하라고?'라는 물음에 답이 충분하지 못하다. 어떻게 하면 학교에서 나가는 통지표가 아이에게 도움을 줄 수 있을까. (남한산 교육과정 중에서)

5. 나누고 길을 찾기

평가 분임 워크숍을 마치고 자신의 생각을 글로 남긴 선생님들이 계셔서 그 일부를 실어 보았다. 이 글들을 들여다보면 지금까지의 우리의 여정은 서로에게 길을 묻는 과정이었다는 생각이 든다. 그

2011학년도 ___학기   배움과 나눔 함께 보기

· 배움으로 삶 가꾸기   ___마을   이름 :

몸으로 겪기(체험) --

스스로 하기(자발) --

꾸준히 하기(성실) --

함께 나누기(협동) --

새롭게 하기(창의) --

교과		바탕	보기와 쓰기
1-2	3-6		
국어		책 읽기 토론 글쓰기	
수학		수학책 · 익힘 수학공책	
슬기 로운 생활	사회 과학	실험보고 글자람나무	
즐거운 생활	체육 음악 미술 실과	수학책 · 익힘 수학공책	
바른 생활	도덕	앎과 함	
영어		말하고 듣고 읽고 쓰기	
창의적 체험		계절학교 다모임	

2011학년도 ___학기   배움과 나눔 함께 보기

• 나눔으로 삶 가꾸기   ___마을   이름:

마음 나누기
(경청, 배려, 소통)

더불어 살기
(공공성, 봉사)

말과 행동	잘 함	보통	노력이 필요함
준비물 챙기기			
알림장(시간 계획) 확인하기			
과제 해 오기			
뒷정리하기			
고운 말 쓰기(욕하지 않기)			
사이좋게 지내기(때리지 않기)			

• 배움과 나눔 모아 보기

작성자 :

배움과 나눔으로 삶을 가꾸는 남한산초등학교

과정에서 자신의 질문에 대한 답을 찾을 수 있지 않았을까?

송산분교 ○○○

분임활동이 내게 준 충격적이고 도발적인 질문 하나. '객관성에 대한 환상과 주관성에 대한 두려움이 있다면 한 발짝도 나아갈 수 없다'. 이럴 수가. 평가가 어떻게 주관적이란 말인가? 평가는 문제를 맞혔는지 틀렸는지를 보는 객관적인 시각이 아닌가? 그런데 국가에서 요구하는 각 영역에 대한 평가가 아닌 교사가 마음대로 평가를 배움이라 정리하고 배움에 대해 학교 구성원들이 의논해서 학교만의 평가를 해야 한다니? 평가는 지극히 주관적일 수밖에 없다니? 지금까지는 교사의 평가권이 없었다니? 그럼 난 지금까지 어떤 평가를 한 것인가?

분임활동이 내게 준 충격적이고 도발적 질문 둘. 평가는 교육과정이며 수업이며 더 나아가 학생과의 관계, 부모와의 상담, 학교 안과 밖의 모든 활동이 다 평가일 수 있다는 것이다. 학생 생활의 총제적인 모습뿐만 아니라 부모와 교사 모두 학생 평가의 영역이 될 수 있다. 평가는 교육과정의 결과가 아닌 과정이며 출발점이 될 수 있다. 그 과정에서 학생은 평가의 대상이 아닌 배움의 주체이며 평가의 주체이다. 이것을 난 어떻게 받아들여야 할까?

분임활동이 내게 준 충격적이고 도발적인 질문 셋. 각 학교에서 이루어지는 평가의 다양한 방법이다. 수많은 고민과 평가에 대한 합의를 이루기 위한 선생님들의 노력에 의해 만들어진 평가를 실천하는 노력이 눈물겹다. 하나도 허투루 하지 않고 끈질기게 노력하는 선생님들의 열정과 교육에 대한, 아이들에 대한 사랑이 충격적이고 도발적이다.

교육의 질 관리를 분임 토의한 과정을 되돌아보면 교육에 대한 나 자신의 생각을 하나씩 정리하고 선생님들과 서로 생각을 나누면서 나눔이 곧 배움이라는 생각을 다시 한번 체험한 귀한 시간이었다. 학교에 돌아가면 내가 존경하고 사랑하는 송산 선생님들과 분임토의 했던 과정을 하나하나 밟아 가면서 송산의 평가를 만들어 가고 싶다. 남의 것을 가지고 와서 그대로 실천하는 것이 아닌 부족하더라도 송산 선생님들의 서로의 생각을 더 듬거리며 천천히 밟아 가면서 평가를 만들어 가고 싶다. 극히 주관적이고 극히 총체적이고 극히 도발적인 방법으로······.

경북 포항 ○ ○ ○
평가에 대해 정리를 하기 위해 교육의 본질에 대한 논의를 하였다. 처음에는 단편적이고 비연속적인 평가의 의미, 영역, 목적, 방법, 유형 등에 대한 이야기가 산발적으로 이루어졌지만 원하는 내용을 제대로 가져오지 못하는 것 같아 이것으로 분임활동을 통해 얻으려는 것을 제대로 얻을 수 있을까 하는 걱정이 들었다. 남한산초의 '배움과 나눔으로 삶을 가꾸는 어린이'라는 교육 목표에 근거하여 평가가 이루어진다는 이야기에서 평가를 논할 때는 교육의 본질에 대한 합의가 선행되어야 한다는 것을 알게 되었다. 그래서 평가에 대한 내용보다 더 오랜 시간을 할애하여 '교육이란 무엇인가?'에 대해 이야기하게 되었다. 분임 구성원들의 생각들로 몇 개의 중요 핵심 key word가 도출되었으며 그것을 좀 더 포괄적인 내용으로 담아내는 작업이 이루어졌다. 모두가 합의하였던 큰 틀은 '교육은 참삶을 가꾸는 것'이었고 그것을 실현할 방법적인 측면은 합의에 도달하진 못하였지만 나름 명확한 방향성이었고 주어진 명확한 방향성을 토대로 무엇을, 어떻게 평가해 나갈 것인가 하는 것에는 처음보다 훨씬 수월하게 접근할 수 있었다. 여러 사례를 중심으로 풀어나가서 구체적인 방법까지도 공유할 수 있었던 것 같다.

분임활동에 참여하면서 좋았던 것은 합의를 해 나가는 과정을 제대로 경험해 볼 수 있었다는 것이다. 그리고 처음에는 어려울 것 같은 합의가 정말로 어느 순간에는 이루어지는구나 하는 것과 작은 것조차도 서로의 생각을 이야기하여 공유하는 것이 중요하다는 것을 느꼈다. 또 마치 내가 새롭게 만들어진 작은 학교의 한 가운데에 들어와 있는 착각이 들기도 하였다.

한 가지 조금 아쉬운 점은 실천적인 사례 중심으로 더 많은 이야기가 이루어졌더라면 좋았겠다는 것이다. 그리고 나 자신에 대해 아쉬운 점은 지금까지 나는 교육 속에 뛰어들어 교육하지 않았다는 것이다. 앞으로는 교육하는 삶을 살아야겠다는 생각이 든다.

정리하며

교사가 교육과정과 수업, 그리고 평가에 전념할 수 있으려면 이를 지원할 수 있는 환경이 필요하다. 교사의 업무 부담이 경감되어야 하고 교사의 수업 기획권과 평가권이 보장되어야 한다.

새로운 평가 체계를 고민하면서 한 가지 염두에 두어야 할 것은 원칙에 심취해서 교사에게 부담을 주는 평가 체계가 만들어진다면 지속성에 의문을 가질 수밖에 없다는 점이다. 원칙이 어느 정도 지켜지면서도 단순하고 활용하기 쉬운 평가체계여야 한다. 작은 학교가 아닌 다른 학교에서도 큰 거부감 없이 받아들일 수 있는 '일반화'가 가능한 평가 체계가 만들어질 수 있기를 바란다.

2016년 3월에 있었던 이세돌과 알파고의 대국은 우리에게 많은 질문을 던져 주고 있다. 현재의 학교 평가 시스템은 숫자와 언어를 사용하는 능력을 테스트한다. 우리는 그것을 성적이라 부르고 성적이 좋은 아이가 좋은 대학에 가서 좋은 곳에 취직한다. 그런데 그 능력은 고스란히 인공지능으로 대체 가능한 것이다.

인공지능이 연산을 통해 이해할 수 있는 과제에 해당하는 것들은 그게 무엇이든 인간을 추월할 것이다. 이세돌의 1승이 의미하는 것은 숫자를 해석하고 연산하는 것보다 더 '무정형적'이고 '창의적'인 능력이 필요하다는 것이었다.

우리 아이들에게 필요한 것은 주어진 것을 충실히 하는 것이 아니라 배움의 주제나 대상을 어떻게 학습할지 스스로 기획하는 능력이다. 주어진 질문에 답을 하는 것이 아니라 스스로 질문을 하는 능력이다. 이제 평가, 아니 교육에 대한 패러다임이 바뀌어야 한다.

참고 문헌

강승호 외, 『현대교육평가의 이해』, 교육과학사, 2012.
김민남 · 손종현, 『한국교육론』, 경북대학교출판부, 2006.
장상호, 『학문과 교육 중Ⅱ』, 서울대학교출판문화원, 2009.
『작은학교교육연대 자료집』

3장

작은 학교 교사들의 이야기

1
나는 예전에도 지금도 아이들이 좋다, 학교가 좋다.

강릉 옥천초 운산분교 김영남

나는 오십대 여교사다.

이십대 때 바라보았던 어느 선생님의 나이와 같은 나이가 되었다. '저분들은 무엇으로 살아갈까?'라며 의문을 품게 만들었던 그 오십대 선생 말이다.

자녀들 문제로 허덕이고, 개인생활은 없고, 살림에 지쳐 보이던 모습. 승진하려고 애쓰는 분들은 그야말로 남성 우월의 틈바구니에서 피눈물 나는 경쟁 속에 있었고, 젊은 후배들에게 자신의 삶을 반추하며 충고해 주시고 그분들이 있는 것만으로도 위로가 되었던 50, 60대 여선생님들. 동료로, 인생 선배로, 존경심을 자아내는 분들이었지만 마음 한 켠에는 학교 전반적인 일에 관여하지 않고 조용히 그리고 묵묵히 지내셨던 그분들에 대한 안타까움이 있었다. 그러나 지금은 그나마 그런 분들조차 뵙기가 힘든 실정이다. 물론 목표가 뚜렷하여 열정적으로 학교생활을 하시는 분들도 보아 왔다. 미리 말하자면 나는 둘째인 딸아이 대학 졸업과 함께 명예퇴직을 생각하는 여교사이다.

불과 얼마 전까지만 해도 나는 할머니 교사로 교실에 서 있기를 바랐다. 일본 작가가 쓴 그림책 속에 나오는 인자한 표정의, 머리가 희끗희끗하고 등이 조금 굽고 돋보기안경을 쓴 할머니 선생님과 같은 미래의 내 모습을 상상해 보기도 했다. 그림책 속 할머니 선생님의 모습이 내게 있을 것이라는 믿음이 있었고 그때만이 지닐 수 있는 아름다움을 믿었다.

나름 학부형이나 동료들에게 인정받았고 그 나이대에 가질 수 있는 너그러움과 편안함 또한 아름다움이라고 여겼기 때문이다. 나 역시 미혼에서 결혼, 육아를 거치면서 아이들을 바라보는 시선이 달라짐을 절감하였고 아이들과 관계에서 적당한 거리가 있어야 제대로 바라볼 수 있다는 것을 알게 되었다. 사랑하는 사이에도 적당한 간격이 필요하다고 하지 않던가. 그것은 연륜으로 얻어지는, 시간만이 주는 혜택이라고 여겼다.

나는 아니, 우리는 열심히 살았다. 때로는 집보다 학교가 더 우선이라며 가족들의 원망도 들어야 했고, 내 아이 졸업식이나 입학식에 제대로 가 보지 못하는 경우가 허다했다. 가더라도 눈치를 살펴야 했고 아이에게 따뜻한 밥 한 끼 사 먹이는 것도 힘들어했던 시절이 있었다. 남의 아이 가르친다고 내 아이에게 소홀했다고 자조 섞인 하소연을 하기도 한다. 온갖 교육 사조에 휘둘려 지탄을 받아야 했고 안팎으로 어려운 시절을 견뎌 온 것도 사실이다.

그런 삶의 체험과 경험들은 어느 것에도 비길 수 없는 경륜이 되었는데 50대, 거기다 여교사라니! 일단 거부 반응부터 인다.

승진과 평교사, 퇴직을 고민하다

승진하려고 하는 여자 동료 교사가 한 말이 참으로 가슴을 아리게 했다. 그 말에 나는 고개를 끄덕이지 않을 수 없었다. 그 여교사의 말은 자신이 승진하려는 이유에 관한 것이었는데, 같은 말을 해도 관리자가 하는 말에 훨씬 많은 힘이 실리고, 더 먹어서는 아이들 가르치는 일이 쉽지도 않을 것이고, 일단 대한민국 엄마들이 나이든 여교사를 싫어하기 때문이라는 것이다. 그전에 이 이야기를 들었다면 그것은 다 자신이 어떻게 하느냐에 달렸다고 자신 있게 말했을 것이다. 그러나 이제는 고개를 끄덕일 수밖에 없다. 나도 점점 자신이 없어진다.

학교생활을 매우 힘들어하던 동료 교사가 있었다. 승진 서열에서 자유로웠던 그는 다른 동료들도 잘 따르는, 신망이 두터운 교사였다. 하지만 교원 평가가 시작되고 성과급이 지급되는 평가의 잣대가 들어서면서 회의를 느끼고 있다. 이 동료는 남이 싫어할 때 떠날 것이라는 말을 늘 입에 담고 있다.

요즘은 발령과 동시에 승진을 염두에 두는 교사들이 있기는 하지만 교직 20여 년을 넘으면 승진과 평교사 길에서 한 번씩은 고민을 하게 된다. 삶의 가치 기준이 다르므로 성급한 판단을 할 수 없다. 그러나 안타깝게도 교포 교사니 하는 말들이 나오는 것은 승진을 하지 못하거나 하지 않으려는 교사들이 자부심 가지고 설 교단이 드물다는 의미이기도 할 것이다. 이렇듯 승진 제도는 어쩔 수 없이 50대 교사들의 발목을 잡는 것 중의 하나이다.

반면 딸 아이 또래인 참신한 후배 교사들은 일을 어려워하지 않고 참 잘 해낸다. 그리고 당당하다. 기특하기도 하고 공감이 안 되는 부분도 있지만 하여튼 대단한 젊은이들이 우리 교단에 서고 있다.

평생을 두고 교실 현장에 있으면서 자부심으로, 아니 즐거움으로 아이들을 앞에 설 수 없는 현실, 그 현실을 당당하게 극복한 선배 교사가 드물다. 나 또한 그렇다. 가끔 운동하는 시설에 가면 멋쟁이 할머니들을 만나는데, 함께 이야기를 나누어 보면 대부분 명예퇴직을 하신 분들이다. 이분들은 각종 운동 시설에 다니시며 건강관리를 하시고 각종 취미 활동과 봉사 활동을 하시느라 오히려 현직에 있는 분들보다 더 분주하게 즐기며 사신다.

그렇게 사는 게 부럽다. 그 나이가 부럽다. 과감하게 명퇴하신 것도 부럽다. 전직 교사라 하면 존경까지는 아니어도 적당히 인정해 줄 것이고, 경제적인 여유도 있을 것이다. 그렇게 삶을 누리는 모습이 아침마다 허둥대며 출근하여 화장실 갈 여유도 없이 아이들과 보내다 오는 내 모습과 비교되었다.

나는 명퇴를 고려할 때부터 무조건 30년 넘게 교단에 계신 분들을 존경하게 되었다. 그분이 어떤 품성과 인격을 지닌 분인지를 가늠하기 전에 그 세월을 견뎌 오신 것에 머리 숙여 존경을 표하고 싶어진다. 나는 휘청거렸다. 25평 교실에서 마지막까지 자신 있게 내 교직 생활을 마칠 자신이 없어졌기 때문이다. 연금에 대한 불안함이 증폭될 때마다 명퇴 신청자들이 늘어나는 것을 보면 이 땅의 교사로서 버티는 것은 경제적인 이유가 더 크다는 생각을 하게 된다. 어쩔 수 없는 현실이다.

삼당분교에서 보낸 시절, 이후의 선택

나는 경북 영덕에서 교직 생활을 시작하여 울진에서 26년 동안 지냈다. 그곳에서 결혼도 하고 내 아이들도 키웠다. 그리고 울진의 많은 아이들 곁을 지나왔다. 울진은 내가 태어난 고향보다 더 오래 산 곳이고 내 아이가 성장한 곳으로 고향 이상으로 의미가 있는 곳이다.

그곳에서 마흔을 맞이하게 되었다. 부끄러운 이야기이지만, 나는 마흔 살이 되도록 학교를 일터라고만 여겼고, 내가 무엇을 가르치는지 잘 모르는 채, 그냥 열심히만 살았다. 그러던 마흔의 어느 날, 내 정체성, 내 색깔에 대해 들여다보게 되었다. 앞으로 어떻게 살아야 하고 무엇을 하며 살아야 하는지를 고민하며 참 많은 생각을 했다. 그때, 어떻게 아이들 앞에 서야 하는지를 고민하는 사람들을 만났다. 이후 전교조 모임에 나가서 교육에 대해, 우리 아이들에 대해, 이 사회에 대해 들으며 조금씩 눈을 뜨기 시작했다. 울진 지역 환경에 관심을 갖고 생태 활동을 함께하면서 교사가 지역 사회에서 어떤 역할을 해야 하는지도 배우게 되었다. 내가 이만큼의 품으로 성장하기까지는 내 곁에 전교조가 있었기 때문이고, 늘 아이들을 먼저 염두에 두는 사람들과 함께 고민했기 때문이라고 감히 말할 수 있다.

삼당분교, 평생을 두고 잊지 못할 행복을 주었던 곳

참 아름다운 학교였다. 그러나 여지없이 해마다 폐교 문제로 몸살을 해야 했던 작은 분교이기도 하다. 아이 18명과 선생 4명이 함께 했던 시간.

여느 시골 학교와 마찬가지로 아이들의 가정환경은 좋지 못했다. 그러나 아이들은 우리의 생각과는 다르게 자기의 환경을 그리 불편해 하지 않았다. 아빠처럼 농부가 되고 산불 조심시키는 사람이 되겠다는 아이도 있었고, 허리가 편찮으신 할머니를 위해 간호사가 되어 호강시켜 드리고 싶다는 아이도 있었고, 죽은 영혼을 살려 준다는 목사님이 되겠다는 아이도 있었다. 자기 이름을 처음 알게 된 날부터 온 사방에 자기 이름을 쓰는 아이, 그 아이들과 우리 교사들은 작은 학교가 주는 매력에 푹 빠져 아이들에게 최선을 다했다. 이 아이들에게 무엇인가 해 줄 수 있다는 것, 결핍을 조금이라도 채워 줄 수 있다는 것, 어쩌면 그런 것들을 위해 우리가 존재하는 것일지도 모른다. 물론 우리가 그곳을 떠난 후 부족했던 부분은 다른 동료 교사들이 채우고 잘 지도해 주었다. 삼당분교에서의 경험으로 나의 학교 선택 기준이 달라졌다. 통근 거리, 생활 조건을 따져 내신을 내었던 것과는 달리 작은 학교를 선호하게 되었고 강릉으로 전출하면서 더욱더 그러하게 되었다.

　나는 나름대로 인정받는 교사였다. 후배나 동료들도 나를 따랐고 선배 선생님, 관리자 분들도 내게 호의적이었다. 물론 학부형들도 내가 아이의 담임선생님이 되길 희망했다. (나만 하는 착각인가?) 해마다 특수 아동이 내게 맡겨져 고생한다는 말을 많이 들었지만, 힘든 가운데도 그 아이들 덕에 내가 강화되었고 사랑이 무엇인지를 가르쳐 준 아이들이 있어 보람을 느꼈다. 컴퓨터를 잘 못하고 업무 능력이 부족해도 그 부분은 다른 동료의 도움으로 채워 갈 수 있었고 옳은 일에 눈치 보지 않고 소신껏 아이들과 함께할 수 있었다.

　솔직히 교직에서 내 소신대로, 내가 하고 싶은 대로 하기가 얼마나 어려운가. 어떤 관리자는 내 사위 삼을 것도 아니니 체벌하지 말라고 하고, 너도나도 똑같은 환경판을 하라는 분도 계셨다. 애로가 있는 것도 잘 안다. 그렇게 말하는 이유도 잘 안다. 어쩌면 그렇게 편하게 갈 수도 있는 것이 교직이다.

　한 번은 이런 일이 있었다. 1학년 담임을 할 때의 일이다. 나는 한 달 동안 내가 맡은 6반 아이들이 교문 앞 도로를 안전하게 건너도록 귀가 지도를 하였다. 적응하는 기간 동안 하는 일이었지만 나는 생각이 조금 달랐다. 한 달 동안이 아니라, 계속 그 일을 하고 싶었던 것이다. 학교생활을 처음 하는 아이들과 지내 보면 별별 일이 다 있다. 지치고 힘들기도 하지만 1학년 그 작은 아이들의 순진함에 또 많이 웃기도 한다. 운동장 어느 구석에 있다가도 선생님의 옷 한 자락이라도 보일라 치면 자기 덩치보다 더 큰 가방을 흔들며 뛰어온다. 교실에서 내게 혼이 난 아이와 같이 손잡고 걸으며 서로에게 위안이 되어 주기도 했다. 그런 아이들과 함께 길 건너는 게 좋았다. 운동장을 가로질러 오다가 교사 맞은편 대나무 아래 앉아 우리 반 교실을 새로운 각도로 보게 되는 느낌도 좋았고, 하늘도 한번 쳐다볼 수 있는 여유도 갖게 되었으니, 그 일을 포기할 수 없었다.

그런데 나만 그리하면 따가운 시선을 받을지도 모를 일이었다. 이를 어찌할까 고민했다. 포기하고 다른 반과 똑같이 무난하게 지낼 것인가, 아니면 감내하고라도 내 생각대로 할 것인가. 결론은 '옳다고 여기는 일엔 눈치 보지 말자'였다. 그리하여 다른 반 선생님들께 양해를 구했다. 앞으로 우리 반뿐 아니라, 1학년 아이들 모두에게 귀가 지도를 할 테니 이 일을 계속하고 싶다고 조심스레 말했다. 다행히도 동료 교사들은 나를 이해해 주며 "김 선생은 기운도 참 좋다. 우린 못한데이"라고 했다. 나는 20분의 시간을 그렇게 행복하게 지냈다. 고맙게도 말이다.

강릉으로 전출

그러던 차에 강릉으로 전출이 되었고 첫 부임지에서 내 확신과 자신감이 처음으로 난관에 부딪히게 되었다. 학부형들이 내가 하고자 하는 학급 운영에 제동을 건 것이다. 비공식 학부형 모임에서 불거진 일을 우연치 않게 듣게 되었다.

나는 그 일로 사기가 꺾이게 되었고 더 이상 애쓸 필요가 없다고 생각하며 좌절하게 되었다. 이야기를 잘 나누어서 해결할 생각을 하지 않고, 기운이 빠져 소극적인 처사를 하게 되었다. 지금 생각해 보면, 왜 그런 반응을 보였나 싶어 맘이 편치 않다. 무엇보다 아이들을 염두에 두지 않고 왜 그렇게 과민한 반응을 보였을까 싶어 부끄럽기 짝이 없다. 내 반응을 되돌아보니, 나이가 주는 이 무게감을 슬기롭게 건너지 못하고 있다는 것이 느껴졌다.

하지만 그때는 '이 나이에 그런 말 들어 가며까지 할 필요가 있나' 하는 생각이 들었다. 이런 태도가 쌓이고 쌓이면 나이가 든 교사들은 움츠릴 수밖에 없고 급기야는 학교를 떠날 생각까지 하는 것이리라. 특히 시내 큰 학교는 구성원 중 오십대 교사가 절반을 넘어서고 거기에다 여교사가 90% 이상이니, 사람들은 그런 학교를 걱정하며 안타까워한다. 그러니 어떻게 30년 이상 교실을 지켜 온 교사들이 자부심을 가질 수 있겠나. 어찌 이런 사회 분위기를 개인의 일로만 말할 수 있는가. 어찌 이들이 명퇴를 생각하지 않을 수 있겠나. 나 또한 그런 생각에서 자유롭지 못하게 되었다.

내가 "칠 년 후에 명퇴할 거예요"라고 했다.

동기는 "네가 교실을 지켜야지 안타깝다"라고 한다.

내가 좋아하는 선배는 "당신은 교육자야. 당신이라도 교실을 지켜야지"라고 한다.

직업이 없는 친구는 "말이 씨가 된다. 어디 가서 그만큼 벌 수 있냐? 속 편한 소리 한다"라고 말한다.

교직에 큰 매력을 찾지 못하는 후배 동료는 "부러워요. 난 언제

20년이 될까요?"라고 한다.

　퇴직한 선배는 "그래, 퇴직하니 공기가 달라. 이 자유!"라고 한다.

　내 이성적 판단을 걱정하는 친구는 "그때 가 봐. 네 현실이 그렇게 되는지, 애들 결혼도 해야 하고"라고 말한다.

　명퇴라는 단어조차 생각해 보지 않았다는 동료는 "난 퇴직하고 기간제 교사로 있는 건 싫어. 존재감도 없고 아무도 인정해 주지 않잖아"라고 한다.

　다양한 반응들이다. 나는 승진에도 고개를 돌린 적이 없고, 그 흔한 주식 투자에도 눈 돌린 적이 없이 살았다. 다른 삶을 부러워하지도 않고 내 갈 길은 다르다고 여기며 묵묵히 아이들과 한 해 한 해 행복하게 살았다고 생각한다. 늘 새롭게 만나는 아이들은 내게 보람을 주었고 내가 아는 만큼 아이들도 앎의 기쁨을 맛보았으리라 여겼다. 교실 안에서 아이들에게는 당당할 수 있다. 그러나 교실 밖은 내 몫이 아니라는 자괴감을 극복하기란 쉽지 않을 것 같았다. 그래서 나는 명퇴를 꿈꾸며 계획을 세웠다. 내 참신한 계획은 이러했다.

　"명퇴를 하면 6개월간 어학연수를 갈 것이다. 그곳에서 아르바이트를 하면서 그 나라를 두루두루 여행하고, 돌아와 제주도부터 전국 섬에 기간제 교사 신청을 할 것이다. 되도록 남이 기피하는 곳으로 가 그야말로 전국 곳곳에 있는 아이들을 만날 것이다."

　이렇게 환상적이고 낭만적인 계획이 있으니, 남은 시간 동안 정열을 다해 학교생활을 하고 마무리할 것이라고 다짐했다. 현실을 불평하는 것보다 이것이 훨씬 더 즐거운 상상이니까. 더구나 내가 명퇴하기로 마음먹은 때는 작은 애가 대학을 졸업하는 것과 동시에, 교사가 된 지 딱 33년이 되는 때이니 명퇴하기에 아주 적절한 시기다. 언젠가 퇴직을 하고 나를 찾아온 분이 이런 말을 하면서 부추기까지 했다.

"학교 있을 때는 고무줄에 묶여 있는 생활이었다. 수십 년을 그렇게 늘였다 줄였다 하고 살다가 그 생활을 놓고 보니, 봄이 이렇게 아름다운 계절인지 알게 되었다."

하여튼 내 노후 계획은 명예퇴직이라는 명제에 맞추어져 있었다. 준비는 안 되었지만 지금부터 시작하면 된다. 나는 그렇게 명퇴할 거라 노래를 부르며 지냈다.

운양초등학교에서 찾은 가능성

강릉, 그리고 운양은 내게 많은 숙제와 변화를 준 곳이다. 경북에서 강릉으로 도 전출을 하면서 교대 동기와 통화를 하게 되었는데, 그때 알게 된 학교였다. 강원도에 작은 학교연대 회원학교가 되려는 학교가 있는데 몸담아 보라는 것이었다. 내 고향에서 열정을 쏟으라는 그 말에 솔직히 내 반응은 시큰둥했다. 하지만 "너라면 잘 맞을 것"이라는 친구의 말 덕분에 이미 남한산초등학교, 상주남부초등학교에 대해서 알고 있었지만 부지런히 검색을 해 보았다. 그때만 해도 내게 작은 학교는 막연히 분교 같은 소인수 규모와 학교 관리자들의 간섭(?)이 덜 미치는 곳, 아름다운 학교 풍경 따위가 매력적으로 느껴지는 곳이었다. 첫 부임지에서 받은 상처 아닌 상처를 안고 주로 운양에 있는 교사들 중심으로 교사회에 참여하면서 내가 막연하게 생각했던 작은 학교에 대해 알아가기 시작했다. 여전히 명퇴를 꿈꾸면서 남은 시간 동안 교사 모임을 하게 되었고, 그러면서 우리와 조금 다른 고민을 하는 것을 보게 되었다.

지금까지 내가 몸담았던 학교는 학교 구성원 간의 소통이 가장 큰 문제였던 것 같다. 대부분 뜻이 맞지 않으면 제쳐 두거나 혼자 가게 마련인데, 작은 학교는 달랐다. 교사 모임에서 그림책을 소개해 주며 학교가 겪고 있는 문제점, 아이들 이야기, 학부모 관계 등에 대해 많은 이야기들이 오갔다. 처음으로 수업 혁신, 배움, 공동체, 프로젝트 학습이란 말을 듣게 되었고 호기심 많은 나는 궁금증이 일었다. 지금까지 내가 교단에 서 있는 모습과 확실히 달랐다. 교사 연수도 여태 받아 왔던 것과는 달라서 수업 혁신과 관련된 새로운 바람이라는 느낌이 확 들었다. 그 무엇보다 내가 일방적으로 가르치는 것이 아니라 아이들 속에서 배움이 일어나게 하는 것. 이것은 대단한 발견이었다. 주말이면 울진에 내려가 강릉에서 있었던 일련의 이야기를 하면 예전 동료가 매우 부러워했다. 경북과 강원도는 분위기가 사뭇 달랐다. 회의를 하면 학력으로 시작해서 학력으로 마치는 분위기에 익숙해 있던 선생님들에게 강원도 행복 더하기 학교 이야기는 호기심을 일으키기에 충분했다.

운양은 작은 학교연대 회원학교이면서 강원 행복 더하기 학교이다. 전교생 18명, 폐교 직전의 학교에서 학생 수가 70여 명으로 늘어났다고 했다. 새로운 학교상을 그리고, 학교를 살려 보고자 하는 학부형들이 마을로 이사를 오고, 열의에 가득 찬 교사와 동문의 노력으로 여러 난관을 거쳐 항해가 시작된 것이다.

첫해는 매우 어려운 상황이 많았다고 한다. 불신과 소통 부재로 힘들어한 것으로 안다. 모임을 하면서 운동성에 대한 의견이 오갔다. 나는 사실 전교조 조합원으로 후원하는 입장이었다. 그 자리에 있는 것만으로도 든든하다고 해서 그러려니 생각했다. 내가 이 모임에서 배운 것들을 반드시 운양에서 해야만 운동성이 되는 것이 아니라 다른 학교, 교실 안에서 실천하는 것도 중요하다는 것이다. 그런 차에 운양 내신을 권유받았다. 무척 고민스러웠다. 걱정이 더 되었다는 것이 나은 표현이다. 내가 과연 그곳에 가서 잘해 낼 수 있을 것인지, 어쩌면 울진으로 다시 내려가야 할 상황이 될지도 모르기 때문이었다. 그 권유를 뿌리치는 것도 참으로 어려워 이러지도 저러지도 못하면서 비겁한 핑계로 이리저리 둘러대는데 이 한마디가 나를 꼼짝 못하게 했다.

"샘, 혼자 하는 것이 아니라 우리 함께 하는 일이잖아요."

도저히 거부할 수 없는 그 말 '우리 함께'.

그리하여 1년만에 운양으로 옮기게 되었다. 내 인생이 다시 시작된 운양초등학교로.

운양 아이들과 함께

운양초등학교 2학년 18명.

각기 색깔이 다른 18명의 아이들과의 생활이 시작되었다. 새 학기는 설렘과 두려움으로 시작하기 마련이지만 그해는 더욱더 긴장하며 아이들을 맞이하였다.

어라? 줄이라는 것을 모른다. 점심밥을 마구 남기고, 우유도 먹고 싶은 사람만 먹고, 무엇을 하라고 하면 싫다고 내게 정확하게 말한다.(당시에는 대든다고 여겼다.) 내게 반말도 하고, 분노 조절이 되지 않아 내키지 않으면 책상을 내던지며 공포 분위기를 만드는 아이도 있었다. 여태까지 겪어 왔던 아이들과는 확연하게 다른 모습에 많이 당황했다.

'이게 뭐지?'

나는 당황했고, 그런 내게 동료는 아이들이 1학년 때 아주 자유스러운 분위기로 지내 왔다고 전해 주었다. 그런데 일주일이나 지났을까? 심상치 않은 말들이 들려왔다. "선생님이 밥을 억지로 먹으라 했다", "하기 싫은데 하라고 한다", "규제가 심하다"라는 소리가 전언통신으로 들려왔다. 담임을 관심의 대상으로 보는 것이 아니라 간섭의 대상으로 보는 부모님들이 야속했고, 직접 나를 통했으면 이리 감정이 상하지는 않았을 텐데 하는 서운함이 컸다. 학교를 옮긴 것이 살짝 후회가 되기도 했다. 그전까지 나는 교사와 학부형은 경계가 있어야 하고 교사에게는 학부형이 거스를 수 없는 권위도 있어야 한다고 내 틀을 만들어 놓고 살았다. 대부분의 경력 교사들이 그러는 것처럼 말이다.

교직, 쉽게 생각하면 참으로 편하게 갈 수 있는 일이다. 그렇게 하면 보람은 없지만 말이다. 한편으론 일을 만들어 할 수도 있는 일이다. 그렇게 하면 동료의 눈치를 살펴야 하고 바빠진다. 이 둘 중 나는 늘 후자에 있으려고 애쓴 편이다. 그런데 운양은 그 전까지의 삶과 달리 정말 고달픈 생활이었다.

나는 교사로서 열심히 살았다. 거창한 가치관이나 소명 의식, 사명감은 없었지만 나와 함께 1년을 지낼 아이들이 행복했으면 좋겠다고 생각했고, 아닌 것은 아니라고 가르치되 온화함을 지닌 교사가 되겠다고 새 학기면 다짐했다. 여태까지는 순탄했다. 운양에 오기 전까지는.

그런데 마구 무너져 버렸다. 학부형 관계도 원활치 못했고, 같은 의지를 가지지 않은 동료들과 폭을 좁히지도 못했고, 민들레 사자 댄디 라이언 같은 아이들의 거침없음에 지치기 일쑤였다. 과잉행동 장애를 가진 모 군과 씨름하다 몇 달이 지나갔고, 정신적인 고통이 몸으로 와 몸져누워 병가를 내는 일이 생기기까지 했다.

다음은 그 무렵 썼던 일기이다.

운양에 온 지 2개월이 넘었다.

3월에 했던 많은 고민들, 내 안의 충돌, 건강관리, 내 아이들.

주 5일제로 토요일은 금세 다가왔으나 2개월은 1년을 산 것처럼 참으로 길었다는 느낌이 든다. 분명 내게 맡겨진 업무는 내 교직 생활 이래로 가장 많다. 그러나 교감 선생님과 행정사들, 코디네이터, 실무원이 정말 잘 도와주어서 사실 이제 업무에서는 벗어났다. 그런데 작년 연곡 1학년들과 했던 교육 활동의 반

도 못하고 있다.

울진, 연곡에서는 누가 무어라 해도 내 의도대로 아이들과 했고 재미있었다. 옆 반 선생님도 내가 하는 활동을 열심히 호응하며 함께했고 늘 응원이 되어 주었다.

무엇일까? 우선 환경에서 오는 것, 학교 문화와 학부형에 대한 생각이 많이 달랐다.

그것은 내가 여태 누려온 권위이거나 호사였다는 결론을 내리고 내려놓았다. 드러내지도 않았고 앞서지도 않으며 내 방식대로 살았다. 그래서 행복했다. 그리고 인정도 받았다. 그런데 운동성이 내게 부여되니 중압감이 시작된 것이다.

부담이 되고 있는 것이다. 어떻게 극복할 것인가 생각만 많은 저녁이다. (2012. 5. 2.)

27년 가까이 나는 온실 속 교사였다. 쓰디쓴 경험도 없었고, 모두들 내 앞에서는 좋은 말만 했고, 나는 잘 한다는 소리를 더 많이 들었다. 더구나 나 자신이 누구보다 자유롭고 개방적이라 생각했는데도 불구하고 돌부리에 걸려 넘어진 것이다. 반 모임을 통해 솔직하게 서운함도 드러냈고 잘 지내고 싶다는 마음도 전했다. 운양은 반 모임이 학교 문화로 자리 잡고 있었고 학부형과 소통을 하고 있다. 이 모임은 다행히 학부형과 오해를 줄이고 학급 활동에 도움이 되는 견인차 역할을 해 주었다.

학급마다 다르기는 했으나 학부형들도 작년에 겪었던 문제점을 공유하고 혼선이 많았다는 것을 알게 되었다. 학교 교육 활동에 도움이 되고자 했던 일들이 간혹 교사들에게 간섭처럼 느껴지는 경우도 있었다. 학교에 대한 건전한 열의가 대단한 분들의 이 에너지를 좋은 에너지로 작용하게 하는 것도 우리의 역할이었다.

한 달에 한 번씩 아이들 부모님, 교사가 모여 학급 활동에 대한 이야기를 나누고 아이 이야기를 나누는 자리를 가졌다. 이 시간을 통해 서로의 간격을 좁히기 시작하였고, 학기 말에는 훈훈하게 마무리를 할 수 있었다. 솔직히 말하자면 문제가 생겼을 때 담을 쌓기보다 나를 내려놓았다. 내가 여기 온 것은 고단하려고 온 것이 아니라 행복하려고 온 것이 아닌가.

이렇게 말한 것으로 기억된다.

"나는 행복하기 위해 왔고 아이들과 행복하게 지내고 싶고 미소 짓고 나가고 싶다."

우리 민들레반 학부형들은 그 이후로 내게 기운과 격려와 도움을 아낌없이 주었다. 처음으로 진정한 소통이 무엇인지 알게 해 준 고마운 분들이다.

운양에서 새롭게 깨닫게 된 것들

교직 생활을 돌이켜 보면 별 답답함 없이 무난히 지내 온 것 같다. 기억될 만한 큰 사고도 없었고, 내가 담임했던 아이들은 별 탈 없이 일 년의 항해를 무사히 마쳤고, 만났던 학부형들은 늘 든든한 지원군이 돼 주었다. 한때 열의가 넘쳐 극성에 가까운 학부형과는 아예 소통하지 않아 편했던 때도 있었지만 대부분 좋은 기억을 갖게 된 것은 내가 인복이 있었기 때문이라고 생각한다. 내 반을 거쳐 간 아이들의 할머니들조차도 "우리 선상님, 우리 선상님" 하셨다. 가정 방문을 가면 꼬깃꼬깃한 만 원짜리를 주머니에 넣어 주셨고 스승의 날이면 시장에서 산 삼각팬티를 검정 봉투에 넣어 보내신 눈물겨운 선물을 받았던 시절이 있었다. 이토록 편안하였으니 큰 고민 없이 살았다고 할 수 있다. 그런데 앞에서 말했던 것처럼 전교조의 인연은 내게 다른 세상을 보게 해 주었고 운양은 더 깊은 고민을 내게 안겨 준 것이다.

운양의 학교 문화는 그렇다 치고 민들레 반 아이들은 여태 내가 만나 왔던 아이들과 달랐다. 몰라도 당당하고 때로는 예의 없다 여길 정도로 솔직했고 늘 와글와글 수선스러웠다. 이것이 아이의 본성이라는 것을 인정하는 데 매우 오랜 시간이 걸린 셈이다.

아이들은 교사가, 어른이 가르쳐야 배운다는 생각이 나를 지배해 왔다. 내가 최선을 다해 가르치면 잘 배울 것이라는……. 하지만 아이들을 새로운 눈으로 보게 해 준 사건이 있었다.

수학 단원 평가를 위해 자리를 배치하고 문제지를 내 주었다. 분위기가 아주 조용하고 정돈되어 있었다. 나는 "음…… 이런 분위기 아주 좋은데? 집중하는 모습도 훌륭해"라고 말했다. 그런데 한 아이가 "나는 싫은데……" 하고 말하는 게 아닌가? 그것도 큰 소리로 말이다. 나는 '어떻게 싫다고 말할 수 있지? 싫어도 이건 해야 하는 것인데' 하고 당황했다. 한 번도 이런 말을 들은 적이 없어서 그 아이가 했던 말이 공명했다. 맞다. 문제를 풀어야 하는 그 긴장된 시간을 아이들이 좋아할 리가 없었다.

나는 이 일로 지금까지 내가 아이들에게 하고 싶은 말을 제대로 할 기회를 주지 않았고, 아이의 눈높이가 아니라 교사 중심으로 아이를 바라보았다는 것을 깨닫게 되었다. 아이들을 길들이고 있었던 것이다. 나 자신이 비교적 많은 것을 허용하는 편이라 여겼는데, 그게 아니었다. 머리를 한 대 맞은 기분이었다.

아이들은 무엇인가, 나는 아이들에게 어떻게 다가가야 하는가, 나는 어떤 교사인가, 학교는 무엇인가, 내게도 철학이 있었던가 등 한 번도 해 보지 않은 고민들이 시작되었다. 기다려 주어야 한다는 것을 아이들에게 배웠다. 성급하게 손을 붙잡고 서둘러 갈 필요가 없다는 것을 배웠고, 그래 봐야 지치기만 할 뿐 아이들에게 배움이 일어나지 않는다는 것도 배우게 되었다. 부끄럽게도 이 모든 것을 아이들이 내게 가르쳐 준 것이다.

나에게 물음을 준 또 하나의 사건이 있었다. 운양 5학년 선생님과 아이들의 대화를 기록한 영상을 보게 되었다. '운양 5학년 힐링 타임'이라는 제목으로 만든 영상이다. 한 아이가 한 말이 내게 많은 생각을 던져 주었다.

"학교는 선생님의 역할이 참 중요한 것 같아요. 선생님 때문에 우리가 달라졌고 부모님들도 달라졌다는 것을 느껴요."

선생님의 역할이라니. 전 같으면 어떻게 아이들이 선생님에 대해 함부로 논할 수 있었겠는가. 달라진 세태를 탓하며 건방진 태도로 여겼을 것이다. 하지만 선생님의 역할 덕분에 스스로 달라짐을 느끼고 부모님까지 변화가 있다고 말하는 아이를 보면서 교사란 무엇인가를 처음 되짚어 보았다. 나는 지금까지 한 번도 내게 이런 물음을 주지 않았다. 아니, 애써 무시하며 지냈는지도 모를 일이다. 교사가 최선을 다해 아이들을 가르치는 것. 그것이 교사의 몫인 줄 알았고, 그야말로 주어진 대로 가르치기만 했다. 하지만 기다려 주면 아이들은 스스로 해결할 수 있는 능력을 발휘한다는 것을 알게 된 수업이 있었다.

모둠을 지어 노래에 맞추어 율동을 하는 수업이었다. 여학생들이야 별 문제가 없지만 그 틈에 끼어 있는 남학생들이 협조가 되지 않아 교실이 온통 아수라장이었다. 우는 아이까지 생기는 순간 이 수업을 계속해야 하나를 고민했으나 간섭하지 않았다. 발표할 시각만 알려 주고 기다렸다. 그 소란을 참아 주기로 했다. 인내가 필요했다. 그야말로 난리였던 교실이 발표 시각이 되자 정리가 어찌 이렇게 될 수 있는지 신기할 정도로 울던 아이도, 따라하지 않던 남자아이도 정말 즐겁게 발표를 하였다. 그때 찍은 사진을 보면 표정이 다 살아 있다. 아, 아이들에게는 기다려 주면 충분히 해낼 수 있는 힘이 있구나.

그 이후로도 여러 가지 내게 신선한 충격을 준 사건이 많았다. 다르게 볼 수 있는 눈이 생긴 셈이다. 오랜 시간 동안 많은 아이들을 만났지만 제대로 보지 못하고 지나친 것을 어찌 해야 할지 경건하게 반성한다. 운양에서 나는 수업을 바라보는 관점이 달라졌고, 교사로 행복한 순간도 참으로 많이 경험했다. 그 속에 아이들이 있었다. 그 무엇보다 힘은 아이에게 있었다.

나는 운양초등학교가 있는 곳의 자연환경도 아이들의 성장에 한 몫을 한다고 생각한다. 학교 앞은 철마다 색을 달리하며 곡식이 자라고, 학교 논에서 직접 모내기를 하며, 학교 둘레를 산책하며 뭇 생명들도 가치 있다는 것을 의식으로 무의식으로 익힐 수 있는 좋은 환경이기 때문이다. 운동장을 세상에서 가장 큰 스케치북 삼아 그림을 그리고 개미, 사슴벌레를 쫓아다니며 저 태백준령의 대관령을 바라보고 사는 아이가 어찌 고운 심미안을 갖고 자라지 않을까 싶다. 한 번씩은 막힐 때도 있지만 말이다. 약을 먹지 않으면 하루 종일 들판의 사냥족 같은 행동을 하여 그야말로 '변장하고 온 스승'이 되어 주었던 아이는 혹독한 대가를 치루며 내게 사랑하는 방법을, 그런 아이일수록 사랑을 감지하는 촉수가 더 발달되어 있다는 것도 알게 해 주었다. 한 아이가 자라려면 온 동네가 필요하다는 인디언 잠언처럼 이 아이는 운양의 식구들이 돕지 않았다면 여전히 우주를 헤매고 다닐지 모를 일이다. 얼마나 다행인가. 이 아이가 우리 학교에 다닌다는 것이.

운양의 첫 해, 이것 말고도 어려움을 주었던 문제는 교사 간 갈등이었다. 학부형, 교실 속 아이들 말고도 교사들 사이에서 합일점을 찾을 수 없었던 분위기는 작은 학교에서 더욱더 괴로운 일이었다. 그야말로 소통은 고통이었다. 아이들을 행복하게 하고 싶었던 교사들이지만 자신들은 결코 행복하지 못했다. 교실 밖이 큰 문제였다.

실마리를 풀 수 없을 정도로 오해가 쌓이기만 하고 사람 됨됨이까지 거론될 만큼 견디기 힘들었다. 협의 시간은 침묵이었고 편 아닌 편으로 갈라진 상황까지 치닫고 불신의 골은 깊어 갔다. 솔직히 교사도 몇 되지 않는 학교에서 서로 얼굴을 붉히며 지내고 싶은 생각이 없었다. 학교 오는 일이 즐거워야 하고, 아이들을 마주하는 일이 즐거워야 하지 않은가.

이런 것들이 아이들에게 미치는 파장은 엄청나게 컸다. 누구의 잘잘못을 말하자는 것이 아니라 일단 말문을 터야 무엇이 문제인지 해결할 터인데, 서로의 오해와 불신으로 참으로 힘들었던 시간이었다. 각각의 개인은 그지없이 선량하고 제 몫을 다하는 성실한 교사들이 아이들 교육에 힘을 모을 수 없다는 것은 참 안타까운 일이었다. 부족한 부분을 서로 메우고 다독이며 가도 어려운 여정이거늘……

이렇게 한 해는 어렵게 어렵게 어두운 터널을 지나가는 심정으로 지냈다. 누구 탓도 아닌 내 탓이 컸다. 학교 구성원의 중간에 위치한 교사로서 제 역할을 해내지 못했다는 자괴감은 털어 버리기가 어려웠다. 오십대, 참 어정쩡한 나이다. 더구나 여교사라면 말이다. 50대 여교사는 젊은 교사에게는 경력에 걸맞은 선배의 몫을 해내야 하고 위로는 직원들끼리 반목하지 않도록 처신을 잘 해야 하는 위치, 아니면 누구말대로 골방 노인처럼 조용히 지내야 하는 자리이고, 원로 교사라 하며 약간의 경로 우대 취급을 받는 위치일 것이다. 너무 과한 표현일까? 그 경력에 그 정도의 처신도 못해 준 지난 시간들을 거울삼아 잘 해야겠다고 다짐도 했었다.

2013년은 참 의미가 있는 해이다. 교감 선생님을 비롯하여 드림팀이라 일컫는 선생님들과 부푼 기대를 가지고 새 학년을 맞이하였다. 작은 교사회에서 함께 의견을 나누었던 몇몇 교사들과 내게 부족한 부분을 충분히 보충해 주실 수 있는 경력 교사가 전입하면서 지난해에 너무나 절박했던 동료성이나 소통에 대한 막연한 기대를 가질 수 있었다. 그렇게 새 학기를 시작했다. 맘 깊이 퇴직을 품고 있지만 순간순간 최선을 다하리라 마음먹게 되는 것, 그것은 어쩔 수 없는 선생의 길이다.

고무줄에 매여 있던 삶에서 자유롭게 된다는 것을 한 번씩은 생각해 보았을 것이다. 그러다 기간제 교사라도 하면 좋을 것이고, 시골에서 전원주택을 지어 여유로운 노후를 보내려는 희망 또한 내 또래 대부분의 교사들이 갖는 바람이기도 하다. 나도 그렇다. 그러나 내가 아이들 곁을 떠나기 전까지 어떻게 하면 마무리를 잘 해낼 수 있을 것인가를 염두에 두니 30년간 아이들과 함께했던 생활을 다시 들여다보게 된다.

누군가는 젊은 시절이 다시 왔으면 좋겠다고 한다. 그러나 나는 그 시절로 되돌아가 교사, 주부, 아내, 엄마, 며느리, 딸 노릇을 치열하게 다시 하고 싶은 생각이 없다. 그때 아이들을 가르쳤던 내 모습에 대해 솔직히 자신이 없다. 대부분의 여교사들이 두세 개의 역할을 해내느라 애쓰고 살았던 이야기를 지금도 쏟아낸다. 우리 그렇게 살았다고, 그렇게 그 시대를 견디며 살아 냈기에 이 자리에 서 있다고 말해 보지만 왠지 허허롭다.

천천히 나아가며

운양은 내게 그 무엇보다 교사로서 어른으로서 아이들을 가르쳐야 한다는 생각을 바꾸어 놓은 곳이다. 민들레반 아이들과 운양 아이들, 동료들이 사소하게 시작한 수업 수다가 진중한 논의가 되기도 하고, 아이들과 해야 할 모든 일들이 충분히 협의되고 평가를 통해 성찰하는 과정을 거쳤다.

또한 교사 주도가 아닌 아이들 스스로가 주도하는 일들이 아이들에게 미치는 영향은 대단했다. 그 자발성은 힘이 되었고, 그런 과정을 보게 된다는 것이 운양의 힘이고 교사로서 자부심의 바탕이 되었다. 내가 달라지니 아이들이 달라 보였고 학부형과도 거리가 그리 멀지 않았다.

어느 날 동료가 나에게 비인가 인생이라는 별명을 지어 주었다. 내가 그냥 좋아 쫓아다녔던 연수나 강좌 같은 것들이 자격증이 나오는 것도 아니고 하다못해 수료증조차도 없는 경우가 허다하니 그런 것이다. 하지만 실속 없고 필요 없을 것 같아도 교사가 아는 만큼 내 곁을 지나간 아이들에게 분명 영향을 미쳤을 것이라고 생각한다.

배움은 쉽게 얻어지는 것이 아닌 것은 분명하다

뜻을 같이 하는 동료, 그만한 관리자도 없다는 자조적 위안, 좋은 에너지가 되어 줄 학부형.

이렇게 학기 초 부푼 기대를 갖고 시작했으나, 사소한 것부터 굵직한 이러저러한 일들이 쉼 없이 일어났고 지금도 진행 중이다. 학교와 소통이 되지 않는다며 가슴앓이 하는 학부형, 운양의 가장 큰 여력이었다고 여기는 공동체성이 희박해지는 것을 걱정하는 교사, 그리고 더 큰 것을 우려하는 관리자. 나는 그런 걱정 속에서 교육의 본질에 다가가고자 하는 우리 모두의 노력이 그렇게 쉽게 무너지지 않을 것이라 생각한다. 처음 시작한 사람들은 결코 거대하지 않았을 테니,

한 발짝씩

조금씩

천천히

천천히 나아가고 있으니 말이다.

그렇다고 믿고 싶다.

글을 마치며

이 글을 쓰면서 사람들을 만난 이야기를 하고자 했다.

나는 숲에 서 있기를 좋아한다. 등산이 아닌 그냥 숲속에 있는 것 자체를 즐기며 철마다 피는 작은 꽃들을 좋아한다. 여성 산악인 남난희 씨는 자신의 책 『낮은 산이 좋다』에서 "비로소 산을 내려오니 산이 보이더라"는 이야기를 했다.

나는 언제든 갈 수 있는 동네 산이 가장 좋다고 말한다. 길섶의 작

은 풀꽃, 숲속에서 혼자 피고 지는 꽃들에게 관심을 가지면서 학교에서도 생태 교육을 잘해 보고 싶은 욕심이 생겼다. 더구나 요즘은 생태, 환경, 숲 이런 말들이 '힐링'이라는 말과 더불어 유행이다. 학교 교육과정에도 명시되어 활동을 한다. 그래서 생명의 숲에서 진행하는 '숲 해설가 양성 교육'을 받기 시작하였다. 꽃 이름 알기에만 그치지 말고 생태 관련 인문학적 소양도 쌓아야 한다고 생각하며 공부를 시작하였는데, 그곳에서 만난 사람들이 내게 신선한 충격을 주었다. 함께 공부하는 분들 중엔 퇴직 공무원이 제법 많았다. 나야 학교 안에서 제대로 된 생태 교육을 하고 싶다는 바람이었지만 그분들은 퇴직 후 숲 해설을 하시면서 나머지 인생을 살고 싶은 분들이다. 퇴직 후엔 연금으로 생활할 수 있기에 굳이 생계를 위해서 활동하는 게 아닌데, 왜 이 길을 선택한 걸까? 직장이 숲이어서이다. 거기서 매력을 느낀 것이다. 남들이 부러워하는 삶의 한 모습이기도 하다. 나도 이런 삶에 흥미가 생긴다. 퇴직하면 숲 해설을 해 볼까? 내가 좋아하는 그림책을 숲 해설과 접목시키는 프로그램을 개발해 볼까? 온갖 생각을 해 본다.

　그리고 우리 운양초등학교는 학교 도서관에서 학부형과 하는 활동이 있다. 도서관 활성화를 위해 책을 매개로 하여 수다를 늘어놓는 것이다. 이름하여 '책수다'이다. 책을 읽고 토론하는 것이 아니라 책을 매개로 하여, 운양 학부형이라면 누구든지, 무엇이건 편안하게 수다로 풀어 보자는 의도이다. 이를테면 '여행', '동시', '내가 처음 만난 그림책', '인물'에 관련된 책을 가지고 와 그냥 이야기를 나누다 보면 어머니, 여자, 내가 사는 강릉 등 각가지 이야기 속에 나를 만나고 다른 사람을 만나게 되는 것이다. 처음부터 의도한 것이 아니었지만 자연스럽게 진솔하고 건강한 수다가 되어 갔다. 그 모임에 내 나이가 빛을 낸 듯하다. 그들보다 삶의 두께가 있는 내가 들어 주고 동감하고 공감하며 그 시간을 아름답게 만들어 가고 있다.

올해, 전입하신 중견 여선생님이 있다. 사실 우린 걱정을 했다. 어떤 분이신지 잘 모르고 우리가 하고자 하는 교육에 동참할 수 있는 분인지 가늠할 수 없어서였다. 하지만 곧 걱정을 거두었다. 모든 이들이 한목소리를 내는 것이 아니라 오히려 어우렁더우렁 가지각색의 사람들이 모여 함께 갈 수 있다면 그것도 의미 있는 일일 것이라 여겨서이다. 이 선생님은 내게 또 다른 물음을 주셨다.

여느 학교와 마찬가지로 우리 학교에도 충동 및 분노 조절이 안 되어 둘레에 지대한 관심과 사랑을 받아야 하는 아이들이 몇몇 있다. 그 아이들을 바라보시는 선생님의 말씀이 다시 한번 교사로 곱씹어 볼 생각거리를 던져 준 것이다.

"학교에는 우리 나이의 교사가 있어야 해. 저 아이들의 문제 행동을 고치려는 사람도 필요하지만 지긋이 바라봐 주고 궁둥이라도 두드려 줄 수 있는 품이 넉넉한 엄마 같은 교사가 필요한 거야. 김 선생, 안 그런가?"

"그래도 전 한 살이라도 적을 때 퇴직하고 싶어요."

"쉽지 않을걸, 김 선생같이 학교 좋아 죽는 사람⋯⋯."

명퇴를 밥 먹듯이 말하는 내게 선생님의 말씀이 내 안에서 충돌을 일으켰다.

사실, 아이들이 쓴 글을 읽을 때도 명퇴에 관한한 자신이 없어진다.

> 우리 선생님
>
> 우리 선생님은 우리들에게 그림책을 많이 읽어 주십니다.
>
> 그리고 읽어 줄 때 돋보기안경을 씁니다. 우리 선생님은 허리가 아파서 깔창을 합니다.
>
> 그리고 쟁반 노래방을 할 때는 일부러 재미있으라고 뿅망치를 꾹꾹 누르면서 아프게 합니다. 근데 나는 별로 안 아팠습니다.
>
> 그리고 선생님은 생활 한복을 정말 좋아하는 것 같습니다.
>
> 우리 선생님은 나한테 그렇게 많이 울지 말라고 그러십니다.
>
> 나는 선생님께 바라는 것이 없습니다. (운양 2학년 권효정)

아이들과 놀기 좋아하고, 재밌는 그림책을 보면 얼른 학교 가서 우리 아이들에게 들려주고 싶은 맘이 가득하고, 어른 앞에서는 못해도 아이들 앞에서는 온갖 몸개그도 서슴지 않으며, 잘 웃고, 화도 내고, 꾸지람도 하고 내가 너희를 더 좋아해서 손해라고 투정하는 어설픈 선생인 나. 교육 현실이 그리 바뀔 것 같지도 않고, 이름은 명예퇴직이지만 결코 명예롭지 못한 현실. 슬그머니 퇴직을 하는 것도 자신 없지만, 퇴직을 하고 싶기도 하는 나.

이렇듯 회오리 속이지만 아이들과 유치하게 지지고 볶으며 순간을, 지금을 그냥 열심히 살고 싶다. 아이들을 길들이지 않고 다듬어 제각기 제 빛깔을 낼 수 있도록 하며 스스로 앞가림할 수 있도록 힘을 길러 주는 일에 도움을 주는 교사로 살고 싶다. 아이들 앞에 서 있는 마지막 순간까지 이렇게 살고 싶다. 지금으로서는 이것이 최선이라 생각한다.

나는 모자람도 있고 수없이 깨지기도 하고 포기도 했다가 결국 아이들 앞에 설 수 밖에 없는 대한민국 교사이다. 그리고 오십대 여교사이다. 이런 나를, 우리를 고운 눈으로 보지 않는 이들에게 말하고 싶다.

"우리도 학교에서 필요한 존재예요."

2

학생, 학부모, 교사가 함께 만드는 공동체

강릉운양초등학교 서배성

1. 혁신교육 활동가 되기

가. 전문성에 대하여

언제부터인가 학교혁신이라는 말이 매우 익숙해졌다. 학교혁신이 이제 우리교육의 중요한 이슈가 되었다는 것을 부정할 사람은 없을 것이다. 학교혁신이라는 말이 생기기 이전에는 교실수업개선이라는 말이 있었다. 교사의 전문성, 즉 역량을 키워서 교실수업을 변화시키자는 것이었다.

사실 교사의 역량이 교실수업에 미치는 영향은 대단하다. 아이들도 어떤 선생님이 잘 가르치는지, 어떤 선생님이 역량이 있는지 금방 느낀다. 교사의 수업역량에 따라 교수학습부터 관계까지 교실의 분위기는 큰 영향을 받는다. 따라서 많은 선생님들이 수업이나 교육과정재구성, 평가 그리고 관계에 이르기까지 역량을 키우기 위해 수많은 연수를 받아왔다. 이것은 어쩌면 교사로서 지극히 당연한 태도이다. 하지만 아쉽게도 교실수업개선은 한계를 드러냈다. 교사 개인의 전문성에 의존하다 보니 학년이 바뀌어 교사가 바뀌면 아이들은 혼란을 겪을 수밖에 없는 구조이기 때문이다. 교사는 교실왕국에서 엄청난 업적을 만들었지만 교실왕국을 벗어난 아이들에게는 아무런 영향도 줄 수 없었다. 이런 한계를 극복하기 위한 도전이 바로 단위학교혁신이었다.

나. 단위학교혁신이란

단위학교혁신은 개별교사의 전문성에 의존하지 않고 학교를 전문적인 학습공동체로 본다. 전 학년의 선생님과 새로운 학년의 선생님이 서로 지속적으로 교류하고 동료성을 통해 배우기 때문에 전문성은 자연스럽게 이어진다. 다시 말하면 교실을 개방해서 각각의 교사들이 가진 전문성이 이어질 수 있는 구조를 만드는 것이다. 이 경우 학교에 다니는 동안 아이들은 일관된 교육철학을 공유하는 교사들을 만나게 된다. 단위학교혁신은 아이들의 혼란을 줄이고 교사집단에 대한 신뢰감도 높일 수 있다.

다. 어려운 문제들

그러나 아직도 단위학교혁신이라는 말은 조금 생소하게 느껴진다. 학교혁신을 단위학교혁신으로 보지 않고 여전히 교사의 전문성 문제로 받아들이는 경우가 많기 때문이다. 이것은 성과급이나 근평처럼 교사 간의 경쟁을 유도하는 현재의 교육정책에 상당한 영향을 받았기 때문이 아닐까 생각된다. 역량이 높은 교사가 더 인정받고 승진도 하는 구조에서 협력을 중시하는 공동체성은 전문성에 비해 필요성이 낮아진다. 또 이런 문화는 새롭게 교직에 나오는 젊은 교사들에게 더 큰 영향을 준다. 왜냐하면 단위학교를 이야기하기에는 권위적인 학교문화에서 발언권이 너무 미약하기 때문이다. 단위학교 혁신은 교장선생님부터 신규교사까지 모두 함께 고민해야 하는데 그러기에는 젊은 교사들의 경험은 부족할 수밖에 없다. 이 때문에 젊은 교사들은 더욱 교실수업에 대한 전문성을 추구하게 된다. 게다가 아이들에 대한 높은 책임감과 책무성은 선생님들을 더욱더 전문성의 길로 인도하므로, 전문성을 더 높이기 위해 연간 수백 시간 이상의 연수를 받는 교사들도 쉽게 찾을 수 있다.

라. 전문성과 학습공동체

물론 전문성에 대한 추구를 결코 나쁘다고 말씀드리는 것은 아니다. 워낙 탁월한 전문성을 가진 선생님도 많고, 나 역시 전문성에 대해 고민해 왔고 노력하고 있기 때문이다. 하지만 교사들의 무비판적인 전문성 추구는 교실수업개선의 한계와 맞닥뜨릴 수밖에 없다. 그래서 우리는 단위학교혁신을 잊어서는 안 된다. 교사가 내 교실의 상황에 만족하고 전문성이라는 방어막을 치는 것은 다시 교실왕국으로 돌아가자는 것과 다르지 않다고 생각한다. 우리는 어쩌면 전문가라는 타이틀을 얻고자 노력하고 있는 것은 아닌지 되물어 보아야 한다. 어쩌면 전문성이라는 이름으로 다른 동료들보다 우월해지고자 하는 것은 아닐까? 사실 이것은 나의 자기 고백이기도 하다. 돌아보면 젊은 교사일 때 더 전문성을 갖고자 하는 욕망이 컸다. 하지만 변화는 교실이 아닌 단위학교혁신에서 비롯된다. 내가 애써 가르친 아이들이 내년이 되면 또 다시 구조의 감옥에 갇히게 될 것이기 때문이다. 그래서 학교는 민주성과 동료성이 없이는 변화되기 어렵다. 물론 교사는 전문가가 맞다. 하지만 교사는 이론보다는 임상전문가가 되어야 한다. 연수와 강의를 통해 이론적인 부분을 배우는 것도 중요하겠지만 교사라면 아이들을 이해할 수 있어야 한다. 아무리 시험성적이 우수하다고 할지라도 임상경험이 부족한 의사에게 내 가족의 생명을 맡기는 것은 불안하기 때문이다. 따라서 의사들도 선배 의사와 끊임없이 임상에서의 경험을 나누고 고민해야 한다. 전문학습공동체는 이런 경험을 나누는 장이다. 수업에서 경험한 다양한 임상경험을 서로 나누고 더 좋은 방법을 모색하는 협력의 장이다. 이러한 협력과 동료성을 바탕으로 한 배움이야말로 꼭 필요한 가치라고 생각한다. 그래서 교사의 리더십 또한 중요하다. 이제 분산적 리더십은 매우 중요한 덕목이 되었다.

마. 활동가 리더십

하지만 최근 들어 단위학교혁신이라는 등대가 더욱더 빛을 잃어가는 것 같아 걱정이다. 우리는 여전히 학교혁신을 리더십의 문제라기보다 전문성의 문제로 받아들이고 있다. 수년을 노력해 온 학교혁신을 다시 돌아보는 것이 필요하다. 우리가 단위학교라는 공간을 변화시키려고 노력하지 않는다면 결코 의미 있는 실천을 이루기는 어렵다고 생각한다. 그래서 더 많은 선생님들이 리더십을 고민했으면 좋겠다. 그리고 학교의 닫힌 구조와 싸워 나가야 한다. 이것이 바로 혁신교육이다. 이제 혁신교육은 단위학교혁신을 넘어 지역으로 나아가고 있다. 앞으로의 혁신교육은 지역사회와 함께 고민하고 시민들과 소통하는 교육으로 진보할 것이다. 이른바 학교교육 제4의 길이 열리게 될 것이다. 지금도 많은 선생님들께서 학교와 지역에서 부족한 리더십을 함께 채워 가며 변화를 만들고 있다. 나 역시 그런 수많은 활동가 중의 한 사람일 것이다.

바. 본질을 지키는 교육

작은학교교육연대는 그동안 교육의 본질을 지켜 가기 위해 애써 왔다. 어쩌면 가장 보수적인 생각을 하고 있는 단체가 바로 작은학교교육연대이다. 처음부터 지금까지 작은학교교육연대가 추구해 온 가치는 '참삶을 가꾸는 작은 학교'였다. 다시 말해서 교사의 역량이나 전문성보다는 '행복한 아이들'이 우리들의 가치였던 것이다. 그런데 최근 혁신학교라는 제도가 또 다른 전문성의 산실처럼 운영되고 있는 것은 간과할 수 없는 문제이다. 이미 우리나라는 연수의 왕국이 되었다. 교사들은 전문가라는 타이틀을 통해 학교 내에서의 지배구조를 만들고 있다. 즉 전문성이 교사들의 기득권 구조를 강화하는 헤게모니로 작용하고 있는 것이다. 그러나 변화는 기득권을

통해서는 이루기 어렵다. 변화를 위해서는 당연히 희생과 솔선수범이 필요하기 때문이다. 상처받은 아이들에게 행복한 삶을 선물하고 싶었던 초창기 작은 학교 선배들의 솔선수범을 잊어서는 안 된다. 그러한 희생과 솔선수범이 오늘날의 혁신교육을 만들어 냈다. 물론 문제를 해결하는 방법은 다양할 것이다. 그러나 가장 힘 있는 해결 방식은 전문가에 의존하는 것이 아니라 의논하는 사람들의 모임이다. 교육은 교사를 넘어설 수 없고 교사의 교육력은 공동작업을 통해서만 성장할 수 있다. 개인의 전문성보다 서로의 경험을 소중히 여기는 곳이 바로 작은학교교육연대이다.

2. 울퉁불퉁 함께 만드는 공동체 (운양초 이야기)

가. 좋은 밥상 차리기

새로운 학교를 꿈꾸는 사람들이 있다. 내 아이가 안전하고 따스함이 넘치는 좋은 학교에 다녔으면 하는 마음에 새로운 학교를 꿈꾸는 학부모도 있고 좀 더 경쟁력을 가졌으면 하는 마음으로 새로운 학교를 꿈꾸는 학부모도 있다. 그런가 하면 좀 더 열린 근무환경에서 아이들을 가르쳐 보고 싶은 마음으로 새로운 학교를 꿈꾸는 교사도 있고 교육적 자아실현을 위해 새로운 학교를 꿈꾸는 교사도 있다. 모두들 혁신학교라는 그럴싸한 밥상을 맞이하고 싶어 한다. 그런데 막상 혁신학교에서는 차려 놓은 밥상을 맛있게 먹는 것보다 밥상을 차리는 일로 고달프다. 누구나 맛있는 밥상을 받고는 싶어 하지만 밥상을 차리는 것은 부담스럽게 여기기 때문이다. 게다가 함께 받아야 하는 밥상에 누군가에게는 먹고 싶지 않은 음식이 오른다면 갈등도 심해질 것이다. 특히 한 사람이 독단적으로 자신이 원하는 음식만을 선호하여 밥상을 차린다면 다른 사람들은 그 밥상을 외면할 것이 분명하다.

모두가 즐겁게 받을 수 있는 맛있고 먹음직한 밥상을 차리는 과정. 어쩌면 새로운 학교의 비전을 세우고 교육과정을 만들어 가는 과정은 이런 것이 아닐까? 모두가 즐겁게 받을 수 있는 밥상을 차리기 위해서는 어쩌면 함께 머리를 맞대고 의논하는 것이 필요하지 않을까?

나. 새로운 학교를 시작하며

2010년 초봄 강원도 소도시 강릉에서도 새로운 교육을 희망하는 움직임이 시작되었다. 지역의 공동육아 어린이집과 생협조합원 그리고 시민단체 회원들을 중심으로 남한산초등학교를 비롯한 몇몇 작은 학교들의 학교혁신 사례들이 알려지면서 관심이 커지기 시작했다. 그리고 지역의 학부모들이 힘을 합치면서 강릉작은 학교준비모임이 결성되었다. 이때만 해도 강릉에 새로운 학교가 생길 수 있을까에 대한 사람들의 의견은 매우 비관적이었다. 참여할 교사를 모으는 것부터 난관의 연속이었다. 하지만 뜻이 있는 곳에 길이 있는 법, 보평초등학교 서길원 교장의 초청강연을 시작으로 어렵지만 수차례 준비모임은 지속되었고 많은 사람들의 도움과 많은 노력 끝에 강릉시 외곽의 전교생 18명의 운양초등학교를 새로운 학교로 만들기로 결정하게 되었다.

다. 집단지성이 살아 있는 학교상 만들기

이때부터 학부모와 교사들은 새로운 학교상을 정하기 위한 토의를 시작하게 되었다. 먼저 각자가 생각하는 학교상을 전부 메모지에 적어 보았다. 한두 개를 적는 사람도 있었지만 대부분은 많은 수의 메모지를 제출했다. 그렇게 모아진 메모지를 다시 내용별로 분류하여 카테고리를 만들고 다시 분류하기를 반복하다 보니 모두가 원하는 대략적인 학교상이 보이기 시작했다. 그 후 교사들이 모여 이렇게 모인 내용들을 다듬어 좀 더 가치지향적인 학교비전을 만

운양초등학교의 옛모습

증축 후 운양초등학교의 모습

드는 작업을 한 후 학부모님들과 토의를 거쳤다. 그리고 이렇게 만들어진 학교상과 아동상이 바로 '배움과 소통으로 성장하는 행복한 학교'와 '현재가 행복한 어린이, 미래에 공헌할 수 있는 어린이, 주체적으로 삶을 아름답게 가꾸는 어린이'이다. 내가 근무하거나 근무하고자 하는 학교의 학교비전을 함께 고민하고 토론한다는 것은 교사들에게도 새로운 경험이었다. 실천을 위해서는 자발성이 필수적인 새로운 학교에서 내가 만든 교육과정이라는 것은 매우 소중한 자산이 되었다.

라. 집단지성으로 만드는 교육과정

새로운 학교비전을 세운 다음 본격적으로 새로운 교육과정에 대한 논의가 시작되었다. 교사들은 매주 모여 새로운 교육과정을 열정적으로 논의하였다. 보평초, 수입초, 남한산초 등 앞선 학교들의 교육과정을 참고하기도 했고 각종 자료를 찾아 공부도 열심히 하면서 교육과정 논의는 진행되었다. 하지만 새로운 밥상을 차리는 데 서로의 생각은 많이 달랐다. 학교교육과정에 담겨질 아이디어 하나하나마다 비판적인 시선을 피해 갈 수 없었다. 모두 치열하게 토론하고 가치와 의미를 생각했다. 토론은 가끔 지나치게 치열해져 감정까지 건드릴 정도였지만 학교교육과정이라는 밥상에 아무 음식이나 올릴 수는 없었다. 보기 좋은 떡보다는 건강하고 즐겁게 먹을 수 있는 음식을 올려야만 했다. 전시성 행사나 불필요해 보이는 각종 대회 등은 모두 학교교육과정에서 사라질 수밖에 없었다. 그리고 아이들에게 꼭 필요한 것들로 교육과정이 채워져 갔다. 실천 가능성과 당위성이 우선적으로 고려되었다. 이렇게 해서 2011 운양교육과정이 완성되었다. 집단지성으로 만들어진 교육과정은 힘이 있다. 일반적인 학교에서 학교교육과정을 편성하는 주체는 대부분 교사가 아니다. 그렇기 때문에 학교교육과정에 학사일정을 제외하면 어떤 내용이 기술되어 있는지조차도 생소한 경우가 대부분이다. 심지어 자신의 업무분야에서조차 기억을 못하는 경우가 보통이다. 하지만 함께 논의하고 치열하게 논쟁하며 만들어진 교육과정의 내용을 모르는 교사란 상상하기 어렵다. 논의에 참여한 교사들은 교육과정이 제시하고 있는 내용의 의미를 정확히 이해하고 있고 실천하기 위해 노력하게 된다. 자발성은 이렇게 형성될 수 있다. 우수사례를 발굴하고 포상을 하는 것으로 자발성을 높이는 것에는 한계가 있다. 보상이 끊어지면 자발성도 멈춘다는 것은 이미 오래된 진실이다.

마. 소통은 고통이다

새로운 교육과정을 가지고 학기 초부터 의욕적인 교무회의가 시작되었다. 하지만 기대와는 달리 교육을 바라보는 관점은 개인에 따라 너무나도 달랐다. 복식학급이 해소되면서 교감선생님을 비롯해 새로운 교원이 추가로 배치되다 보니 학교교육과정에 대한 공감도 한계가 있을 수밖에 없었다. 회의 때마다 소통은 막혔고 신뢰는 무너지기 시작했다. 잦은 회의 문화는 오히려 고통이 되어 버렸다. 학부모의 요구도 점점 커져 갔다. 초기 새로운 교육과정 편성에 함께했던 학부모 이외에도 많은 학생들이 전학을 오면서 집단지성으로 만들어 낸 교육과정과 학교비전에 대한 이해가 흔들리게 되었다. 학부모들의 요구가 커질수록 교육에 대한 공공성과 지향점이 흔들렸다. 무엇이 문제일까. 결국 교육과정을 바라보는 패러다임과 소통의 문제였다. 같은 교육과정 프로그램이라도 아동을 중심에 두고 자기주도적으로 운영할 수 있다고 생각하는 것과 교사가 계획하고 이끌어 주는 것이 필요하다고 생각하는 것에는 큰 차이가 있다. 또한 학교를 일종의 교육서비스로 생각하는 학부모에게 아이에 대한 책임을 학교와 학부모가 함께 나누는 공동체 학교를 이해시키는 것은 너무나도 어려운 일이다. 같은 학교 안에서 이렇게 큰 패러다임의 차이를 안고 있다는 것은 곧 소통이 얼마나 어려운가를 여실히 드러낸다. 그러나 이 과정에서 관점의 차이를 인정하고 이해하기 위해 좀 더 노력해야 한다는 것을 배웠다. 때로는 다투기도 하고 때로는 사과하기도 하며 이해하기 위한 시간이 필요하다는 것을 배웠다. 그리고 아무리 좋은 생각과 관점이라도 때가 아니라면 기다릴 줄 아는 지혜도 가끔은 필요하다는 것을 배웠다.

바. 새로운 학교 교육실천의 패러다임

그러면 이런 어려운 과정 속에서도 이루려는 새로운 학교에서의 혁신은 무엇일까? 그것은 어쩌면 기본으로 돌아가는 것 아닐까? 교사 중심의 교육과정 운영을 아동중심으로 바꾸고 신자유주의적인 경쟁을 공동체 문화로 바꾸어 가는 것, 느리고 힘겹지만 한 걸음씩

진보해 가는 것을 통해 학교의 구성원들의 생각을 바꾸어 가는 것이다.

그러나 현실은 그리 녹록지 않아 보인다. 전체와 같지 않으면 왕따로 변하는 전체주의, 스티커 한 장으로 아이들을 스키너상자 안의 새처럼 움직이게 만드는 행동주의가 존재하기 때문이다. 그리고 그 무엇보다 어리다는 이유만으로 아이들의 인격을 인정하지 못하는 어른들이 아직도 학교를 지배하고 있기 때문이다.

상당수 혁신학교에서도 혁신을 본질의 변화로 인식하기보다는 외형적인 변화로 판단하는 경우가 많다. 또한 교육과정 운영에서도 마찬가지다. 공장에서 설계도에 따라 제품 생산하듯 철저하게 계획된 교육과정에 따라 생활해야 하는 아이들에게서 창의적 지성은 먼 나라의 이야기일 뿐이다. 게다가 지역사회와 학부모 역시 아직은 공동체문화를 함께 만들어 가기에는 어려운 점이 많아 보인다.

사. 신뢰를 기반으로 하는 공동체 만들기

이런 현실 속에서 어떻게 학교 패러다임을 새롭게 바꿀 수 있을까? 여전히 답은 신뢰와 소통에 있다. 운양초에 오는 교사들에게는 보통 발령받은 지 1개월쯤 되면 사춘기가 찾아온다. 이유는 학부모들의 목소리가 너무 크다는 것, 게다가 매월 해야 하는 반모임에서 많은 것을 들어야 한다는 것, 그리고 비상식적인 학부모도 존재한다는 것 등이다. 하지만 성장하기 위해서는 이런 질풍노도의 시기는 반드시 필요한 법이다.

운양초 학급 반모임

　교사가 학부모을 신뢰하지 못하는 상황에서 학부모에게 교사를 신뢰하라고 하는 것은 어려운 일이다. 학부모가 교사를 신뢰하지 못할 때, 학부모는 마치 의사를 믿지 못해서 이 병원 저 병원을 쇼핑하듯 돌아다니는 환자와 같아진다. 환자에게 중요한 것은 믿을 수 있는 의사이지 권위 있는 의사가 아니다. 권위는 마치 신뢰를 가져다 주는 훌륭한 도구일 것 같지만 실상 권위적인 모습을 통해 환자는 불안감을 느낀다. 환자의 말에 귀를 기울이지 않는 의사가 정확한 진단을 한다는 것은 어불성설이다. 교사 역시 예외일 수는 없다. 교사 역시 학부모의 말에 귀를 기울이고 이해하려는 자세가 필요하다. 하지만 이것은 쉽지 않다. 학부모의 불안한 마음 때문이다. 학부모의 원초적인 불안감은 바로 아이 때문에 생긴다. 부모는 아이가 학교에서 잘 적응하는지, 따돌림을 당하지는 않는지, 공부는 잘 따라가고 있는지 늘 불안과 걱정 속에서 살아간다. 이런 불안함은 교사를 신뢰하는 데도 부정적인 영향을 준다. 따라서 교사는 먼저 학부모를 안심시키고 신뢰를 만들어야 한다. 그러기 위해서는 들어 주고 공감해 주는 방법보다 좋은 것은 없다. 때로는 솔직하게 문제를 말하고 진솔하게 이해를 구하는 태도가 신뢰를 형성하는 데 가장 중요하다.

아. 함께 만들어 가는 공동체학교

이런 신뢰를 회복하기 위한 노력으로 많은 변화가 있었다. 운양초등학교는 2010년 여름까지만 해도 전교생 18명의 4학급 복식으로 6학년 6명이 졸업을 하면 폐교 대상에 이름을 올려야 할 위기의 학교였다. 해마다 학생 수는 줄고 신입생은 인근 초등학교나 시내의 큰 학교로 입학하기 때문에 어려움이 컸다. 학부모에게 복식학급으로 편성된 학교에 아이를 맡겨야 한다는 것은 매우 어려운 결정이었다. 하지만 2010년부터 시작된 학교혁신이 급물살을 타기 시작하면서 현재 운양초등학교는 전교생 95명으로 2010년에 비해 학생수가 5배 이상 증가하였다. 이제는 내년도 입학 희망자들의 문의가 많아 고민을 하는 지경에 이르고 있다. 특히 1학년의 경우는 전학 희망 학생을 돌려보내야 하는 상황이 발생할 만큼, 이제는 학생 수 과밀로 인한 고민이 커져 있는 상황이다. 이런 학생 수 증가는 치열한 경쟁체제 속에서 아이를 자유롭고 창조적으로 키우겠다는 학부모

학부모와 함께 만들어가는 교육과정

들의 수요가 증가한 탓도 있겠지만, 그 동안 학교라는 공간에서 학생과 학부모가 소외되고 교육주체로서 인정을 받지 못하여 자기 목소리를 내기 어려웠기 때문일 거라는 생각이 들었다. 학교혁신이라는 지속적인 변화를 이루기 위해서는 무엇보다 교원과 학부모와 학생이 교육주체로서 함께 새로운 학교를 디자인해 가는 것이 필요하다.

자. 새로운 도전

그동안 운양초에서는 학생과 학부모, 교사가 함께 성장해 왔다. 특히 학부모의 성장은 많은 것을 가능하게 했는데, 바로 지역사회로의 발돋움이다. 사실 운양초 역시 시골지역의 학교이다 보니 소외된 아이들에 대한 지원은 항상 고민거리였다. 특히 조손가정이나 한부모 가정 등에서 자라는 아이들이 인문학적인 경험을 할 수 있는 기회는 극히 적었다. 초등학교를 졸업하고 중학교에 입학하면 진로에 대한 고민을 하지 않을 수 없다. 이러한 인문학적인 소외를 해결하기 위해 졸업생 학부모와 뜻있는 교사들이 다시 모이기 시작했다. 마을교육공동체가 결성된 것이다. 마을교육공동체(날다학교)는 입시와 가정형편 등으로 소외된 청소년들에게 인문학적인 경험을 제공하고 스스로 하고 싶은 프로젝트를 협력을 통해 실천해 봄으로써 인문복지를 실현하고자 하는 사업이다. 처음에는 몇몇 교사들이 생각하고 뜻을 모았지만 역시 학부모들의 도움은 큰 추진력을 갖게 해 주었다. 물론 학부모가 있다고 해서 모든 것이 잘 된다는 이야기는 아니다. 사실 운양초교 사회와 지역 교사모임의 여러 선생님들은 마을교육공동체의 의미와 가치에 대해 치열한 토론과 고민을 이어 왔다. 이러한 교사들의 치열함이 있었기에 성장도 가능했다. 하지만 교사들이 비판적이고 때로는 부정적인 문제의식을 가졌던 것과 달리 학부모는 매우 긍정적이었다. 일단 내 아이가 마을교육공동체를 통해 무언가를 얻을 수 있다는 사실은 학부모에게는 굉장한 동기이다. 교사의 입장과 학부모의 입장은 다를 수밖에 없다. 교사가 진정성의 문제를 가지고 고민한다면 학부모는 언제나 지속가능성을 고민한다. 이런 학부모의 교육열은 때때로 비판의 대상이 되기도 하지만 그런 교육열이 전문가 집단인 교사모임과 함께 결합하면 엄청난 동력으로 작용한다는 것을 우리는 경험을 통해 배

운양초 학부모 총회

운양초 학부모 사랑방

운양초 학부모 연수

윘다. 지자체 예산공모에서부터 홍보작업에 이르기까지 사실 대부분의 영역에서 학부모의 참여는 큰 힘이 되었다. 특히 운양초의 졸업생 학부모님들은 이미 공공성에 대한 교육철학이 잘 자리 잡고 있었기 때문에 적극적인 지지자가 되었다. 이 때문에 자연스럽게 내 아이가 아닌 우리 아이들을 위한 사업이 된 것이다. 현재 운양초를 중심으로 시작되었던 마을교육공동체 준비는 운양초가 아닌 강릉시 전체의 청소년들을 위한 사업으로 확장되어 지금은 강릉청소년마을학교 '날다'라는 이름으로 진행되고 있다. 뜻있는 교사와 학부모가 만나 우리 아이들을 키우기 위한 새로운 실험이 현재 진행 중이다.

3
부딪히고 깨지면서

장승초등학교 윤일호

들어가며

진안, 진안, 진안.

몇 번이고 되뇌어 본다.

그러고 보니 참, 세월이 빠르네. 내가 진안에 온 지도 벌써 15년이나 되었으니. 진안과의 만남은 우연인가 필연인가. 진안에 살면서 아내와 결혼도 하고 아들 셋과 딸 하나를 낳았다.

'삶은 순간의 선택으로 이루어진다.'

나만의 개똥철학이다. 누구나 잘했든 못했든 순간마다 선택을 할 것이다. 그리고 그 선택에 따라 삶은 물 흐르듯이 자연스럽게 자신을 만들어 간다.

나는 순간순간 골똘히 오랜 시간 생각했다기보다는 무엇엔가 홀린 듯 자연스럽게 선택을 했고, 지금까지 그렇게 살아온 편이다. 다른 대학에 잘 다니다가 느닷없이 학교를 그만두고, 교대를 선택할 때도 그랬고, 진안으로 발령을 받을 때도 그랬다.

내가 가는 길이 잘못된 길이라면 내가 알게 된 그 순간 다른 선택을 해서 바로잡으면 되기에 선택의 상황에서 벌어진 일에 대한 후회보다는 모든 선택을 즐기며 살려고 했다. 때로는 그런 선택이 다른 사람이 보기에 무모하고 어리석을지라도.

선택

"학교가 면에 하나만 있으면 되지 두 개씩 있을 필요가 있어?"

장승초등학교는 없어도 되는 학교?

그러면 나는?

"지금 있는 곳에서나 잘 해. 뭐 헌다고 사서 고생을 혀."

"니가 그렇게 잘났어? 그런다고 학교가 살아날 것 같어?"

"그려, 니가 얼마나 잘허는가 보자."

2011년 3월, 나는 정말 무엇엔가 홀린 듯 네 번째 학교인 장승초등학교로 보금자리를 정했다. 여러 번 옮겼는데도 여전히 학교를 옮기는 것은 낯설고 힘든 일이다. 둘레 여러 사람들의 의식적인 시선도 그렇고 새로운 사람들과 새로운 환경과의 관계 설정 또한 늘 어렵다.

까무잡잡한 피부에 큰 덩치, 15년째 진안에 살고 있지만 가끔씩 아직도 가 보지 않은 곳이 있고, 모르는 것들이 제법 있다는 것을 알았을 땐 진안사람이 덜 된 느낌이 들 때가 있다. 나에게 장승초등학교도 그런 곳이다. 기껏해야 우연한 기회에 몇 번 방문해 본 기억이 다였고, 그 외에는 딱히 장승초등학교와 나와의 관련을 찾으려고 해도 별로 없었다.

불과 10여 년 전만 해도 장승초등학교는 '장승'이라는 이름에 걸맞게 전주에서 진안으로 들어오는 곰티재와 모래재가 만나는 길목에 위치하고 있어 학생 수가 제법 많은 학교 가운데 하나였다. 하지만 전주에서 무진장 관문을 넘는 새로운 길이 생기면서 급격히 학생 수가 줄기 시작했다. 그러면서 굽이굽이 펼쳐진 아름다운 모래재 길은 점점 전주로 떠나는 아이들과 함께 잊혀져 갔다. 장승초등학교도 그랬다. 학생 수가 해마다 십여 명씩 줄었다. 아이들 소리로 가득했던 학교 뒷산 용마봉엔 새들의 울음소리만 남게 되었고, 맨발로 물장구치던 학교 앞 세동천도 아이들이 사라져 가니 온전한 물고기들의 세상이 되어 갔다.

즈려밟고

1999년 3월, 진안은 아직도 한참 춥다. 무진장 고원지대가 해발 400미터는 족히 넘는다고 하니 그럴 만도 하다. 첫 출근 하는 날, 배려심 많은 여자 친구(지금 아내)가 첫 발령을 축하한다며 이른 새벽 대전에서 먼 동향초등학교까지 한 시간 반을 달려 나보다 먼저 학교에 와 장미꽃 이파리를 교문 앞에 뿌려 놓았다. 교문 옆으로는 백 살은 족히 넘어 보이는 아름드리 느티나무 두 그루가 있고, 개학날이 반가운 아이들은 삼삼오오 모여 놀다가 갑자기 벌어진 이상한 풍경을 구경하고 있다. 등교하던 아이들도 낯선 사람들이 학교 앞에 와서 꽃 이파리를 뿌리고, 밟고 하는 것이 웃겼는지 두리번거리며 바라보기도 하고, 나중에는 주워 담느라 애쓰는 모습이 재미있었는지 한참을 수군거리며 웃는다. 나는 큰 자랑거리라도 되는 듯 거창하게 장미꽃 이파리를 즈려밟고 스물아홉 나이에 선생 노릇의 첫발을 내디뎠다.

낭만

29살 총각 선생님이 왔다고 학부모님들이 무척 좋아하셨다. 오랜만에 온 총각 선생이라며 반갑게 인사도 건네 주셨다. 진안읍내에서 제법 먼 거리에 있는 학교이기도 하고, 벽지학교여서 그 전에는 경력이 오래된 교사만 오는 곳이라고도 했다. 학교 뒤편에 있는 관사에서 자는 날이면 학부모님들이 꼬박꼬박 아침식사도 챙겨 주셨다. 철마다 몰래 따로 불러서 부모님 드리라며 채소며 과일을 바리바리 챙겨 주시기도 했다.

동향 아이들은 아침 7시만 되면 학교에 오는 아이들이 많았다. 학교에 오자마자 아이들이 관사 문을 두드린다. 나를 깨우는 소리다. 잠이 많은 나를 알람시계처럼 아이들이 깨워 주었다. 우리 반, 다른 반 할 것 없이 총각 선생님에 대한 관심은 대단했다. 벽지학교여서 그 전에는 젊은 선생님이 거의 오지 않아서 더 그렇지 싶었다. 눈을 떠보면 '아, 내가 선생이 되었구나' 실감할 수 있었다.

첫해, 내가 맡은 아이들은 4학년 21명이었다. 넘치는 무모함이었는지 두 주에 한 번씩 아이들과 모둠탐사를 하기 위해 아이들을 네 모둠으로 나누었다. 총각이기도 하고, 싸돌아다니는 것을 워낙 좋아했다. 모둠마다 여행계획을 짰다. 해남 땅끝마을부터 부산, 서울, 지리산 천왕봉에 이르기까지 참 많이도 다녔다. 아이들이 모여 스스로 짠 계획은 되도록 그대로 실천하려고 했다. 선생님끼리만 할 수 있느냐며 주마다 우리 반 아이들도 저희끼리 친목회를 했다. 아이들끼리 윷놀이나 축구, 발야구 따위의 그날 놀거리를 정하고 먹을거리를 준비했는데, 먹을거리를 장만하는 데는 아이들이 각자 조금씩 걷기도 하고, 내가 돕기도 했다.

실망

내가 생각했던 이상과 현실은 너무도 달랐다. 니일의 썸머힐 학교는 아니더라도 학교가 아이들에게 자유로운 곳이기를 바랐다. 학교가 아이들을 구속하는 공간은 아니었으면 싶었다. 하지만 학교 문화는 그러지 못했다. 달마다 보는 시험, 교장 선생님의 강압, 무조건적인 지시, 형식에 얽매이는 학교 문화는 내가 생각했던 그림이 결코 아니었다.

경직된 분위기 속에서 이루어지는 월요일 교무실 회의는 학교문화의 전형이었다. 교무가 "지금부터 교직원 회의를 시작하겠습니다. 국기에 대한 경례" 하고 난 다음 "각 계별로 말씀해 주십시오" 하고 회의는 시작된다. 부장교사 위주로 형식적인 업무 이야기를 하고 나면 교감이 학교 선생님들에 대한 주문사항을 이야기한 다음, 마지막으로 교장선생님이 이야기하는 식이었다. 어떤 날은 하실 말씀이 많으셨는지 1교시 수업시간이 넘어서도 연설은 계속 되었다. 학교에 출근하는 발걸음이 점점 무거워지기 시작했다. 마음도 불편해졌다. 고민을 누군가에게 털어놓고 싶었다. 그나마 내가 믿고 의지하던 선배에게 학교를 그만두고 싶다고, 능력이 부족하다고 이야기했다. 그러는 내게 선배는 "스스로에 대해 고민하는 선생마저 학교를 그만두면 우리 교직사회는 누가 책임지냐?"고 했다. 그렇게 위로를 받고, 막걸리 잔을 기울이며 마음을 풀고 다시 잘해 보기로 결심을 하였지만 이후로도 수도 없이 깨지고, 후회하고, 고민하면서 살았다.

전 학교에서 있었던 일이다. 학부모의 뜻이 반영되는 학교를 만들기 위해 학부모들과 자주 만나며 학교에 건의사항을 이야기하게 했다. 그랬더니 금세 학교에 "윤일호가 학부모들을 선동해서 교장을 엿 먹이려고 한대"라는 소문이 돌았다. 그 전까지 학교가 어떻게 학부모들을 대했는지는 생각하지 않고, 갑자기 학부모들이 학교에 의견을 이야기하니 누군가 학부모에게 학교에 대해 이야기를 했으니 학부모가 그렇게 했을 것이고, 그 중심에 내가 있다는 것이었다. 또 그 목적이 순수하지 못해서 교장을 골탕 먹이려고 한다는 것이었다. 억울하고 답답했다. 학부모들이 학교와 소통할 수 있는 통로는 워낙 좁고 단단해서 쉽게 깨지지 않는다. 하지만 나는 거수기 노릇만 하는 학부모보다는 학교의 주체로 서는 학부모들을 바랐다. 학부모들이 학교 활동에 대해 불만이 있거나 하고 싶은 이야기가 있어도 학교의 벽은 늘 높았다. 학부모들의 이야기를 들어 주고 자주 만나야 한다고 학교에 이야기했지만 나만 잘난 척하고, 학부모들을 선동한 선생이 되고 말았다.

고백

부딪힘과 깨짐, 무너짐의 연속이었다. 스스로에 대한 믿음이 자꾸만 작아지다 보니 고민은 커져 가고 술로 위안을 삼는 날이 많아졌다. 마음이 안정되어야 선생 노릇도 잘 할 수 있었을 텐데 그러지를 못하니 바깥에서 무언가에 기대곤 했다.

선생으로 처음 맞이한 스승의 날, 학부모들이 축하한다며 만든 식사자리에서 만취해 그 다음날 학교 출근을 못한 적도 있다. 또 친구가 보증을 서 달란다고 서슴없이 보증을 서 주었다가 근 1년 동안 빚 독촉에 시달리기도 했다. 이렇게 저렇게 좌충우돌 부딪히고 헤매었으니 어떻게 아이들에게 집중할 수 있었겠나. 선생으로서 수업은 어떻게 해야 하는지, 어떻게 살아가야 하는지, 관점은 제대로 잡고 살아가고 있는지 제대로 알지도 못하면서 시간 가는대로 반성도 했다가 어떤 때는 마음도 잡았다가 다시 갈피를 잡지 못하면서 시간을 보내기 일쑤였다. 내가 살아온 삶에 대해 순간의 선택을 존중하는 나였지만 그래도 지금 생각해 보면 왜 그렇게 살았는지 안타깝기도 하다. 그 가운데 가장 부끄러운 기억은 내 감정을 조절하지 못해 아이들을 때린 기억이다. 가끔씩 그 제자들을 볼 때면 미안한 마음에 얼굴이 화끈거린다.

상인(가명)이 맞은 날_ 문정관

학교에서 상인이가 맞았다.

한 대 목을 쌔게 후렸다.

그때는 괜찮다 견딜만 하다 생각했는데

갑자기 시험지를 뭉쳐서

연속으로 같은 곳을 후렸다.

나까지 겁이 나서 고개를 숙였다.

선생님이 화가 많이 났나 보다.

그러더니 갑자기 매를 갖고 와서

엎드리게 한 다음 후렸다.

나도 모르게 고개를 푹 숙여 버렸다.

상인이가 불쌍해 보였다.

금세 매가 절반 이상 부러지고

그만 때릴 줄 알았는데 또 연속이다.

말리겠다는 생각은 들었는데

자신감이 없었다.

그런 내가 바보 같았다.

2002년 우연히 이오덕 선생님과 한국글쓰기연구회를 알게 되어 2002년부터 해마다 학급문집을 내기 시작했고, 아이들에게 잘하려고 노력하기도 하였다. 그럼에도 스스로 감정을 조절하지 못해 아이들을 심하게 때리기도 했다. 그래 놓고는 아이에게 미안하다고 사과하고, 후회하면서도 '그럴 수도 있지' 하고 결국 '자기 합리화'를 하며 살았다. 대학생이 된 정관이, 상인이를 가끔 만날 때가 있다. 그때마다 미안했다고, 내가 왜 그랬는지 모르겠다고 사과를 한다. 아이들은 웃으면서 "에이, 괜찮아요. 다 잊었는데요" 하고 말하지만 그때 상인이와 정관이, 반 아이들이 받았을 상처를 생각하면 고개를 들 수가 없다. 어떻게 그렇게 했는지 몸 둘 바를 모르겠다. 그나마 한국글쓰기연구회를 만나면서 아이들이 이런 글을 쓸 수 있게 되었고, 이 덕분에 내 잘못을 알고, 나를 돌아보며 내가 반성할 수 있게 되었으니 다행이었다.

짜증나는 우리 선생님_ 황태상

짜증나는 우리 선생님
모든 게 지 맘이다.
체육시간에 시험 보고
장난쳐도 화내고
다 지 마음대로 한다.
그래서 우리 선생님은 짜증난다.
나이만 똑같다면
선생님 앞에서 욕하고 싶다.

당시, 나를 돌아보는 공부는 여전히 많이 부족했다. 우선 아이들을 만나는 문제에서 아이들과 왜 수업을 하는지, 관계 설정은 어떻게 해 나가야 하는지 근본 철학을 세우지 못했다. 주어진 수업시간과 교과서의 틀과 한계를 벗어나지 못했고, 교재연구를 해서 아이들과 행복한 수업을 만들어야 하는데 그런 노력을 열심히 하지 않았으니 아이들은 내가 마음에 들지 않았을 게다.

'그래도 그렇지 뭐 이런 놈이 있어?'

글쓰기 공부를 한답시고, 아이들에게 솔직하게 글을 써야 한다고 늘 이야기했지만 아이가 이런 식으로 시를 쓰니 처음에는 마음이 많이 불편했다. 두 눈 크게 부릅뜨고 내가 이 녀석을 한번 혼내 줄까 하는 생각도 들다가, 아니지 그래도 솔직히 썼는데 혼내면 다음에는 이런 시를 쓰지 않겠지 하는 마음도 들다가 머리가 복잡해지고 짜증이 나기도 했다. 그러다가 찬찬히 나를 돌아보았다. 내가 마음대로 한 게 무엇이 있는지, 체육시간에 시험 본 적이 있는지, 아이들이 장난쳤다고 화를 낸 적이 있는지 돌아보았다. 전부 사실이었다. 난 그렇게 선생 노릇을 하고 있었다. 교실에서 제왕처럼 아이들에게 군림하며 지내려 했다. 체육 공부가 아이들에게 정말 중요한 공부임에도 늘 빼먹기 일쑤였다. 국어나 수학 진도가 늦으면 체육을 하지 않고, 진도를 나갔다. 조금 장난쳤다고 아이들을 엄하게 혼내기도 했다.

사실을 깨닫고 나자 머릿속이 복잡해지더니 아이들에게 사과해야겠다 싶었다. 아이들 앞에 서서 무게를 잡고 사과를 했다. 앞으로는 체육 수업을 빼먹지 않겠다고, 화도 내지 않도록 노력하겠다고 했다. 처음에는 화가 났던 내 마음이 시간이 갈수록 고마운 마음으로 바뀌어 갔다. 마음에 들지 않는 선생 모습을 시로 써서 나를 돌아볼 수 있게 해 준 태상이에게 고마워하고 있었다. 찬찬히 마음을 다잡고 안경 쓴 모습을 바라보는데 왠지 당당하게 자기 말을 할 수 있는 태상이가 더 멋져 보이는 것이었다.

어른들은 아이들에게 '대화'하자고 말한다. 하지만 아이들은 '대화' 이전에 '이해'가 먼저다. 아이들의 삶을 이해하지 않고서는 어떤 대화를 나누어도 허공의 메아리에 불과하다. 어른과 아이는 평등한 관계가 아니다. 그렇기 때문에 아이들은 자신보다 강자인 어른이 내려놓지 않으면 어떤 이야기도 하지 않는다. 무엇보다 선생으로서의 삶은 아이들을 중심에 두고 아이들의 삶을 이해하고 나누는 것이 기본이 아닐까?

고민

선생 노릇에 대한 반성을 하면서 아이들의 삶이 조금씩 보이기 시작했다. 더불어 거울에 비친 것처럼 내 삶도 조금씩 보였다.

'선생으로서 어떻게 사는 삶이 가치 있는 삶일까?'

'학교와 교사의 역할은 무엇일까?'

'학부모들과의 관계 설정은 어떻게 할까?' 따위의 많은 고민들이 시작된 것이다.

나에게 많은 가르침을 주고, 나침반 역할을 해 주던 선배와 어느 날 오랜만에 자리를 가졌다. 이야기가 깊어지던 중, 선배가 할 이야기가 있다고 했다. 선배도 승진에 도전해 보고 싶다는 것이었다. 아이들과 철마다 학급야영도 하고, 학급운영도 탁월하게 하며 졸업한 지 십여 년이 지난 제자들에게도 자주 전화가 오는 선배는 나에게 늘 롤모델이었다. 더군다나 나에게 늘 이런저런 조언을 아끼지 않을 뿐더러 정이 워낙 많은 선배여서 마음으로 늘 존경했다. 무엇보다 선배는 아이들과의 삶을 늘 중심으로 생각하는 선배였다. 나는 마음속으로 이런 선배라면 충분히 승진을 해도 좋겠다는 생각이 들었다. 더군다나 학교 문화에서 관리자의 역할은 아주 중요하기 때문에 이런 선배가 승진을 한다면 학교 문화에도 도움이 될 거라 생각되었다. 나는 흔쾌히 선배에게 꼭 승진하라고, 선배 같은 분이 승진을 해서 교직 문화를 바꿨으면 좋겠다고 했다.

　나는 어떤 선생으로 살아야 하나? 고민이었다. 전교생이 20여 명인 작은 학교에 있다가 읍내 학교로 오니 더욱 고민이 깊어졌다. 읍내 학교로 와 보니 십 년이면 강산도 변한다던데 학교 문화는 내가 발령받던 시절이나 지금이나 전혀 달라진 것이 없었다. 하지만 내가 할 수 있는 거라고는 좋은 관리자를 만나면 좋은 학교 분위기로 운좋게 행복하게 지내는 것이고, 좋지 않은 관리자를 만나면 그렇지 않은 것뿐이었다. 관리자에게 순종하고 본디 그 학교만의 익숙한 습관에 따르는 것이 내가 해야 할 일이었다. 그러니 오로지 내가 할 수 있는 것은 우리 반 아이들과 행복하게 지내는 것, 그것뿐이었다.

저마다의 뜻

선생 노릇을 하며 꾸는 꿈은 어떤 꿈일까? 저마다 다른 꿈을 가지고 선생 노릇을 하겠지만 나는 무엇보다 큰 욕심 부리지 않고, 작은 학교의 좋은 빛깔을 살려 좀 더 세세한 부분까지 아이를 살피고, 아이들이 나를 원할 때, 필요로 할 때 늘 옆에 있는 선생을 꿈꾸었다. 그리고 일방으로 가르치려 들지 않고 모르는 것은 같이 배우는 선생을 꿈꾸었다. 무엇보다 지금까지 선생 노릇을 하면서 늘 가슴 아파하고, 아쉬웠던 부분들을 학교에서 마음에 맞는 구성원들과 함께 나눌 수 있다면 얼마나 좋을까 하고 생각했다.

아이들은 온전히 배우는 사람만은 아니다. 아이들도 선생에게 큰 깨우침을 주기도 한다. 그건 무엇보다 선생이 열린 마음으로 아이들에게 다가갈 수 있을 때 가능하다. 그래서 나는 선생과 아이들이 한 교실에서 함께 배우고 깨우치는 교실을 그렸다. 교과서에서 주어진 교육과정만을 탐구하는 것이 아니라 시골 학교 나름의 빛깔을 찾아서 아이들과 탐구 계획을 세우고, 새로운 경험을 하면서 몸과 마음을 키우는 공부를 많이 하고 싶었다. 글로만 하는 공부가 아니라 몸으로 진정 느낄 수 있는 공부를 나누고 싶었던 것이다.

나는 학교가 수직적인 구조가 아니라 모든 구성원이 수평적인 구조였으면 하고 생각하고는 했다. 아이들이 선생들을 두려워하지 않고, 선생들은 교장이나 교감과 늘 마음을 터놓고 이야기하며 일방으로 지시를 하거나 지시를 받는 그런 관계는 아니었으면 했다. 선생들의 작고 아담한 꿈들이 모여 저마다의 뜻을 빛낼 수 있는 학교가 있으면 했다. 그런 작은 학교를 함께할 수 있다면 얼마나 선생 노릇 하는 보람이 있을까.

준비

전주와 가깝다는 장점을 살려 전주에서 세 번 장승초등학교 설명회를 열었다. 지금은 비록 3학급, 13명의 폐교예정 학교지만 학부모와 선생, 아이들이 함께하는 행복한 학교를 만들고 싶다고, 아이들이 자유롭게 마음껏 자연에서 뛰어 놀 수 있는 학교를 만들고 싶다고 마음을 담아 말씀드렸다. 학생을 모으는 과정에서 여러 가지 어려움은 있었지만 작은 학교 살리기에 뜻을 같이 하는 학부모님들이 모여 2011년 3월에 57명의 어엿한 6학급이 될 수 있었다. 한 아이도 없던 2학년에도 여섯 아이, 5학년도 아홉 아이가 전학을 왔다. 면 소재지 학교는 거점학교여서 학년마다 한 아이만 있어도 학급마다 담임교사가 배치되지만 둘레에 있는 작은 학교에는 여섯 사람 이상이 되어야 담임교사가 배치되는 어려움이 있었다. 하지만 모두가 한 마음으로 잘 이겨 낼 수 있었다.

학생 모으는 과정과는 별도로 겨울방학 기간에는 학교 교육과정 구상부터 교실 재배치가 문제가 되었는데 교실 세 칸이 부족해서 임시로 교실을 만들어야 하는 어려움이 있었다. 더군다나 건물이 아주 낡기도 하고 학생이 급격히 늘어나 모든 공간을 다시 구성해야 했다. 무엇보다 작은 학교를 살린 사례를 살피기 위해 남한산초등학교 선생님을 직접 찾아가 만나서 겪은 이야기를 듣기도 했고, 여러 학교의 교육과정을 살펴 잘된 부분이나 우리 학교에 적용할 것들을 살피기도 했다. 어려움이야 이루 말할 수 없이 많았지만 가장 큰 어려움은 '인사발령' 문제였다. 발령이 나지 않은 상태에서 작은 학교를 살리고자 선생 넷이 장승초등학교만을 꿈꾸고 준비했지만 인사라는 것이 정해진 것이 아니기도 하고, 특혜를 줄 수 있는 것도 아니어서 우리 뜻대로 되리라는 보장이 없었다. 더군다나 다른 시군에 근무했던 선생님은 장승초등학교에 간다고 말은 했는데 정말 갈 수 있는 것인지 확신할 수 없었기에 마음고생이 아주 심하기도 했다. 하지만 뜻이 있으면 길이 있는 법. 우리가 뜻했던 대로 둘레에서 관심을 가져 주고 학급별 인원수가 채워진 덕분에 인사발령이 제대로 이루어질 수 있었다. 무엇보다 함께 준비하고 마음에 맞는 식구들이 함께 교육과정을 이야기하고 행복한 학교를 꿈꿀 수 있다는 것이 참으로 좋았다.

앞으로 우리 아이들이 살아갈 세상은 서로를 살리고 배려하는 마음을 가진 아이들이 필요한 세상이라는 것, 맑고 깨끗한 자연환경에서 자연과 벗하며 자란 아이들에게서 길러진 감성이 필요하다는 것, 이런 믿음에서부터 우리들의 작은 학교 살리기는 시작하였다.

용마봉 아이들

한 해만 그런 것이 아니었다. 자그마치 여덟 해 동안 그랬다. 티격태격 지지고 볶으면서 남자아이들 넷만 유치원 때부터 5학년 때까지 지낸 것이다. 걱정스런 시선으로 보던 어른들은 "아이고, 안 됐

네. 여자아이가 하나 있으면 좋았을 것을" 하며 안타까워했다. 그도 그럴 것이 성비의 균형이 어느 정도 맞아야 할 초등학교 교실에서 남자아이들만 있다는 것이 어울리지 않고 이 아이들이 졸업을 하면 남자 중학교에 입학을 해야 하기에 더욱 아쉬움이 컸다. 그런데 기적처럼 6학년 진급을 앞둔 2011년 2월에 지훈이라는 남자아이 하나와 자그마치 여자아이 셋이 전학을 왔다. 남자아이들끼리만 지내던 교실에 드디어 여학생 소리가 들리게 된 것이다. 미소와 희주는 진안읍내에서, 예림이는 전주에서 전학을 왔다. 작은 학교 운동으로 장승초등학교가 살아나지 않았다면 이 아이들은 남자아이들끼리만 졸업하고 말았을 것이다. 그러면 네 녀석들은 초등학생 시절 내내 같은 반 여학생 친구가 없는 생활을 했을 것이다. 생각만 해도 삭막하다.

깨진 유리창 이론

새로 학교를 시작하고 1학기가 어떻게 갔는지 모르게 금세 지났다. 한낮에는 무더위가 갈수록 더했다. 처음 맞이한 여름방학도 금세 지나갔다. 얼마나 놀았는지 검게 그을린 얼굴에 표정도 맑게 보였다.

개학하자마자 9월 초에 지리산 천왕봉을 오른다니 반마다 학교 둘레 마을을 걷기도 하고, 체력단련을 한다고 운동도 했다. 1박 2일로 처음 가는 지리산이 부담스럽기도 했다. 우리 반도 학교 뒷산 용마봉을 오르고, 학교 둘레 마을길을 따라 아침마다 걸었다. 고소공

포증이 있는 예림이, 위풍당당하고 덩치는 크지만 산길 걷기를 힘들어하는 희주가 마음에 걸렸다.

새 학기가 시작하고 며칠이나 지났을까?

"킹콩, 여기 좀 와 보세요. 여기요."

수련실 옆에 비닐하우스 쪽에서 아이들이 부르는 소리가 들린다. 무슨 일이지? 아이들 중 누군가 사고를 쳤을 때 나에게 이르는 목소리다. 실내화를 신은 채로 얼른 달려갔더니 아이들 여럿이 모여 수군수군한다.

"왜 그래? 무슨 일이여?"

"형들이랑 애들이요, 비닐하우스를 칼로 다 찢었어요."

순간 아이들은 내 얼굴을 빤히 바라본다. 내가 어떻게 반응하는가를 살피는 거다. 누가 그랬는지 물으니 친절하게도 아이들 이름이 하나씩 나온다. 그 자리에서 바로 혼을 낼 수도 없다. 마음속에 응어리를 풀어내기라도 하는 듯 비닐하우스 양쪽 면을 칼로 마구 찢어 놓았다. 정말 볼만 했다. 3학급에서 학생 수가 늘어나면서 6학급이 되었고 아이들이 활동할 수 있는 공간이 부족해 목공실로 쓰고 있는 비닐하우스다. 작년까지 아무 일 없이 잘 썼는데 이게 무슨 일일까? 비닐하우스를 찢어 놓은 일당으로 6학년 우리 반 남자 녀석들 이름과 5학년 패거리들 이름이 나온다. 나도 모르게 한숨이 나왔다. 이제 6학년 정도 되었으니 모범이 되어야 한다고 줄기차게 외쳤건만 나를 깔본다는 생각이 순간 들었다. 아이들은 내 이야기를 들어주는 척했을 뿐 마음으로 나와 소통한 게 아니었다. 어떻게 풀어 갈까? 잔소리로 끝날 일도 아니었다. 내가 입버릇처럼 외치던 "6학년 정도 되면 동생들한테 모범이 돼야 하는 거 아냐?" 하는 말에 아이들은 "그래 너 혼자 떠들어. 우리 그냥 이렇게 놀래" 하는 거나 다름없었다.

똑같아 똑같아_ 윤일호

너희들 육 학년 정도 되면
뭔가 달라야 하는 거 아니야?
내년에 중학생인데
맨날 하는 짓 보면
동생들이나 똑같아, 똑같아

그럼 선생님은요,
그 정도 경력이면
들어 주고 더 이해해 주고
뭔가 달라야 하는 거 아니에요?
맨날 하는 말씀이
다른 어른들하고 똑같아요, 똑같아

'애들이 비닐하우스를 칼로 찢을 만큼 스트레스가 많았나?' 생각해 보니 지난번 정효가 6학년 때 전학 온 태규에게 텃세를 부리다가 운동장에서 한바탕 싸움이 벌어진 것도 걸리고, 아이들끼리 잦은 다툼이 있는 것도 걸리기는 했다. 다모임에서 해결방법을 찾기로 하고, 며칠이 지났다. 그런데 이번에는 또 다른 사건이 터졌다. 아이들 여럿이 용마봉에서 외발자전거 헬멧을 태운 것이다. 날이 건조하기도 하고, 자칫 불장난이 산불로 번질 수 있는 일이어서 가슴을 쓸어내려야 했다. 연이어서 사건이 생기니 걱정이 앞서고 아이들 마음이 제자리를 잡지 못하고 있는 것은 아닌지, 마음이 풀어진 것은 아닌지 별 생각이 다 들었다. 아이들이 하교한 후에 선생님들이 모여서 일어난 사건들에 대해 어떻게 해야 할지 저녁 늦게까지 회의를 했지만 어떻게 풀어 나가야 할지 고민이 앞섰다. 그 다음날 늘 멀리서만 지켜보시던 교장선생님이 하실 말씀이 있다고 선생님들을 모았다. PPT를 준비해 두셨다. '무슨 말씀을 하려고 그러시지?' 궁금하기도 했지만 요즘 일어난 일들과 무관하지 않겠다는 생각은 했다. 그 PPT에는 깨진 유리창 이론에 대한 내용과 비닐이 찢겨진 사진이며 태운 헬멧 사진, 어지럽게 널려진 외발자전거와 지저분한 학교 둘레 사진이 담겨 있었다. 아이들 생활지도가 잘못되었다고 교사들을 지적할 법도 한데 PPT까지 준비하셔서 우리들에게 깨달음을 주시는 모습을 보면서 '참 좋은 분이구나' 하는 생각이 들었다. 그 다음날, 나는 다모임 시간에 아이들에게 교장선생님의 PPT를 아이들에게도 보여 주었다. 그 어떠한 교육이나 훈계, 꾸짖음보다 강력한 메시지를 주었다는 생각이 들었다. 며칠이 지나고 아이들은 누구라 할 것도 없이 비닐 테이프를 사 와서 자기들끼리 찢어진 비닐을 붙이고, 깨끗하게 정리하였다. 물론 태운 헬멧도 새로 사서 보상을 했고, 널브러진 자전거들도 어느 순간에 잘 정리되어 있었다.

아이들을 혼내거나 꾸짖어서 될 문제도 있겠지만 아이들을 믿고 충분히 생각할 시간을 주어서 스스로 해결할 수 있도록 돕는 것도 중요하다고 본다. 스스로 할 수 있도록 믿고 기다려 주는 어른들이 있다면 분명 이런 과정에서 아이들은 성장하고 생각도 깊어지리라 믿는다.

함께 만들어 가는 학교

흔히 학교를 만드는 세 축을 학부모, 교사, 학생이라고들 이야기한다. 아주 마땅한 이야기다. 그럼에도 학교현장에서 그 세 축이 균형을 이루어 중심을 잡기보다는 한쪽으로 기운 듯한 학교가 참 많은 것 또한 어쩔 수 없는 현실이기도 하다. 아직도 많은 학교 현장에서 학부모들은 학교의 문턱을 높게 생각하고, 학교의 세 축 가운데 하나라는 정체성을 가지고 있지 못하기도 하다.

세 축이 균형을 이루고 함께 만들어 가려고 노력하는 학교가 바로 장승초등학교다. 장승학교를 시작한 지 두 해밖에 되지 않았지만 '함께'라는 말을 늘 생각해 본다. 그간의 시간을 돌이켜 보면 짧은 시간 동안 정말 많은 일들이 있었고, 사람들이 같은 뜻을 가지고 산다는 것이 이렇게 거대한 힘이 있음을 다시 한번 느낀다. 세 축 가운데에서도 사실 아이들이 마냥 어리다고만 생각한다면 큰 오산이다. 아이들은 아이들 나름으로 생각을 하고 세상을 바라보는 눈이 있다. 세 축 가운데 그 중심은 어찌 보면 아이들이 되어야 한다.

스승의 날 특집 방송_ 진안중앙초 6학년 이현희

밤 열 시부터 교사가 무엇을 하는지 나왔다. 교감이 되려고 교장의 취미를 알아서 같이 하러 다니고 공문인가 해결하러 다닌다. 학생을 잘 가르쳐서 교감이 되는 것이 아니라 교장에게 잘 보여서 교감이 된다. 또 교감이 되려고 가산점을 얻는다. 뭔 뜻인지는 모르지만 대충은 알겠다.

선생이 학생을 잘 가르쳐야지 공문 해결하려고 학생 자습 내주고 공문을 해결한다. 차라리 나 같으면 교감 안 하겠다. 그리고 선생이나 계속하겠다. 학생들 피해 가면서까지 그렇게 하는 까닭이 뭘까? 정말 궁금하다. 그리고 선생을 기다리는 학생도 불쌍하다. 똑같이 돈 내는데 수업은 안 해 주고 원. 차라리 전학을 가지. (2009. 5. 15.)

현희가 쓴 글을 보면서 많은 생각이 들었다. 아이들은 아직 어려서 아무 것도 모를 것 같지만 아이들도 아이들 나름의 관점이 있고 생각이 있다. 선생이 아이들을 진심으로 대하는지도 마음으로 금세 안다. 선생 노릇을 어떻게 해야 하는지 큰 가르침을 주는 글이기도 하다.

세 축 가운데 교사들은 2011년 첫 해에는 폐교학교를 벗어나는 일 즉, 건물 공간 재배치와 학교 시스템 만들기 등을 하였고, 둘째 해에는 교실이 부족하여 짓기로 한 새 건물에 대해 모두가 함께 고민하는 과정을 거쳤다. 셋째 해에는 자연스럽게 학교가 안정화되어

가면서 수업에 대한 고민으로 관심이 모아지기 시작해 서근원 교수님과 아이 눈으로 수업 보기를 진행하고 있다. 또한 교사로서의 자존감과 책임을 다하기 위해 하루에 한 번 이상 몸 인사하기, 하루에 한 번 이상 눈 맞추고 이야기하기, 긍정의 말하기, 아이가 잘 하는 것 찾아 주기, 하루 30분 이상 연구하기 등 장승 교사의 다짐을 정해서 실천하려고 노력하고 있다.

학부모들도 자연스럽게 서로 친해지고 함께 나누는 기쁨을 찾고자 취미를 살펴서 동아리를 만들기 시작했다. 그렇게 해서 장승돌이(풍물), 도자기, 책읽기, 아버지 축구, 발효식품, 손뜨개 동아리가 만들어지게 되었다. 주마다 한 번씩 또는 동아리마다 정기모임 날을 정하고 정을 나누며 자신이 좋아하는 기능을 익히기도 하면서 학교 철학에 맞게 스스로 서고자 한다. 학부모들도 학부모 윤리강령을 만들어 가정에서 좋은 부모로 바로 서는 노력도 게을리 하지 않고 있다.

아이들은 처음 학교를 시작했을 때 서로 다른 문화와 환경에서 모이다 보니 서로 싸우거나 욕을 하기도 해서 많은 문제가 발생했지만 아이들 스스로 다모임에서 규칙을 정해 실천하고, 노력하는 과정을 거치면서 아이들 사이의 다툼도 많이 줄었고, 욕을 하는 아이들도 자연스럽게 줄게 되었다. 한 발 더 나아가서 아이들이 다모임에서 장승 어린이 선언문을 정하는 데 이르렀다. 장승 어린이 선언문은 아래와 같다.

장승초등학교 어린이 선언문

우리는 스스로 서서 서로를 살리는

장승 어린이입니다.

우리는 선후배 사이에 거리가 없고

서로를 위하여

언제나 배려하는 어린이입니다.

우리는 스스로를 자랑스럽게 생각하고

다른 생명을 존중합니다.

이제부터 우리는

하나가 되어 특별하고 자랑스러운

장승 어린이가 되었음을 선언합니다.

교사는 교사대로, 학부모는 학부모대로, 아이들은 아이들대로 스스로 성장하는 기쁨을 알며 함께 마음을 나누는 노력도 게을리 하지 않으면서 모두가 식구 같은 마음으로 지내고 있다.

틀 깨기

오랜 시간 끝에 드디어 장승학교 건물이 완성되었다. 본디 계획대로라면 2011년에 끝났어야 할 공사가 2012년 가을에 끝난 것이다. 두 해 동안 학교 건물을 짓고, 작은 학교를 살리면서 많은 일들이 있었지만 대략의 과정을 설명하자면 이렇다.

2011년 3월, 지역사회와 뜻있는 선생님들이 모여 작은 학교를 살리는 노력으로 3학급이던 장승학교가 6학급으로 늘어나면서 부족한 교실 세 칸을 지을 수 있도록 도교육청에서 예산을 배정해 주었다. 부족한 교실은 임시로 만들어 쓰되 되도록 빨리 교실을 지어 쓰라는 뜻이었다. 생각해 보면 보통 학교 건물이야 아이들이나 학부모의 뜻을 담아 만들기보다는 교육청에서 지어 주는 대로 짓는 것이 대부분이다. 하지만 학부모와 아이들의 의견을 반영할 수 있으면 좋겠다는 의견이 나와 운영위원회에서 바로 학부모와 교사, 생태건축에 밝은 지역의 전문가 몇 사람으로 건축소위원회를 꾸렸다. 그때가 지난해 무더운 여름, 학교 건물 설계가 한창 이루어지고 있을 무렵이었다. 설계사 처지에서야 교육지원청에서 입찰을 받아서 나름으로 설계를 해서 납품하면 그만이다. 딱히 학교에서 이래라저래라 하지 못했던 것이 관행처럼 된 것도 사실이다.

알아야 상대를 하겠다 싶어 건축소위원들이 생태건축으로 유명한 몇 학교를 둘러보고 공부를 했고 여름방학 동안 여러 차례 모임을 가지고 어떤 학교 건축을 설계에 반영할 것인지 이야기를 나누었다. 그러려면 설계를 늦춰야 한다는 의견이 나와 교육지원청에 설계를 석 달 정도 미뤄 달라고 요구를 했다.

그리고 2011년 2학기 개학을 하자마자 어떤 교실이 지어지기를 바라는지 아이들과 학부모를 대상으로 두 차례 설문조사를 했다. 교실 짓는 데 가장 중요한 작업이었다. 여러 가지 의견이 있었지만 의견을 요약해 보니 '교실마다 다락이 있으면 좋겠다', '교실에서 바로 운동장으로 나갈 수 있으면 좋겠다', '교실 바닥이 안방처럼 따뜻하면 좋겠다', '생태건축으로 지으면 좋겠다', '남향으로 지으면 좋겠다' 따위의 의견들이 나왔다. 곧바로 설계사를 만나 이런 의견이 설계에 반영될 수 있도록 요구를 했으나 학교가 설계에 참여하거나 의견을 말하는 절차를 거친 경험이 없는 탓인지 놀라는 눈치였다. 교육청에서 우리 뜻을 받아들여 설계에 반영하기로 약속을 했고 그렇게 몇 달이 지나고 드디어 2012년 2월 즈음에 설계가 나왔다.

우리 뜻이 100% 반영된 것은 아니지만 기존 건물과는 다른 멋진 건물이 나왔다. 학교에서는 건설과 토목 분야에 아주 밝은 학부모 한 분을 명예 감독관으로 임명해 건설회사와 이야기하는 통로를 단일화했다. 이렇게 4월 말에 학교 건축이 시작되었다. 짓는 과정에서 학부모 명예 감독관이 수시로 찾아와 건축 진행 상황을 열정으로 살피지 않았더라면 이런 건물은 아마도 나올 수 없었을 것이다. 짓는 과정에서도 우리 마음에 안 드는 것이 한두 가지가 아니었지만 모든 것을 다 이룰 수는 없는 법. 포기할 것은 포기하고 얻어 낼 것은 꼼꼼히 살펴서 얻어 내려고 했다. 중간 중간에 모여서 공정 진행 회의를 여러 차례 하고 이루어지지 않은 것은 다시 확인하고 살폈다.

가장 어려운 부분은 건물을 남향으로 짓다 보니 운동장에 건물이 들어서게 되어 아이들이 운동장을 쓸 수 없는 것이었다. 대안으로 학교 건물 뒤편에 모래를 깔고 간이 축구를 할 수 있도록 마련해 주었지만 그것으로는 부족해서 주마다 한 번씩 옆 학교 차를 빌려 진안

공설운동장으로 체육을 하러 가야 했다. 또 50년된 급식소 건물을 부수게 되어 밥 먹을 곳이 마땅치 않아 교실 두 칸 크기의 수련실에서 밥을 먹어야 했다. 이 과정에서 짐을 놓을 곳이 없어 목공실로 쓰고 있던 새로 지은 비닐하우스에 짐을 모두 넣어야 했고 그 바람에 목공실이 사라져서 목공부 아이들은 이곳저곳을 다니며 고생해야 했다. 특히 비가 오는 날이면 목공을 할 곳이 없어 많이 힘들어 했다.

여러 차례 소통하면서 건물을 짓다 보니 짓는 과정에서 맞지 않다 싶은 것은 교육지원청에 설계 변경을 요청해 얻어 내기도 했다. 기초 골조는 대부분 시멘트로 이루어져서 특별히 살필 것이 많이 없지만 내장은 꼼꼼히 살피고 관심을 기울여야 한다. 8월경에 골조가 다 올라가고 9월쯤부터 내장이 이루어졌다. 재료 하나하나부터 색깔까지 살폈다. 제대로 이루어지지 않은 부분은 다시 수정을 요구했다. 그 과정에서 아토피가 있는 아이들을 위해 시멘트가 들어가지 않은 비소성(굽지 않은) 벽돌을 교실에 사용하도록 요구했고 받아들여졌다. 줄눈도 황토로 했다. 그렇게 벽돌을 쌓고 보니 다른 건물보다 시멘트 냄새가 덜 난다고들 했다. 아토피가 있는 아이들을 위한 최소한의 배려였다. 다락 지붕은 요구대로 미송(나무)으로 작업을 했고 본관도 시야가 넓게 트이도록 미송(나무)으로 천장을 했다. 나무향이 은은하게 나니 더욱 좋았다. 교실 바닥과 다락 바닥은 따뜻하게 난방이 되도록 했다. 다락에 놓을 좌탁과 신발장 그리고 선생님들 책상은 학부모 가운데 목수가 있는데 그분께서 손수 만들어 주셨다.

건물이 완성되어 갈 때쯤 찾아온 사람들마다 펜션 같다, 집 같다며 칭찬하였다. 그렇다. 정말 집같이 편안한 교실을 만들고 싶었다. 아이들이 편안하게 쉴 수 있고 편안하게 공부할 수 있는 곳을 만들고 싶었다.

선생님과 아이들은 따뜻한 다락에서 라면도 끓여 먹고, 보이차도 마신다. 교실에서 공부하기 싫을 때면 모두가 다락에 올라가 책을 읽기도 하고, 놀기도 한다. 아침에 아이들이 학교에 오면 다락에 올라가 보드게임도 하고, 자기들끼리 어울려 놀기도 한다. 가장 좋은 것은 다락에서 아이들과 함께 1박 2일을 할 수 있다는 것이다. 건물이 지어지고 해마다 여러 번 학부모들과 아이들이 모두 참여하여 1박 2일을 학교에서 지냈는데 다락에서 잠을 자고 따뜻한 교실에서 마음으로 대화하기 프로그램도 진행하였다. 교실에서, 다락에서 잘 수 있는 꿈을 이루어 참 좋다.

2012년 10월 19일, 완공이 되고 교실 네 칸에 1, 2, 4, 6학년 아이들이 이사를 했다. 서각부 아이들은 학급 표찰을 한 학기 동안 열심히 서각으로 파서 교실마다 달았다. 보시는 분들마다 정말 멋진 서각이라고 하였다. 학부모 도자기 동아리에서는 학급 표찰 옆에 도자기로 풍경을 멋지게 만들어 붙여 주셨는데 서각과 어울림이 참 좋다. 아이들과 학부모, 학생 모두가 참여해서 만드는, 어느 곳에나 우리 흔적이 남아 있는 진정한 우리 교실이다. 어찌 보면 지금까지 이루어져 왔던 학교 건축에서 한 단계 더 나아가는 데 일조한 것 같아 장승 식구들 모두 뿌듯해한다. 그리고 준공식 때는 학부모, 학생,

지역의 선생님들과 어르신들, 교육지원청 식구들을 모두 모시고 장승의 잔칫날을 만들었다.

학교는 지역사회와 마을과 동떨어져서는 안 된다고 본다. 그렇게 하기 위해 학부모들은 공동주택을 지을 계획도 갖고 있다. 서서히 이런 계획들이 실행된다면 지역 어르신들이 학교를 내 집처럼 쓸 수 있고 학교 도서관도 마을 도서관으로 활용할 수 있으니, 지역과 학교가 상생하는 그림이 그려지지 않을까?

해마다 학교 규모가 커지면서 2016년에는 학생이 95명에 이르고 있다. 도교육청과 진안군, 국민체육진흥공단이 대응 투자로 장승학교에 다목적체육관을 짓고 있다. 이곳에도 처음 교실을 지을 때처럼 건축소위원회를 구성하여 학부모들의 생각과 뜻을 담아서 체육관을 짓고 있다. 처음 계획처럼 전체를 목조로 하지는 못했지만 나투리 공법을 이용해 체육관 벽체를 약 30센티미터 정도 되는 나무로 지었다. 짓는 과정에서 학부모들이 수시로 교육지원청과 협의하고, 현장소장과도 소통하면서 기존의 체육관 건축과는 다른 시도를 하고 있다.

어떤 사람들은 사례가 없어서 하지 못한다고 한다. 물론 처음에 길을 여는 것은 어렵고도 힘든 고난의 과정이다. 어떤 사람이 한 번 길을 열어 놓으면 물론 그것에 따라 좀 더 쉽게 이룰 수 있다. 하지만 틀은 남이 만들어 주는 것이 아니라 우리가 주체로 우뚝 서서 우리가 만드는 것이다. 진정한 틀은 바로 지금 여기서 우리가 만드는 것이다.

장승에서 성장통 겪기

2011년 작은 학교 살리기로 장승학교를 시작하고 벌써 여섯 해가 지나고 있다. 힘든 일도 많고, 과정도 순탄하지 않았지만 지금에 이르렀다. 여러 해가 지나면서 처음 시작했던 학부모와 교사들도 바뀌고 새로운 학부모와 교사들이 공동체를 이루고 있다. 장승학교에 아이를 보내고자 하는 학부모도 많아져서 신입생 문의도 많다. 그런 과정에서 여러 해 동안 뽑았던 신입생 선발 규정에 대해 학부모들의 문제제기가 있었고, 신입생을 어떤 원칙으로 뽑아야 하는지 논란도 생기게 되었다. 뿐만 아니라 어려울 때는 누구나 참거나 이해하고 넘어갔던 일들이 표면으로 두드러지게 드러나다 보니 학부모들 사이에 말도 많아지고 있다. 그리고 학생 수가 늘다 보니 예전보다 더 세련되거나 다른 방식의 소통방법을 요구하는 의견도 많다. 처음 마음처럼 학교의 문턱을 낮추자고 했는데 시간이 많이 지나다 보니 자연스럽게 학교의 문턱이 높아졌나 하는 생각도 들 때가 있다. 학부모들이 어떤 생각에 대해 불편한 의견을 제시하면 왠지 더 거리를 두고 싶은 마음이 생기기도 한다. 시시콜콜 따지는 것 같기도 하고, '이런 건 우리 교사들이 할 수 있도록 더 믿어 주어야 하는 거 아닌가?' 하는 생각도 들고, 어떤 때는 '이러다가 뭔가 잘못되는 거 아니야?' 하는 마음도 들 때가 있다. 그러다가도 쌓였던 불만과 이야기들을 쏟아 내는 자리를 마련해 함께 나누고 나면 '그래도 아직 장승만 한 곳이 없지' 하는 생각을 하게 된다.

아이들도 자라면서 성장통을 겪는다. 장승학교도 여섯 해째니 조금 빠르기는 하지만 성장통을 겪는 것이 아닐까 싶다. 이런 일들을 겪으면 겪을수록 슬기롭게 풀어 갈 수 있도록 각자 처한 처지나 이해관계에 대한 마음을 내려놓고 더 대화를 해야 하겠지 싶다. 이렇게 성장통이 지나고 나면 서로에 대한 이해도 더 깊어지고 마음도 더 단단해지지 않을까.

장승에서 성장하기

2011학년도에 6학년으로 전학 온 예림이의 시를 보면서 학교가 아이들에게 늘 이런 모습이었으면 좋겠다는 생각을 해 본다. 정말 눈 뜨면 가고 싶은 학교가 있다면 얼마나 좋을까?

잠_ 장승초 6학년 강예림

어제 분명 일찍 자고
꽤 늦게 일어났는데
눈 감고 일 분 후에 일어난 것 같다.
요즘은 추워서
더 이불 속으로 들어가고 싶고
더 일어나기 싫은 것 같다.
그래도 학교 갈 생각만 하면
빨리 나가고 싶다.

(2011. 3. 22.)

아이들은 몸으로 익히는 것을 좋아해서 몸으로 익힌 것은 쉽게 잊지 않고 오래 기억한다. 하지만 일회성 체험은 또렷한 목표를 가지고 있지 않다면 오히려 위험할 수 있다. 어디에 다녀왔느냐, 무슨 체험을 했느냐가 중요한 것이 아니라 또렷한 철학을 가지고 그 철학에 맞게 아이들의 체험을 계획해야 한다.

학교 교육에서 이루어지는 모든 체험이 나름의 의미에 따라 이루어지겠지만 다시 한번 우리가 계획하고 실행하는 체험활동들이 우리의 철학과 목표, 계획에 따라 일관성 있게 이루어지고 있는지 살펴볼 일이다. 이것은 곧 교과, 방과후, 동아리 활동 등 학교에서 이루어지고 있는 모든 교육활동에 대해 좀 더 깊은 고민과 철학을 담아내야 한다는 뜻이기도 하다. 또 스스로 서서 서로를 살리고자 하는 철학이 조화롭고 균형 있게 이루어지기 위해서는 교육과정에 대한 더 깊은 연구와 살핌이 필요하다는 생각이 든다. 교육철학을 세우고 아이들과 나름으로 열심히 생활하고 있지만 정작 우리 교육과정에 따라 아이들이 저마다 어떤 성장을 이루었는지, 우리가 하고자 했던 활동들이 그만큼의 목표를 이루는 데 도움을 주었는지 살피는 것도 필요하다. 더불어 장승에 와서 정작 하고자 했던 것들을 하고 있는지, 선생으로서 제대로 살고 있는지, 근본에 맞게 생각한 것들을 제대로 이루어 나가고 있는지, 함께 성장하고 있는지 다시 한번 짚어 보는 것도 꼭 필요하다.